HEYNE BÜCHER

HEYNE RAT-GEBER

MARGARET
COOPER GAY

Umgang mit KATZEN

Anschaffung, Aufzucht, Rassen,
Ernährung, Erziehung
und Pflege in gesunden
und kranken Tagen

*Mit einem Vorwort von
Professor Dr. E. Seiferle*

Mit 8 ganzseitigen Fotos

WILHELM HEYNE VERLAG
MÜNCHEN

HEYNE-BUCH Nr. 4493
im Wilhelm Heyne Verlag, München

Titel der amerikanischen Originalausgabe
HOW TO LIVE WITH A CAT
Berechtigte Übertragung von Ursula von Wiese,
durchgesehen von Prof. Dr. E. Seiferle
Die Fotos wurden der deutschen Originalausgabe entnommen
Sie stammen dort von Beringer & Pampaluchi, Zürich (5),
und von Meerkämper, Davos (3)

2. Auflage

Lizenzausgabe mit freundlicher Genehmigung des
Albert Müller Verlages, Rüschlikon-Zürich

Printed in Germany 1977
Umschlagfoto: H.-J. & E.-M. Ullmann, Hammersbach
Rückseitenfoto: Bildagentur Mauritius, Mittenwald
Umschlaggestaltung: Atelier Heinrichs, München
Gesamtherstellung: Ebner, Ulm

ISBN 3-453-41162-5

Inhalt

Zehntes Kapitel: Krankheiten und Heilmittel 117

Bei der Neubearbeitung dieses Buchs habe ich versucht, alle Fragen zu beantworten, die mir inzwischen gestellt worden sind, und die neuesten Erkenntnisse über Katzenhaltung einzuarbeiten. Die Ernährungsweise hat sich sehr geändert – und offenbar zum Besseren –, es gibt neue Mittel gegen Ungeziefer, und vor allem hat die Veterinärmedizin in den letzten sieben Jahren immense Fortschritte gemacht. Krankheiten, denen früher nicht beizukommen war, können heute dank der Antibiotika, Antihistamine und anderer neuer Medikamente oft in wenigen Tagen geheilt werden. Operationen, die «unmöglich» schienen, wurden zur Routine. Sogar die Erfahrungen der Geriatrie werden auf alternde Katzen angewendet, die heute länger und glücklicher leben können. Kurz, die Zeiten sind vorbei, da ein wohlmeinender Mensch wie ich anderen sagen konnte, was man für kranke Katzen tun kann. Deshalb wurde das Kapitel «Krankheiten und Heilmittel» in Zusammenarbeit mit den Tierärzten Dr. med. vet. J.R. Sterling und Dr. med. vet. Norman H. Johnson, Chefarzt des New York Hospital of the American Society for the Prevention of Cruelty to Animals, geschrieben.

Margaret Cooper Gay

Vorwort

Von all unseren Haustieren läßt sich bekanntlich die Katze am allerwenigsten in ihr Liebes- und Familienleben hineinreden. Unbeirrt geht sie auch hier, wie in so mancher Hinsicht, ihre eigenen Wege und sorgt auf diese Weise dafür, daß ihre Art, solange es Menschen gibt, nie aussterben wird. Nicht daß sie etwa auf die Menschen angewiesen wäre. Im Gegenteil! Aber ihre Kinder sind im entsprechenden Alter so drollig und anziehend, daß sie es immer wieder fertigbringen, die Herzen von Menschen zu erobern, die dann diese reizenden Tierchen mit nach Hause nehmen und so, ganz ohne es zu wollen, zur Ausbreitung des Katzengeschlechtes beitragen. Denn aus jedem Kätzchen wird einmal eine Katze! Mögen Katzenfreunde diese Tatsache als Beweis für den unwiderstehlichen Charme ihres Lieblings ansehen und Katzenhasser darin den Ausdruck raffinierter Hinterlist erblicken. Auf jeden Fall kann sich daraus ein eigentliches Katzenproblem entwickeln, das all jene sehr genau kennen, die in größeren Städten schon aktiv tierschützerisch tätig gewesen sind.

Von allen Vorschlägen, die zur Lösung dieses Problems bereits gemacht worden sind, scheint mir das Buch «Umgang mit Katzen» einer der besten zu sein. Und zwar nicht etwa, weil es sich mit dem Katzenproblem in erster Linie oder als Hauptthema befaßt – man spürt gewissermaßen nur zwischen den Zeilen, daß es der Autorin aus persönlichster Erfahrung sehr genau bekannt ist –, sondern weil in diesem Buch alles zu finden ist, was man – ob Katzenfreund oder -feind – über das Zusammenleben mit Katzen wissen sollte.

Margaret Cooper Gay ist eine begeisterte Katzenfreundin, die die verschiedensten Katzen jahrelang genau beobachtet und studiert hat und sie deshalb bis in den hintersten Winkel ihres eigenartigen Wesens kennt. Sie ist aber auch eine große Tierfreundin und weiß drum auch um die Not der vielen Katzen, die erst verwöhnt und dann aus irgendeinem Grund plötzlich überflüssig geworden sind. Sie kennt das Schicksal all der reizenden Kätzchen, die man heranwachsen ließ, ohne sich über die Möglichkeiten ihres weiteren Fortkommens Gedanken zu machen. Margaret Cooper Gay liebt zwar ihre

Katzen, aber sie vergöttert sie nicht, sondern nimmt sie gerade so, wie sie sind, mit all ihren Sonnen- und Schattenseiten. Sie legt nicht mehr in sie hinein, als die Natur ihnen an Gaben geschenkt hat, sie weiß aber auch um ihr äußerst feines Gefühls- und Empfindungsleben und kennt deshalb die Verantwortung, die wir Menschen mit der Haltung einer Katze übernehmen. Und aus diesem Verantwortungsbewußtsein heraus macht sie ihre Vorschläge zu einer vernünftigen Lösung des Katzenproblems.

Dies alles geschieht aber eigentlich nur so nebenbei. Denn das Buch ist ja in erster Linie für Menschen geschrieben, die Katzen lieben und wissen möchten, wie man sie hegt, pflegt und versteht. Sie alle werden voll auf ihre Rechnung kommen. Jede Frage, die mit Katzen überhaupt etwas zu tun hat, findet ihre Beantwortung oder mindestens eine entsprechende Beleuchtung. Besonders wertvoll scheinen mir die Kapitel über die Fütterung, die Aufzucht und die Pflege der Katze, weil gerade hierüber bisher genauere und biologisch in diesem Maße wohlbegründete Angaben fehlten. Man sieht, daß auch die Katze eine naturgemäße Pflege braucht, wenn sie sich wohl fühlen und gedeihen soll. Ausführlich behandelt werden auch die Krankheiten der Katze. Reizvoll und sehr aufschlußreich sind schließlich die Kapitel über das Liebesleben und die Fähigkeiten der Katze, aus denen selbst alte Katzenkenner viel Neues erfahren.

Was mir an diesem Buch aber ganz besonders gefällt, das ist der oft von trockenem Humor gewürzte, frische Ton sowie die durchaus natürliche, das Leben an sich bejahende und deshalb in keiner Weise verschrobene Tierliebe, die aus jeder Zeile spricht. Ob man Katzen gewogen ist oder nicht, man wird das Buch mit Genuß und Gewinn lesen. Der Katzenfreund weiß nachher, was er seinem Liebling schuldig ist; viele von den anderen werden ihre oft so seltsam begründeten Vorurteile aufgeben und – man kann nie wissen – sich vielleicht sogar mit einer Katze anfreunden.

Prof. Dr. Eugen Seiferle
Vizepräsident der «Schweiz. Gesellschaft zur Förderung des Tierschutzes»

Erstes Kapitel

Wer Katzen hält, und warum man sie hält

Niemand weiß, wie viele Katzen es allein in den Vereinigten Staaten, meiner Heimat, gibt. Verschiedene Organisationen haben ihre Zahl zu schätzen versucht; einige sprechen von fünfzehn Millionen, andere von fünfzig und hundertfünfzig Millionen, was nur beweist, daß sehr viele Katzen vorhanden sind. Sicher kommen auf jeden Hund, der ein Heim hat, mindestens drei Katzen, die beim Menschen Nahrung und Wärme genießen, so daß wir schon mit fünfzig Millionen Katzen rechnen können. Dazu müßten wir die streunenden Katzen zählen, die ihren eigenen Weg gehen, sich ihren Lebensunterhalt selbst suchen und nach keinem Menschen fragen. Da alle Katzen dem Wesen nach Straßenkatzen sind, und da jede Straßenkatze ein verzärteltes Haustier werden kann, wechselt ihre Lage dauernd, und die eine Schätzung ist so gut wie die andere. Weitere Millionen von Katzen leben in Häfen, Docks, auf Ladeplätzen und Schiffen, in Amtsgebäuden, Büros und Warenhäusern, in Fabriken, Geschäften und Scheunen, ohne ein Heim im üblichen Sinne des Wortes zu haben. Preisgekrönte Katzen führen ein behagliches Dasein; deshalb sollen sie mit achtungsvoller Zurückhaltung in diesem Buche erwähnt werden, das sich an Menschen wendet, die mit Katzen leben, mit Katzen leben möchten oder zu dem Gedanken, mit Katzen zu leben, bekehrt werden könnten.

Katzen sind bezaubernde Hausgenossen, gute Freunde und glänzende Unterhalter, was wohl Grund genug wäre, um mit ihnen zu leben; aber manche Leute brauchen solidere Gründe. Sie vergessen nie, daß sie «vernunftbegabte Menschen» sind, und darum müssen sie unbedingt ihre Gründe haben, wenn sie sich einer Annehmlichkeit ergeben, als da ist Kuchen essen oder mit Katzen leben. Wenn sie nicht mit spöttisch-schuldbewußter Affektiertheit sagen können: «Es ist ein schreckliches Laster, und ich muß wirklich damit aufhören», tun sie niemals etwas nur um des Vergnügens willen. Ein Bekannter von mir erklärt, daß seine Freunde Hunde halten, um ihr Selbstbewußtsein zu heben, und daß er selbst Katzen hält, um demütig und bescheiden zu bleiben. Ein anderer findet Katzen geheimnisvoll, fremdartig, unverständlich und darum bezaubernd; er glaubt fest daran, daß sie über den Schlüssel zu okkulten Geheimnissen verfügen. Ich kenne eine Frau, die Katzen hält, weil sie «so unschuldige, süße Tierchen» sind. Und so fort.

Manche Leute halten Katzen, nur um Mäuse und Ratten loszuwerden. Das ist ein stichhaltiger Grund, der wahrscheinlich auch die Katzen befriedigt. Gäbe es noch mehr Menschen von dieser Art, so hätten wir keine Mäuse- und Rattenfrage. Es gibt Menschen, die Katzen halten und aufziehen, weil sie hoffen, dadurch Geld zu verdienen. Diesen Grund kann man an sich gelten lassen, obwohl es sich vielleicht besser bezahlt macht, Kartoffeln anzubauen.

Der einsame, nach innen gekehrte Mensch lebt mit einer Katze, weil er einsam ist und es nicht zugeben will; denn eine Katze ist das einzige Geschöpf, das genügend Stolz und Selbständigkeit hat, um mit ihm leben zu können, ihn zu lieben und sich doch um seine eigenen Angelegenheiten zu kümmern.

Der oft überschwengliche gesellige Mensch bringt immer wieder ein spielerisches Kätzchen nach Hause und ist dann enttäuscht, wenn es sich zu einer Katze entwickelt; und die Katze fühlt sich ungerecht behandelt, weil ja jeder wissen sollte, daß die Natur ihren Lauf nimmt. Im allgemeinen aber kommen sie mit ihren Differenzen zurande und werden gute Freunde, vor allem wenn die Katze dafür sorgt, daß das Haus mit Kätzchen gefüllt ist.

Maler, Musiker, Dichter und Schriftsteller, schöpferische Menschen aller Art, auch Journalisten, die manchmal zur schöpferischen Klasse aufsteigen, lieben Katzen. Das liegt, glaube ich, daran, daß diese Menschen frei sein müssen oder umkommen, und den Katzen ergeht es ebenso. Niemand braucht einem Autor zu sagen, wie er ein Buch schreiben muß, oder einer Katze, wie sie eine Maus zu fangen hat. Swinburne, Victor Hugo, Baudelaire, Tasso, Rostand und Mark Twain gehörten zu den literarischen Katzenliebhabern früherer Zeiten. Eine Aufzählung der ausgesprochenen Katzenfreunde unter den

Niemand weiß, wie viele Katzen es gibt

Dichtern und Schriftstellern von heute würde viele Seiten füllen; deshalb verzichte ich auf den Versuch.

Zwischen Staatsmännern und Katzen besteht eine natürliche Verwandtschaft. Beide wissen, was sie wollen, und finden Mittel und Wege, es zu erlangen. Mazarin, Chateaubriand, Colbert und Wolsey liebten Katzen. Sie bewunderten sicher die Anmut und Würde der Katzen, ihre Geschicklichkeit, sich von allem tödlichen Hader fernzuhalten, und ihre unübertreffliche Konzentration aufs eigene Dasein. Bestimmt bewunderten sie auch die Diplomatie der Katzen, die an Geradlinigkeit, Erfindungsfähigkeit und Standhaftigkeit sogar die Vorstellungskraft menschlicher Ränkeschmiede übersteigt.

Mohammed liebte Katzen so sehr, daß er es vorzog, den Saum seines Gewandes abzuschneiden, um seinen Liebling Muessa nicht zu stören. Er verhängte Strafen für die Mißhandlung von Katzen, und bis auf den heutigen Tag ist das Haus eines Mohammedaners nur ein Heim, wenn eine Katze darin lebt.

Martin Luther und Lenin liebten Katzen. Oberflächlich betrachtet, erscheint dies unlogisch, weil beide Reformer waren, und niemals hat man gehört, daß eine Katze andere dazu bringen wollte, Mäuse zu fressen. Man kann es aber so erklären, daß Luther und Lenin, bevor sie Reformer wurden, Rebellen waren, und Rebellen sind immer unabhängige Geister. Katzen und Rebellen passen zusammen wie Brot und Butter oder Automaten und Münzen.

Menschen, die die Freiheit lieben, lieben auch Katzen. Thomas Jefferson, George Washington und Abraham Lincoln liebten die Freiheit und Katzen. Winston Churchills naher Freund war ein grosser schwarzer Kater namens Nelson.

Tyrannen hassen Katzen. Alexander der Große, Julius Cäsar, Dschingis Khan, Napoleon I. und Mussolini stehen zuoberst auf der Liste, die jeden Diktator einschließt, den man sich nur denken kann. Ich vermochte nicht festzustellen, wie Hitler zu Katzen stand; aber ich gehe jede Wette ein, daß er sie verabscheute. All die kleinen «Führer», die ich traf, waren Katzenhasser, und ich kenne keinen einzigen Katzenhasser, der nicht im Grunde seines Herzens ein Diktator ist - falls Diktatoren überhaupt ein Herz haben. Ein Tyrann kann es einfach nicht ertragen, mit einem Geschöpf zu leben, das sich nicht beherrschen läßt, und niemand vermag eine Katze zu beherrschen.

Im allgemeinen verstehen die Männer Katzen besser als die Frauen. Unabhängigkeit ist eher ein Teil der männlichen Natur als der weiblichen, und Männer, die selbst unabhängige Charaktere sind, achten die Unabhängigkeit, wenn sie ihr begegnen. Leider sind jedoch nur wenige Männer unabhängig genug, um zuzugeben, daß sie Katzen lieben. Die meisten stehen unter dem Pantoffel der Katzenhasser und lassen sich von Jägern einschüchtern, die einer Katze einen Hasen mißgönnen; deshalb machen sie ein dummes Gesicht und schämen sich, wenn die Rede auf Katzen kommt. Hätten sie die Fähigkeiten einer Katze, so würden sie den allmächtigen Jägern sagen, sie sollten einmal auf einen Baum klettern.

Viele einsame Menschen leben mit einer Katze

Frauen reden viel von ihrer Liebe zu Katzen, und noch mehr wird davon geredet. Zahlreiche Frauen lieben Katzen wirklich, und sehr wenige hassen sie. Einige verstehen die Katzen. Andere hegen eine Zuneigung zu Katzen, weil sie weich und angenehm zu liebkosen sind, und Katzen lassen sich gern liebkosen – kein Geschöpf ist so anschmiegsam wie eine Katze mit kalten Füßen –, was allen Beteiligten gefällt, obwohl das Leben mit einer Katze nicht nur darin besteht, dem Tier die Füsse zu wärmen.

Das Zusammenleben mit einer Katze ist wie die Ehe mit einer erfolgreichen Frau, die häuslich sein kann oder nicht, weshalb man besser nett zu ihr ist. Ich kannte Katzen, die Rahm und Kissen und Liebkosungen für die harte Freiheit des Streunens hergaben.

Die Tatsache, daß Katzen mit uns leben oder uns verlassen können, ist Wasser auf die Mühle der Katzenhasser, die sich auf jedes Beispiel für die Unabhängigkeit der Katze stürzen, um zu verkünden, daß Katzen treulos und lieblos seien. Manche Katzen sind es ebenso wie manche Menschen. Andere beschämen uns mit ihrer Anhänglichkeit. Katzen haben schon hungernden, hilflosen Menschen Nahrung gebracht.

Wir können durchaus sicher sein, daß die Katzen, die mit uns leben, uns lieben; sonst würden sie uns verlassen.

Menschen, die für das Eigentumsrecht auf eine Katze Geld bezahlen, werden deshalb noch keine Katzenbesitzer. Niemand besitzt eine Katze. Der Mensch kann der Gefängniswärter oder der beste Freund einer Katze sein. Wenn ich von den Katzen, die in meinem Hause leben, als «meiner Katze Ma» oder «meinem Kater Charlie» spreche, so bediene ich mich des Ausdrucks genauso, als ob ich sagen würde: «Meine Freundin Ma.»

Zum Schönsten, was das Zusammenleben mit einer Katze zu bieten hat, gehört ihre ernste Überzeugung, gleichberechtigt zu sein; nicht die Spur einer Herren-und-Sklaven-Beziehung macht sich bemerkbar. Ich sorge für meine Katzen, weil ich ihre Gesellschaft liebe. Sie leben mit mir, weil sie meine Gesellschaft lieben, und zahlen Pension, indem sie mein Haus und meinen Garten von Mäusen säubern und mein Herz jung erhalten.

Ma, die ich hinter ihrem Rücken «Madame» nenne, ist die Katzenherrscherin in meinem Hause, obwohl ich ihr als einzige die Stange halte. Madame würde einen Dichter zum Wahnsinn bringen, einen Bankier zu nervöser Erschöpfung, und ich wage nicht auszudenken, was sie mit einem Maler anstellen würde.

Sie ist eine außer Form geratene alte Schlampe, getigert und weiß, mit einem schwarzen Raufboldfleck über dem einen Auge, einem gelben Klecks auf dem Maul und einem schönen kräftigen Kopf. Sie hat einen Gang wie einer, der zwischen drei Wegen schwankt; wenn sie nach Norden geht, schaukelt ihre Mitte ostwärts und westwärts

Auch Geistesarbeiter lieben Katzen

gleich einer überladenen Hängematte. Sie ist gleichzeitig friedlich und kriegerisch und hat ein Gehaben, als könnte sie alle Probleme lösen.

Früher war Madame eine freilebende Katze. Oft sah ich sie damals im Walde hinter einem Baume hervorspähen, und sowie ich sie ansprach, verschwand sie wie ein Geist. Dann gab sie eines Morgens im Frühling das wilde Leben auf. Halbverhungert, schwankenden Schrittes, den Hals von Hundebissen zerfetzt, kroch Ma zu meiner Hintertür und bat um Hilfe. Ich fütterte sie, streichelte und bemitleidete sie, und da war es mit ihrer Wildheit vorbei. Sie führte mich zu einem hohlen Baume tief drinnen im Walde, wo vier neugeborene Kätzchen matt nach der Milch piepsten, die ihnen die Mutter infolge ihrer Unterernährung nicht geben konnte. Da hatte ich fünf Katzen.

In ganz kurzer Zeit verging Mas Schwäche. Sie wurde fett, und ihr Stolz auf ihren dicken Bauch, der nicht von Trächtigkeit herrührte, übertraf den Stolz unserer Metzgersfrau, die mit ihrer Fülle förmlich prunkte. Selbst heute wälzt Ma sich immer noch gern, um zu zeigen, was für eine üppige Katze sie ist. Sie sucht sich stets die besten Sessel und die weichsten Kissen aus. Bei schlechtem Wetter mag sie nicht hinaus, und wenn ich sie dann hinaussetze, erzählt sie den Nachbarn, daß sie nicht richtig behandelt wird. Sie liebt Kinder, auch ungezogene, und sie fürchtet sich vor Ungeziefer wie meine Großmutter ihrerzeit vor Mäusen.

Ich weiß nicht, wie alt Madame ist. Obwohl sie unzählige Verehrer hat, waren die Kätzchen in dem hohlen Baum ihr letzter Wurf. Sie ist taub und weitsichtig und fängt keine Mäuse mehr. Sie ist nutzlos, mürrisch, grob und häuslich. Sie ist auch tapfer und treu und lieb.

Mas Sohn Unband lebt ebenfalls bei mir. Unband ist ein großer, rotweißer Kater mit langem, eigensinnigem Gesicht und der Denkart eines Wissenschafters. Als Jäger hat er sich auf Schlangen spezialisiert, die es dort, wo ich lebe, reichlich gibt. Er bekämpft jede fremde Katze, und es gibt keinen Hund, den er fürchtet, was ihm vielleicht eines Tages zum Unheil ausschlagen wird.

Unband ist in allen Dingen sehr gründlich. An einem regnerischen Tage sah er in seinem Hof eine große schwarze Katze. Er miaute, und ich ließ ihn hinaus. Er jagte die Katze zwei Häuser weit, kam herein, schüttelte die Regentropfen ab und ließ sich nieder, um sich zu putzen. Kaum hatte er damit angefangen, so hörte er auch schon auf, ging wieder hinaus und jagte die Katze die Straße hinunter. Er kam heim, schüttelte sich und nahm wieder die Stellung einer Katze ein, die sich putzen will. Er hielt inne, das eine Hinterbein in die Höhe gestreckt, starrte eine Weile auf die Türe, fauchte und ging zum drittenmal hinaus. Das Kampfgetöse erklang schrill und laut aus der Ferne. Unband kehrte schließlich zurück, tropfnaß, versprühte überall im Hause Wasser und putzte sich von oben bis unten, ohne aufzublicken. Die schwarze Katze sah ich nie wieder.

Unband arbeitet mit Ma und Charlie zusammen, wenn es gilt, einen gemeinsamen Feind in die Flucht zu schlagen. Sonst zieht er menschliche Gesellschaft vor und läßt es die Katzen auch wissen. Er liebt seine eigenen Leute heiß und nimmt sogar Ungemütlichkeit auf sich, nur um uns nahe zu sein. In seiner Beziehung zur übrigen Welt ist Unband außerordentlich hochmütig - man würde niemals annehmen, daß er in einem hohlen Baume geboren ist. Meine katzenhassenden Bekannten verabscheuen ihn mehr als alle andern Katzen, was lustig ist, denn Unband hat selbst das Zeug zu einem Katzenhasser erster Güte. Er wäre eine Katze für einen Kardinal oder einen König. Manchmal frage ich mich, was er wohl in mir sieht.

Charlie, meine dritte Katze, ist ein Findelkind und im ganzen entzückend. Charlie ist groß und schlank, silbergrau mit blauviolettem Schimmer, und er ist die Anmut selbst. Sogar Katzenhasser räumen ein, daß er bildschön ist.

Charlie ist ein Prunkstück. Unsere Nachbarinnen bürsten und kämmen ihn und binden ihm gefährliche Bänder und Glöckchen um den Hals. Einmal kam er mit einem Schild heim, auf dem die Telephonnummer einer jungen Dame stand. Mehrere junge Damen haben schon um Charlies Hand angehalten, und es bedarf des Aufgebots der ganzen Familie, einschließlich Charlies, jeder Bewerberin verständlich zu machen, daß sie nur eine vorübergehende Liebschaft und nicht Charlies große Liebe ist.

Charlie läßt sich all diese Aufmerksamkeiten gefallen und geht seines Weges, heiter, unerforschlich und ein wenig nachdenklich - außer bei den Mahlzeiten, da entpuppt er sich als ein richtiger Gierschlund. Daheim ist er liebevoll und zärtlich. Fremde dürfen ihn nicht anrühren. Ich stelle mir vor, daß die Katzengötter der Ägypter Charlie geglichen haben. Dichter und Maler geraten in Begeisterung, wenn sie ihn sehen. Er war vielleicht dazu bestimmt, einem Heiligen oder einem Zauberer Gesellschaft zu leisten. Ich verstehe Charlie nicht und werde ihn wohl nie verstehen; trotzdem lieben wir einander sehr.

Ben hingegen ist ein Kater, den jeder einigermaßen Vernünftige verstehen kann. Ben ist Mas Sohn und Unbands Bruder. Als Ben noch klein war, gab ich ihn zu Freunden, die eine Katze brauchten. Er ist jetzt die Besuchskatze der ganzen Gegend.

Wenn in der Nachbarschaft eine Teegesellschaft des Gartenklubs stattfindet, ist Ben dabei, um die Gäste zu begrüßen, den Garten und den Weg zu den Erfrischungen zu zeigen, und er weiß, daß man für ihn Leber beiseite gestellt hat. Seine Anwesenheit verleiht Cocktailparties, großen Essen und Hochzeitsfeiern Würde und Stimmung. Ben tröstet die Kranken und beteiligt sich an ihrer Milch; er bringt den Sorgenvollen dazu, sich aufzurichten und eine Büchse Sardinen zu öffnen.

Ben stiehlt niemals etwas Eßbares. Allerdings kann ich mir nicht gut vorstellen, daß Ben jemals Hungergefühle empfindet.

Ben fängt zu Hause Mäuse, und er bringt uns die Mäuse der Nachbarn, manchmal mitsamt der Falle. In einem Sommer faßte Ben eine Vorliebe für den Laubfrosch eines Nachbarn, brachte ihn jeden Abend unbeschädigt heim und ließ ihn dann los, worauf der Frosch munter in unsere Betten hüpfte.

Ben erhält Weihnachtskarten und sogar Briefe von fernen Freunden. Einmal kam ein Brief von der Gas- und Elektrizitätsgesellschaft, adressiert an Herrn Benjamin Britton, in dem der Empfänger aufgefordert wurde, zehn Dollar für seinen Gas- und Elektrizitätszähler zu bezahlen. Bens Familie belustigte sich königlich, als sie diesen Brief beantwortete.

Für jeden, der vernünftig, nachsichtig, klug und gütig genug ist, um mit einer Katze auszukommen, gibt es ein passendes Exemplar. Es gibt derbe Katzen für derbe Leute, geschäftstüchtige für praktische Leute, schöne Katzen für ästhetische Seelen. Es gibt schlaue Katzen, weise Katzen, dumme, verschlagene und gleichgültige Katzen, Halunkenkatzen und geniale Katzen, die zu den entsprechenden Menschen passen. Man braucht nur die Katze zu entdecken oder von ihr entdeckt zu werden, mit der man übereinstimmt.

Zweites Kapitel

Die Geschichte der Beziehungen zwischen Menschen und Katzen,

vom Standpunkt der Katze aus gesehen

Wenn Katzen Geschichtsbücher schreiben würden, wären sie uns gegenüber wahrscheinlich gerechter als die menschlichen Historiker den Katzen gegenüber. Widerwillig geben wir zu, daß Katzen nützlich sind, weil sie Ratten und Mäuse fangen, ohne zu bedenken, wie es auf der Welt aussehen würde, wenn sie es nicht täten. Bestimmt würden die Katzen erklären, daß wir die Annehmlichkeiten erfunden hätten, die ihrer Jagdlust zum Vergnügen dienen. Da Katzen keine Historiker sind, habe ich in ihrem Namen die folgende kurze Abhandlung über die Beziehungen zwischen Katzen und Menschen seit ihrem Beginn geschrieben.

*

In frühesten Zeiten waren die Menschen Nomaden. Sie zogen umher, pflückten Beeren und töteten Hasen und andere eßbare Tiere. Mit den Knochen gingen sie nachlässig um; wenn ihnen Knochen übrigblieben, so hefteten sich Hunde an ihre Fersen. Wenn ein Hund einen Hasen fing und stolz heimbrachte, nahmen ihm die Menschen den größten Teil des Hasen als Bezahlung für die Knochen der letzten Woche fort. Später halfen die Hunde den Menschen andere Tiere jagen, und dann fielen viele Knochen für sie ab. In schlechten Zeiten aßen die Menschen junge Hunde. Griff ein Feind an, so bellten die Hunde zur Warnung und halfen bei der Verteidigung ihres Heimes. Auf diese Weise konnten die Menschen etwas besser als Hunde leben, und sie nannten den Hund den besten Freund des Menschen.

Dann merkten irgendwo in Ägypten die Katzen, daß die Menschen Ratten und Mäuse anzogen. Die Katzen gaben nicht wie die Hunde ihre Freiheit für einen abgenagten Knochen her. Die Katzen traten mit den Menschen in Beziehung, um ein Geschäft in Ratten und Mäusen abzuschließen; aber sie haben sich ihre Freiheit bis auf den heutigen Tag bewahrt. Die Menschen erkannten bald, daß sie bei diesem Handel sehr gut abschnitten. Dank den Katzen konnten sie Korn anbauen und die Ernte aufspeichern, so daß sie im Winter genug zu essen hatten - nie zuvor war ihnen das möglich gewesen.

Die Menschen in Ägypten wurden groß und stark und klug. Sie bauten die Pyramiden, die ihnen als Uhren und Kalender dienten, bildeten sich in Kunst und Wissenschaft zu Meistern aus, vervollkommneten sich in Astronomie und Geometrie und machten die Katze zu einer Göttin.

Die Ägypter nannten die Katze Mau, mit dem Namen also, den die Katze sich selbst gegeben hat und immer noch gibt.

Es heißt, daß die Ägypter die Katzen in Rudeln wie Jagdhunde zum Jagen mitnahmen. Wahrscheinlich geschah dies, damit sie an die Luft kamen, nicht um ihnen einen besonderen Hasen zu gönnen; denn zur Fütterung der Katzen wurden eigens Fische in Behältern gehalten.

Nach Herodot verlangte das ägyptische Gesetz, daß man sich, wenn eine Katze starb, als Zeichen der Trauer die Augenbrauen abrasierte. Das Töten einer Katze war ein Verbrechen, auf dem Todesstrafe stand.

Die Ausfuhr von Katzen war verboten, und ägyptische Soldaten mußten in fremden Ländern alle Katzen fangen, die sie sahen, und nach Hause schicken. Dieses Gesetz richtete sich vor allem gegen die Griechen, die seit Jahrhunderten den Ägyptern in Wissenschaft, Kunst und Philosophie allerlei abgeguckt und endlich auch erkannt hatten, daß sie Katzen brauchten. Sie hatten sich bemüht, Wiesel zu halten, die ihnen die Mäuse wegfangen sollten; aber die Wiesel kümmerten sich nicht besonders um die Mäuse, denn sie waren einfach mordlustig und machten alles nieder, was sie bewältigen konnten, Vögel, Hühner, Hasen, Lämmchen, junge Ziegen. Außerdem waren die Wiesel unfreundlich und schlau und stanken. Da die Ägypter die Katzen mit Beschlag belegt hatten, konnten die Griechen nur zu Katzen gelangen, wenn sie sie stahlen. Sie schickten Spione nach

Ägypten, die Katzen stehlen sollten, und die Ägypter sandten ihre Spione nach Griechenland, um die Katzen zurückzustehlen. Mehrere hundert Jahre wurden die gegenseitigen Katzendiebstähle fortgesetzt. Schließlich wurde Griechenland groß durch abgelauschtes Wissen und gestohlene Katzen.

Als die Griechen genügend Katzen hatten, um sich gefüllte Kornspeicher zu sichern, vermehrte sich die Bevölkerung, bis Griechenland übervölkert war, so daß die Eroberungskriege begannen, die sowohl Griechenland als auch Ägypten zugrunde richteten. Alexander der Große war, wie fast alle Eroberer, ein Katzenhasser, und im Jahre 332 v. Chr. eroberte er Ägypten, wahrscheinlich um die Katzen auszurotten. Die Eroberung war nicht von Dauer, und so wurden die Katzen nicht ausgerottet.

Der Krieg, der Ägyptens Größe beendete, wurde von einer Katze angezettelt. Ein Römer, der in Ägypten lebte, tötete zufällig eine Katze. Die entrüsteten Ägypter brachten den Römer um. Am Ende eines langen Krieges beging Mark Antonius Selbstmord, die Schlange biß Kleopatra, Ägypten wurde eine römische Provinz, und die Katze war im Niltal keine Göttin mehr.

Es ist üblich, an diesem Punkt zu sagen, daß die Katze, nun keine Göttin mehr, eine Ausgestoßene und die Begleiterin von Hexen wurde. Das mag sich in der Literatur gut machen. Geschichtlich ist es nicht. Während der großen Zeit der Griechen und Römer war die Katze das Sinnbild der Freiheit. Die römische Göttin der Freiheit wurde dargestellt mit einer Schale in der einen Hand, einem zerbrochenen Zepter in der andern und einer Katze zu ihren Füßen. Noch heute wird die Katze von Mohammedanern und Hindus heilig gehalten, und sie ist das einzige Tier, das von den Vertretern beider Religionen verehrt wird. Zum Ritus des orthodoxen Hindus gehört es, beim Essen die Katze zu füttern.

Im fünften oder sechsten Jahrhundert gelangten die Katzen nach Persien, und gegen das Jahr 1000 kamen sie nach China und Japan, wo sie als kostbare Seltenheit galten.

Am neunzehnten Tage des neunten Monats im Jahre 999 brachte eine Katze im Palast des Kaisers von Japan Junge zur Welt. Der Kaiser befahl seinen Ministern der Rechten und der Linken, die Kätzchen aufzuziehen. Eine Hofdame wurde zur Pflegerin ernannt, und als die Kätzchen heranwuchsen, wurden sie an Leinen gehalten. Dadurch wurden die Katzen natürlich verhindert, Mäuse zu fangen. Die Japaner dachten anscheinend, Katzen hielten durch eine Zauberkraft die Mäuse fern, und die Leute, die sich den Kauf einer Katze nicht leisten konnten, errichteten Bildwerke oder stellten Bilder von Katzen auf, um die Ratten und Mäuse zu verscheuchen, wie wir auf den Feldern Vogelscheuchen aufstellen. Das ist kein Scherz: Die Leute dachten tatsächlich, eine Statue oder ein Bild tue ungefähr den gleichen Dienst wie die Katze selbst; das galt sogar für die Seidenraupen-Züchter, die die Ratten sehr fürchteten. Erst im Jahre 1602 wurde den Japanern klar, woran es bei ihnen fehlte, und sie erließen ein Gesetz, durch das die Katzen befreit wurden. Die Behörde von Kioto ließ überall Anschläge anbringen, auf denen der Befehl stand, keine Katzen mehr an der Leine zu führen. Kauf und Verkauf von Katzen waren verboten, und schwere Strafe drohte dem Übertreter dieses Verbots*).

In Europa waren die Katzen inzwischen weit herumgekommen, und zwar auf verschiedenen Wegen.

Die ersten Menschen im Norden, die Katzen hielten, waren die Schotten. Folgendermaßen gelangten sie dazu: Fergus I. von Schottland war ein Abkömmling von Galthelus, einem Griechen, der das ägyptische Heer befehligte, als Moses die Kinder Israels aus Ägypten führte. Galthelus überlebte die Vernichtung des ägyptischen Heeres im Roten Meer und flüchtete mit seiner Frau Scota, einer Tochter Pharaos, nach dem heutigen Portugal. Hier gründeten sie das Königreich Brigantium. Mehr als tausend Jahre später segelte ihr Nachkomme Fergus gen Norden und wurde der erste König von Schottland. Er gab dem Volk und später dem Lande Scotas Namen und brachte die Nachkommen der Katzen von Pharaos Tochter in die Hochlande.

Für die primitiven Schotten war die Katze nicht nur der Wächter des Kornspeichers, sondern auch ein mächtiger Krieger. Noch heute

*) M. W. de Visser, «The Dog and Cat in Japanese Superstition».

muß man aus dem Sinn einer Rede erraten, ob ein Schotte von einer Katze oder von einem kämpfenden Manne spricht; denn das Wort «cat» bedeutet beides, genau wie damals, als Fergus König war. Wappen und Devisen der Hochländer wurden von kämpfenden Katzen abgeleitet. Die Grafschaft Caithness ist die Grafschaft der Katzen. Der Herzog von Sutherland ist immer noch der «Diuc Cat», der Katzenherzog. Und die Dudelsackpfeifen miauen immer noch wie zornige Kater*).

Fast ebenso früh müssen die Katzen nach den Niederlanden gelangt sein; denn die Römer fanden an der alten Mündung des Rheins einen Stamm, der sich das Katzenvolk nannte. Die römische Feste Lugdunum Batavorum wurde an der Küste in der Nähe der alten Stadt Cat Vicense erbaut. Lugdunum Batavorum ist schon vor Jahrhunderten im Meer versunken; aber Cat Vicense besteht immer noch und heißt jetzt Katwijk (Katzenstadt). Wenn man in Katwijk am Meeresufer steht, kann man bei niedrigem Wasserstand die unter Wasser liegenden Ruinen des römischen Kastells erblicken.

Christentum und Katzen verbreiteten sich gleichzeitig in Europa. Die Klöster hatten ihren Ursprung in Ägypten, und die Mönche nahmen ihre Katzen mit bis ans fernste Ende der bekannten Welt.

Ein früher Verbreiter der Katzen war ein schottischer Mönch namens Su Cat. «Su» heißt im Gälischen «glücklich» oder «gut», «Cat» heißt entweder «Krieger» oder «Katze». Darum kann man Su Cat mit «glücklicher Krieger» oder «gute Katze» übersetzen. Da Su Cat eine friedliche Seele und ein Gottesmann war, glaube ich, daß die Leute ihn als «gute Katze» kannten. Su Cat reiste von Schottland nach Westland, dem heutigen Irland, bekehrte die Bewohner und rottete die Schlangen aus, die sie plagten. Er war auf den Namen Patrick getauft. Viele der frühesten irischen Kirchen sind mit steinernen Katzen geschmückt, und ich für meine Person glaube, daß Patricks Katzen im Namen Gottes Schlangen fingen. Bevor Patrick kam, waren die Iren, die damals noch keine Katzen hatten, den Schlangen ausgeliefert.

Während die guten Mönche die alten Britannier, Franken, Kelten

*) C. R. (Caithness) Mackay, «The History of the Province of Cat».

und Gallier zum Christentum bekehrten und sie dazu brachten, Korn anzupflanzen und Katzen zu halten, drangen aus Asien Barbaren ein, die Ratten und Pest mitbrachten – vorher hatte es in Europa keine Ratten gegeben. Die Barbaren waren wilde Reiter, die kein Heim hatten, kein Korn anpflanzten und keine Katzen hielten. Sie brandschatzten und plünderten westwärts fast bis zum Rhein, nordwärts bis zum Kattegatt (Katzenloch) und südwärts bis Rom. Rom fiel, und alle Straßen führten zu Ruinen.

Einige Historiker nennen die folgenden sechs bis sieben Jahrhunderte das «finstere Mittelalter». Das stimmt nicht. Zivilisierte Europäer bekämpften die Vandalen und die Hunnen, wie die zivilisierte Welt sie heute noch bekämpft. Fünfundzwanzig Millionen Menschen starben an der Pest, die fünfzig Jahre lang in Europa wütete. Die Pest, die von den Ratten der Barbaren übertragen wurde, hieß zu jener Zeit «Schwarzer Tod». Im übrigen war das finstere Mittelalter keineswegs finster.

In den Städten, die schon damals die Westküste Europas von Spanien bis Skandinavien besäten, hielten die Menschen Katzen, desgleichen in den befestigten Städten an der großen Überland-Handelsstraße vom Mittelmeer zum Kanal. Die Katzen, die ihren Besitz schützten, hielten den Menschen Nahrungssorgen fern und gaben ihnen Zeit zum Nachdenken.

Sie begannen ihre eigenen Gesetze aufzustellen und hielten sich daran, anstatt weiterhin den alten römischen Überlieferungen zu folgen. Waliser und Angelsachsen schützten die Katzen in jeder Beziehung. Howell Dha von Wales erließ ein Gesetz, durch das der Preis für Katzen geregelt wurde: Ein Kätzchen, das die Augen noch nicht geöffnet hatte, war einen Penny wert (und damals hatte ein Penny beträchtlich mehr Kaufkraft als heute). Ein junges Kätzchen, das noch keine Maus gefangen hatte, galt zwei Penny; wenn es anfing Mäuse zu fangen, kostete es vier Penny. Außerdem wurden die Katzen mit Rückerstattungsgarantie verkauft. Wenn ein Waliser eine Katze kaufte, die irgendwelche Mängel hatte oder auch nur ein schlechter Mäusefänger war, konnte er ein Drittel des Kaufpreises zurückverlangen. Wer die Katzen stahl oder tötete, die die fürstlichen Kornspeicher bewachten, mußte ein Mutterschaf samt Lamm hergeben oder so viel Weizen, wie nötig war, um eine am Schwanz aufgehängte Katze, deren Nase den Boden berührte, zu bedecken.

Der Sage nach entdeckte Ap Madoc von Wales Amerika ungefähr zu der Zeit, als die Gesetze zugunsten der Katzen erlassen wurden. Seit den Tagen Noahs hatten die Seefahrer ihre Schiffe nach den Sternen gesteuert, und die Vögel waren ihr Kompaß gewesen. Sie hatten nicht gewagt, sich weiter als einen Vogelflug vom Lande zu entfernen, aus Furcht, Ratten und Mäuse könnten in der Zwischenzeit ihre Vorräte vernichten. Erst als die Katze nach Westeuropa gelangte, begannen kleine Schiffe gen Sonnenuntergang zu fahren. Im Jahre 1000 machte sich Leif Eriksson mit seinen Wikingern nach Vinland auf, und wenig später begannen bretonische Fischer alljährlich zu den Großen Bänken zu reisen. Flavio Gioja erfand den Kompaß, und Männer mit Kompassen und Katzen umschifften die Erdkugel, erforschten und besiedelten den neuen Erdteil.

Während die Katzen und die Menschen ringsum an den Grenzen des Christentums glücklich waren, verloren die Katzen im Herzen Europas ihre Vormachtstellung und fielen in Ungnade.

In Trier, Köln, Koblenz und anderen Städten an der Überland-Handelsstraße waren die Katzen gehegt und gepflegt worden, weil sie die Vorratshäuser beschützten, die das Leben in den Städten ermöglichten. Außerhalb der Städte zogen fahrende Viehbesitzer umher, Abkömmlinge der Barbaren, die ihre Herden von Weidegrund zu Weidegrund trieben. Sie wußten nichts von Katzen. Als ihre Frauen erfuhren, daß man seßhaft und reich werden konnte, wenn man Katzen hielt, wurden sie katzenbesessen. Sie strömten in die Städte, und ehe man kss! machen konnte, war die Katze wieder eine Gottheit. Die orgiastischen Riten der katzenanbetenden Ägypterinnen wurden tausend Jahre nach Kleopatras Tod in Deutschland wieder lebendig.

Die rheinischen Hausfrauen versammelten sich bei Vollmond in Heiligen Hainen, ließen den alten Freyja-Kult wiederaufleben, den das Christentum lange vorher ausgemerzt hatte, und gaben Freyja, der Göttin der Liebe und Fruchtbarkeit, einen funkelnagelneuen, von

Katzen gezogenen Wagen. In diesem Wagen kutschierte Freyja weit umher, bis nach Italien hinunter und hinüber nach Frankreich. Als die Dämmerung sich endlich auf die alten Götter herabsenkte, wohnte sie dem Begräbnis Balders, des Gottes der fröhlichen Jugend, in ihrem Katzenwagen bei. So wurde die Katze samt Zähnen, Krallen und Schnurrhaaren nach Walhalla emporgetragen.

Das Treiben der Katzenanbeter wurde zum Skandal innerhalb der ganzen Christenheit. Priester, Mönche, Bischöfe und Päpste predigten gegen die Katzenanbetung, wodurch sie jedoch nur weiter verbreitet wurde, wie es in solchen Fällen immer geschieht. Dann nahm Papst Innozenz VIII. im Jahre 1484 durch eine Bulle die Hexenprozesse in den Schutz der Kirche, so daß die Freyja- und Katzen-Anbeterinnen verfolgt und als Hexen verbrannt werden konnten.

Dadurch fielen die Katzen in Ungnade.

Zehntausende von Menschen wurden als Hexen verbrannt, viele nur deshalb, weil sie mit Katzen lebten. Allein in Deutschland wurden mehr als hunderttausend Hexen hingerichtet - und mit ihnen fanden zahllose Katzen den Tod.

Man verurteilte die Katzen gesetzlich dazu, in Öl getaucht und verbrannt zu werden, an besonderen Feiertagen von Türmen hinuntergeworfen, mit Peitschen, Geißeln und geknoteten Seilen totgeschlagen zu werden. Katzen wurden bei lebendigem Leibe gekreuzigt, verbrüht und geschunden, weil sie das Verbrechen begangen hatten, Katzen zu sein.

Omnia ad majorem Dei gloriam. Der Herr muß geweint haben, als er dies sah.

Katzenhaß und Hexenverfolgung verbreiteten sich im Laufe der Jahre auch außerhalb der katholischen Kirche. In der englischen Republik wurden unter der Regierung Oliver Cromwells sechzig Hexen verbrannt. Achtzig Jahre später verbrannte man in Schottland Hexen. Selbst Neu-England hatte seine Hexenverfolgungen, und noch im Jahre 1800 wurden in Südkarolina Hexenprozesse geführt.

Der Katzenhaß wurde ein Kult, der Katzenmord ein Sport. Die frommen Leute in Dänemark pflegten eine Katze in ein Faß zu nageln, das Faß zwischen zwei Bäumen aufzuhängen und mit der Lanze in der Hand in vollem Galopp darauf zuzureiten. Der edle Däne, welcher das Faß zersplitterte und die Katze erstach, wurde Sieger des Turniers und Katzenkönig. In England hängte man die Katzen in Ledersäcken auf, auf die Bogenschützen schossen. Mit wahrer gallischer Finesse erfanden die Franzosen die Katzenorgel, deren Tasten bei der Berührung die taktmäßige Einklemmung von Katzenschwänzen bewirkten, so daß die Tiere gequält schrien*). Die Katzen wurden je nach Stimme ausgesucht, und die Katzenmusik diente zur Belustigung. Es gab wahrhaftig noch mehr Möglichkeiten, eine Katze umzubringen, als sie mit Butter zu ersticken.

Während der Inquisition und noch lange Zeit später waren diejenigen Menschen, die Katzen nicht haßten, übel daran. Wenn sie Katzen hielten, wurden sie als Hexen betrachtet. Versuchten sie ohne Katzen auszukommen, so fraßen ihnen die Ratten alles weg. Wer dem Hunger und dem Scheiterhaufen entging, der mußte sein Glück hungrigen, neidischen Nachbarn erklären. So ersannen erfindungsreiche Leute die Kobolde, und inmitten der Verfolgungen wurde die Katze, die zweimal eine Gottheit gewesen war, ein Gespensterwesen, ein Klabautermann, ein Heinzelmännchen, ein Kobold.

Etwas Ähnliches wie die Kobolde hatte es nie zuvor gegeben. Die Welt war stets voll von Märchengestalten, Elfen, Ahnfrauen und andern Geistern. Die Kobolde aber waren Wirklichkeit. Ihr nächster Verwandter war Kobalos, ein griechischer Gnom, der ihnen den Namen gab. Kobalos war ein mürrischer Zwerg, der in Bergwerken lebte, wo er das Gold wegschaffte, und der für niemand eine Hand rührte. Seine Nachkommen, die Heinzelmännchen, fegten die Küche, butterten und fingen Mäuse, wenn ihnen gute Menschen abends Milch hinstellten. Wer sie nicht achtete, dem spielten sie böse Streiche: Sie verhedderten das Garn, vergossen die Milch oder stöhnten laut die ganze Nacht.

Die Kobolde verbreiteten sich wie Pilze nach dem Regen, und überall gab es die guten Hausgeister in Küche und Scheune, wie es vorher Katzen gegeben hatte, bevor sie nach ihrem allzu hohen Aufstieg in Ungnade gefallen waren. Die Kobolde waren ungefähr so

*) Daher unsere Bezeichnung «Katzenmusik». Anm. d. Übersetzerin.

groß wie Katzen. Alle tranken sie Milch. Sie fingen auch Mäuse. Sie vollführten allerlei neckische Streiche. Sie waren natürlich keine Katzen - beileibe nicht! Die Kobolde trugen eine Zipfelmütze, ein grünes oder braunes Wams und Schnabelschuhe wie das gewöhnliche Volk, das sie zur Zeit der Inquisition erschuf.

In Holland wurden die Katzengnome «kabouterje» genannt, in Frankreich «gobelin», in Rußland «colfy», in Wales «cobyn», in England «goblin», in Deutschland «Kobold» - lauter Ableitungen von Kobalos.

Die Norweger, Schweden und Lappen waren von der Inquisition weit entfernt und brauchten weniger Umschreibung; deshalb nannten sie ihren Kobold «Smierragatto», Butterkatze. Der Smierragatto brachte seinen Leuten Milch, Brot und Geld und verlangte zum Entgelt nur eine Schale Milch. In Finnland kannte man Smierragatto als «Haltia». Haltia lebte in den Dachsparren, brachte Glück und verrichtete die Hausarbeit. Wenn ein Finne ein neues Haus baute, nahm er immer den alten Firstbalken und eine Schaufelvoll Asche vom früheren Herd mit, um Haltia gefällig zu sein. (Jedermann weiß, daß eine unerzogene Katze am liebsten den Kamin als Toilette benutzt, anstatt hinauszugehen.) Haltia trank Milch, und wenn er sichtbar wurde, sah er wie eine Katze aus. Der estnische Puck war ihm gleich.

Wohin die Kobolde gingen, da folgte ihnen gewiß der Gestiefelte Kater. Von Italien bis Skandinavien verhalf er armen Müllerburschen zu Ruhm, Glück und zu einer schönen Prinzessin. Inquisition hin oder her, der Müller mußte Katzen haben, wenn er sich halten wollte: Ein Zehntel des Kornes, das er mahlte, fiel ihm als Lohn zu, und wenn Ratten und Mäuse daran gerieten, war er binnen kurzem kein Müller mehr. Eine Mühle durfte ganz einfach keine Ratten und Mäuse haben. Deshalb taten die Müller viel dazu, daß die Katzen die Zeit der Hexenverfolgungen überlebten.

Im Grunde rührt aller gegen Katzen gerichteter Aberglaube von der Inquisition her, und wer glaubt, daß Katzen Unglück bringen, kleinen Kindern die Luft nehmen, neun Leben haben, und was dergleichen Unsinn mehr ist, der ist noch in der Inquisition und ihren Machenschaften befangen.

Die Inquisition stand in ihrer Blüte, als Kolumbus seine Fahrt antrat, und in den frühen Chroniken über Amerika werden selten Katzen erwähnt. Pater Sagard, einer der ersten französischen Missionare, schenkte einem Indianer vom Stamme der Huronen eine Katze, und das dünkte ihn wichtig genug, um darüber nach Hause zu berichten. Für den Indianer wäre die Katze noch wichtiger gewesen, wenn er sie zu schätzen gewußt hätte. Die Indianer waren Nomaden, waren es jedoch ungern. Sie bauten Dörfer und pflanzten Getreide an, und dann kamen, was sie auch dagegen tun mochten, Nagetiere und fraßen ihnen die Vorräte weg, so daß sie gezwungen waren, wieder zu jagen und umherzuziehen. Wenn die Indianer Katzen gehabt hätten, wäre die Geschichte Amerikas wahrscheinlich anders verlaufen.

Die «Encyclopedia Americana» hat meines Wissens als einzige Publikation den Katzen für ihre Hilfe bei der Kolonisation der Neuen Welt die verdiente Anerkennung gezollt. Darin steht folgendes: «Der Einfluß der Hauskatze auf die amerikanische Zivilisation ist nicht genügend beachtet worden. Dieses vielverachtete und mißverstandene Tier hat nämlich den Fortschritt der Landwirtschaft wie auch die Urbarmachung ausgedehnter Wald- und Präriestrecken ermöglicht. Wie viele Nahrungsmittel Katzen gerettet, wieviel Eigentum sie vor der Vernichtung bewahrt, welche Ungezieferplagen sie seit der Besiedlung Amerikas ferngehalten haben, das läßt sich gar nicht ermessen.»

Nachdem das Gewehr des Siedlers die Indianer ausgerottet, nachdem die Axt des Siedlers die Wildnis gerodet hatte, ermöglichten die Katzen es dem Siedler, in der ehemaligen Wildnis Häuser zu errichten. In der Neuen Welt gab es vierzig Familien Nagetiere mit insgesamt siebenhundertfünfzig Unterordnungen, die alle darauf warteten, daß ein Landwirt käme und Getreide anbaute. Da gab es unter anderem Waldratten, Baumwollratten, Feldmäuse, Weißfußmäuse, Kaninchen, Murmeltiere, Gestreifte Backenhörnchen und die übrigen einheimischen Nager – dazu kamen Schwarze Ratten, Rote Ratten, Dachratten und Mäuse aus Europa.

Die Eichhörnchen waren die größten Plagegeister von allen. Allein im Jahre 1749 zahlten die Behörden der pennsylvanischen Kolonie Prämien für 640000 Grauhörnchen aus, das heißt, für eine Zahl, die ungefähr doppelt so groß war wie die Bevölkerung Pennsylvaniens. Die Pioniere in Kentucky pflegten zu sagen, sobald sie Getreide angepflanzt hätten, wären die Eichhörnchen aus dem Lande der Indianer zu den Ufern des Ohios herbeigeschwärmt, hätten Baumrinde abgerissen, sie zum Rande des Wassers gezerrt, sich darauf gesetzt, die Standarte als Segel gehißt und wären so nach Kentucky herübergesegelt. Nur mit Gewehren war dieser Invasion beizukommen. Aber wenn die Ernte erst einmal in der Scheuer war, hatten die Büchsen keinen Zweck mehr; denn die Eichhörnchen versteckten sich im Getreide und fraßen Tag und Nacht, so daß Katzen unbedingt notwendig waren. Darum hatte jeder Hausierer damals auf seiner Ladung von Töpfen und Pfannen, Nadeln, Stoffen und Kesselflicker-Werkzeugen eine Katze mit Jungen sitzen, die er durch die Wildnis schleppte, um sie zu verkaufen.

Als Amerika jung war, wurden die Katzen hoch bezahlt, mit Bargeld oder wertvollen Tauschwaren. Die erste Katze, die nach Cayaba im Staate Paraguay kam, wurde für ein Pfund Gold verkauft - für ungefähr 560 Dollar! Der Konquistador Herrera bezahlte für die erste Katze, die nach Peru gebracht wurde, über 600 Dollar. Während des Goldrausches in Kalifornien lief das Schiff «Ohio» in San Franzisko mit rund hundert Katzen ein, die man für je zehn Cent gekauft hatte, und die dort für je zehn bis zwanzig Dollar abgesetzt wurden.

Vor ungefähr siebzig Jahren wurde Memphis im Staate Tennessee von einer Rattenplage heimgesucht. Die Ratten griffen die Leute auf der Straße an und bissen die Säuglinge in den Wiegen. Die Stadt war nahezu unbewohnbar geworden, als ein Mann aus Arkansas Rattenfallen anpries, mit denen man garantiert täglich eine Ratte fangen könnte. Das Stück sollte einen Dollar kosten. Die verzweifelten Bewohner von Memphis überschütteten ihn mit Aufträgen und - erhielten Katzen. Sie waren wütend, und es ging das Gerede, der Rattenfallen-Mann sollte wegen Betrugs ins Gefängnis kommen. Ehe die Leute sich zum Handeln aufrafften, hatten die Katzen Ordnung geschaffen, und man konnte in Memphis wieder leben. In Memphis erfreuen sich die Katzen noch heute besonderer Beliebtheit.

In Amerika hat man nie genug Katzen gehabt. Man besitzt auch jetzt nicht genug, obwohl der New Yorker Tierschutzverein täglich fast fünfhundert unerwünschte Katzen tötet. Wohlgemerkt, dabei handelt es sich nicht um unnötige Katzen, sondern um unerwünschte, die in verlassenen Wohnungen und Häusern zurückgeblieben sind, dem Hungertod ausgesetzt durch angeblich zivilisierte Menschen, die es für unglückbringend halten, beim Umzug eine Katze mitzunehmen. Wenn man sich einmal klarmachen würde, was Ratten und Mäuse allein die Vereinigten Staaten jahraus, jahrein kosten, an Geld, Nahrungsmitteln und Gesundheit, fände man wohl eine bessere Verwendung für diese Katzen.

Nach einem Bericht der Amerikanischen Ärzte-Vereinigung kommen in den Vereinigten Staaten auf jeden Menschen wenigstens zwei Ratten. Bei dieser Schätzung sind die Mäuse nicht inbegriffen, die man für unzählbar hält. Ratten und Mäuse verbreiten Flöhe, Läuse, Räude, Würmer und etliche tödliche Krankheiten, darunter die Pest, die noch heute in gewissen amerikanischen Küstenstädten auftritt, wo die Ratten sehr zahlreich sind.

Außerdem vernichten die dreihundert Millionen Ratten jedes Jahr Lebensmittel im Wert von ungefähr sechshundert Millionen Dollar – wie die Alten Ägypter schon betonten: Was Ratten nicht fressen, das verderben sie. Mit anderen Worten heißt das: Jeder Amerikaner – auch die netten Menschen, die Katzen halten – muß zur Ernährung der Ratten jährlich vier Dollar zahlen. Ich finde, man könnte dieses Geld besser verwenden. Wir könnten damit Fleisch für Katzen kaufen.

Drittes Kapitel

Acht Arten, eine Katze zu bekommen

Man kann eine Katze finden. Manche Menschen finden überall Katzen. Andere gehen durchs Leben, ohne jemals eine Katze zu finden. Ein guter Katzenfinder ist ein Opportunist mit scharfem Auge für Elend, mit dem sozialen Gewissen eines Robin Hood und der Starrköpfigkeit eines Republikaners in Texas.

Das Finden von Katzen ist ein spannendes Spiel mit wenigen Regeln: Natürlich kann man nicht einfach jede schöne Katze «finden», die sich vor einer Haustür sonnt; denn eine solche Katze gehört schon jemand. Man «findet» auch jene Katze nicht, die, in ihre eigenen Angelegenheiten vertieft, über die Straße spaziert; wenn sie keinem andern gehört, will sie eben keinem gehören. Ebensowenig «findet», man die Katze des Metzgers, des Gemüsehändlers oder sonst eine Ladenkatze. Ladenkätzchen können nur sonntags «gefunden» werden, wenn der Laden geschlossen und das Kätzchen ausgesperrt ist. Man sollte bloß Katzen oder Kätzchen «finden», die in Not sind - ich möchte keine Anstifterin zu Katzendiebstählen sein. Gesetzliche Katzenfunde kann man überall machen. In New York wurde einmal eine heimatlose Katze neben den Schienen einer Untergrundbahnstation gefunden, wo sie beim Donnern der Züge geworfen hatte. Eine Bekannte von mir fand ein Kätzchen auf der Fünften Avenue, und ich fand eins auf der Treppe zum Naturhistorischen Museum. Ein anderes Kätzchen «fand» ich, als es aus einer Drogerie vom Besitzer hinausgeworfen wurde, der es vorher mit heißer Suppe begossen hatte. Charlie fand ich auf einem Holzhof, wo er ausgesetzt worden war. Viele Menschen finden abends Katzen. Jeder erzählt dieselbe Geschichte: Er geht mit Brot und Wurst und einer Flasche Bier heim, sieht eine magere Katze an einem Abfallkübel herumpfoten, sagt: «Armes Kerlchen», und geht weiter. Seine Füße fangen an zu schleppen. Es fällt ihm ein, daß er Wurst und Brot übrigbehalten wird, wenn er zu Abend gegessen hat. Er dreht sich um; die Katze

Manche Menschen finden überall Katzen

pfotet immer noch an dem Abfallkübel herum. Er betrachtet sein Päckchen mit Brot und Wurst; es ist wirklich sehr groß. Er geht zurück und kommt sich dabei ziemlich albern vor. Die Katze hat eine vertrocknete Brotkruste gefunden und zerkaut sie geräuschvoll, vielleicht ein bißchen geflissentlich. Er gibt der Katze die Hälfte seines Brotes und der Wurst. Die Katze verschlingt die Bissen gierig. Er gibt der Katze auch die andere Hälfte und kauft sich eine neue Portion Brot und Wurst. Die Katze folgt ihm nach Hause. Allen Spielregeln gemäß hat er eine Katze gefunden.

Eine gefundene Katze ist meist ein halb verhungertes Weibchen mit Flöhen, Würmern, rachitisch und trächtig. Wenn sie dann aufgefüttert, entwurmt und entfloht ist und geworfen hat, ist sie in den Augen desjenigen, der sie gefunden hat, etwas Besonderes. Einige der nettesten Katzen, die ich jemals kennengelernt habe, waren gefundene Katzen.

Man kann auch von einer Katze gefunden werden. Ich vermag nicht anzugeben, wie man von einer Katze gefunden wird, weil das ein Geheimnis ist, das die Katzen für sich behalten. Ich weiß nur, daß die Katzen, die sich ihre Leute selbst aussuchen, die gescheitesten von allen sind. Wenn eine Katze einem Menschen zuläuft, so kann der Betreffende sicher sein, daß es ein Tier mit Unterscheidungsvermögen, Urteilsfähigkeit und Geschmack ist.

Von den Millionen Menschen, die täglich durch die Straßen von New York gehen, suchte sich der Kater Francie, ein guter Freund von mir, das Paar aus, das ihm am besten gefiel und folgte den beiden nach Hause. Die Tatsache, daß sie Katzen nicht mochten und ihn überhaupt nicht beachteten, hätte einen schwächeren Charakter als Francie entmutigt. Für ihn bedeutete dieser Umstand eine Herausforderung. Er schlängelte sich zwischen ihren Füßen hindurch und schimpfte hinter ihnen drein, als ihm die Türe vor der Nase zugeworfen wurde. Am nächsten Abend lauerte er ihnen auf, stürzte mit lautem Gruß hervor und lief voraus, um sie vor der Haustür zu erwarten. Wieder schlossen sie ihn aus. Am dritten Abend erwartete Francie sie vor der Wohnungstür. Am vierten Abend schauten sie nach Francie aus; er war weder auf der Straße noch auf der Treppe noch im Korridor. Er schlief in ihrem Wohnzimmer auf dem Sofa. Wie er hineingelangt war, das ist ein Geheimnis geblieben. Der springende Punkt ist, daß er aufgenommen wurde und seine Leute von der Gescheitheit und Tüchtigkeit der Katzen überzeugte.

Madame, wie gesagt, hat mich gefunden, und noch nach sieben Jahren bin ich stolz darauf, daß sie mir ihre Jungen anvertraut hat.

Wem eine Katze zuläuft, der sei lieb zu ihr.

Es gibt geschenkte Katzen. Man kann nie wissen, ob man nicht eine Katze geschenkt bekommt. Manche Menschen, die Katzen finden, schwatzen sie ihren Freunden auf; das ist etwas, wozu Freunde sich eignen. Leute mit zu vielen Kätzchen schwatzen sie jedwedem netten Menschen auf, den sie treffen.

Bekannte von mir fanden abends beim Heimkommen vor ihrer Haustür einen Polizisten. Nach dem ersten Schrecken stellten sie fest, daß er ein struppiges Kätzchen im Arm hatte. Es sei den ganzen Abend draußen herumgestrichen, erklärte er. Er habe ihm Milch gegeben; aber es sei eine kalte Nacht. So ein kleines Ding... eine Schande, daß es obdachlos sei... Sie haben es immer noch.

Menschen, die Kätzchen zu vergeben haben, verfügen über die gleichen Überredungskünste wie ein Staubsauger-Vertreter.

Man kann sich ein Kätzchen erbetteln. Fast jeder kann sich von einem Metzger, Bäcker, Gemüsehändler oder Hauswart ein Kätzchen erbetteln.

Am besten nimmt man das Kätzchen vom Metzger. Selbst in den schlimmsten Zeiten bekommt die Metzgerskatze gutes Futter, und ihre Jungen haben einen guten Lebensanfang. Die Metzgerskatze ist gescheit, weil sie für ihren Lebensunterhalt arbeitet. Gescheite Katzen haben im allgemeinen gescheite Junge.

Auch die Kätzchen der übrigen Lebensmittelhändler sind gewöhnlich gut genährt und haben alle Aussicht, sich zu gescheiten Tieren zu entwickeln. Intelligenz und Ernährung sind nämlich enger miteinander verknüpft, als man gewöhnlich meint.

Beim Kätzchen des Hauswarts geht man ein Wagnis ein. Am besten nimmt man es zu sich, ehe die Mutter mit dem Stillen aufhört und der Hauswart mit der Fütterung beginnt.

Man kann eine Waise adoptieren. In allen großen und in vielen kleinen Städten gibt es Katzenheime, und wer etwas Gutes tun will, der gehe dorthin und adoptiere eine Katze. Man lese sorgfältig die Ausführungen über den Kauf einer Katze (S. 46 f.) und wende die dort erläuterten Regeln ebenso genau an, als ob die adoptierte Katze ein teuer bezahltes Tier wäre. Ich kenne mehrere besonders nette Katzen, die aus einem Katzen-Waisenhaus stammen.

Kinder bringen Katzen ins Haus. Das sind eigentlich keine gefundenen Katzen, sondern hereingeholte. Aus irgendwelchen unerforschlichen Gründen sind alle Kinderkatzen gleich, alle mager und schlottrig, alle schmutzig und alle lieb.

Die Katze des Kindes entwickelt sich vielleicht nicht zu einem Tier, das man mit Stolz vorweisen kann; aber dafür ist es des Kindes eigene Katze.

Kinder nehmen ihre Katzen ernst. Die Tatsache, daß dein Söhnchen schon einen teuer erkauften Hund besitzt, beeinträchtigt seine Liebe zu der struppigen Katze, die er auf irgendeiner Hintergasse aufgelesen hat, nicht im geringsten. Diese Katze ist seine persönliche Entdeckung, und kein gekauftes Tier wird ihm jemals so sehr ans Herz wachsen.

Wenn man die erste Katze, die das Kind heimbringt, fortjagt, wird es eine andere und noch eine andere finden. (Vielleicht findet es eine Katze, die jemand gehört, und dann sitzt man in der Klemme.) Wenn man alle Katzen fortjagt, wird das Kind schließlich böse und fühlt sich mißverstanden, und daraus kann sich Haß entwickeln.

Man soll nicht etwa so tun, als ob das Kind seine Katze behalten dürfe, und dann, kaum daß es den Rücken gedreht hat, den Tierschutzverein anrufen und die Katze holen lassen. Kinder nehmen es übel, wenn sie zum Narren gehalten werden; sie verlieren dann das Vertrauen und finden die Erwachsenen unanständig und verlogen.

Das Problem läßt sich auch nicht dadurch lösen, daß man die Straßenkatze fortjagt und dem Kind eine Luxuskatze mit Stammbaum kauft; es will keine andere Katze, es will seine eigene Katze.

Wenn man klug ist, hilft man dem Kind die Katze säubern und zeigt ihm, wie sie gefüttert und gepflegt werden muß. Nach zwei bis

Aus irgendwelchen unerforschlichen Gründen sind alle Kinderkatzen gleich

drei Monaten stellt man dann wahrscheinlich fest, daß die Katze des Kindes schön und erfreulich und nützlich ist.

Soll man dem Kind eine Katze geben? Das hängt meiner Meinung nach ganz vom Kind ab. Theoretisch betrachtet, sollten alle Kinder Katzen haben. In Wirklichkeit aber sind manche Kinder zu roh und grob, um überhaupt ein kleineres Tier zu haben, und ein Kind wird nicht gerade besser, wenn es ein Kätzchen zu Tode quält. Einem kleinen Kinde würde ich keine Katze geben, obwohl ich selbst schon mit einem Jahr ein Kätzchen erhielt – Schneeball hieß es – und wir zärtlich liebende Freunde wurden. Später erzählte man mir, Schneeball sei reizlos, mürrisch und zu Erwachsenen unfreundlich gewesen - die typischen Kennzeichen der Kinderkatzen.

Ich glaube, der beste Zeitpunkt, dem Kind eine Katze zu geben, ist dann, wenn es selbst darum bittet, oder wenn es eine Katze eigener Wahl heimbringt und sie zu behalten wünscht. Ich kenne einen kleinen Jungen, der fast jeden Tag ein Kätzchen auftreibt. Noch vor einem halben Jahr hätte ich seine Eltern geprügelt, wenn sie den Vorschlag gemacht hätten, für ihren Erich eine Katze anzuschaffen. Damals war er nämlich ein wildes Bürschchen, und je mehr er liebte, desto gröber war er. Jetzt ist Erich drei Jahre alt, und seine Leidenschaft äußert sich in Zärtlichkeit.

Katzen und Kinder sind vortreffliche Gefährten, weil die Katzen einfach auf einen Baum klettern, wenn sie das Spiel allzu rauh und ungestüm finden. Sie halten sich selbst sauber, riechen auch dann nicht, wenn sie naß sind, und sind sehr, sehr lieb zu den Kindern.

Die Hanslis. Ich weiß nicht, wie ich die Hanslis klassifizieren soll; ich kann nur sagen, daß ihr Vorkommen zu den verschiedenen Arten, wie man zu einer Katze gelangen kann, gezählt werden muß.

Eines Sommers hatte ich viel Sorgen und Arbeit, so daß mir keine Zeit blieb, mit Katzen zu spielen. Ma und Unband fanden Möglichkeiten, sich selbst zu unterhalten. Charlie vereinsamte. Er hielt sich meistens draußen auf. Da er immer zum Nachtessen heimkam, machte ich mir keine Gedanken über sein Tun und Treiben, und niemals hätte ich es mir träumen lassen, daß er einsam war. Dann kam Charlie eines Nachmittags die Stufen vom Garten herauf, sehr langsam, bei jedem Schritt zurückblickend und aufmunternde Schmeichellaute ausstoßend. Hinter ihm erschien ein mageres schwarzes Kätzchen. Charlie führte das Kätzchen zum Kühlschrank, setzte sich hin und schaute mich an; dann schnurrte er dem Kätzchen zu und sah auf den Kühlschrank. Ich fütterte das Kätzchen und nannte es Hansli. Am nächsten Nachmittag kam Charlie wieder mit seinem Hansli, und ein zweiter gleicher Hansli folgte Charlies Hansli. Am dritten Tage waren es drei.

Ich ging der Sache nach und erfuhr, daß die Hanslis eine Mutter und ein Heim gehabt hatten, daß die Leute aber fortgezogen waren, die Mutterkatze mitgenommen und die Hanslis einfach zurückgelassen hatten. Die Hanslis waren kaum alt genug, entwöhnt zu werden, von Selbständigkeit und eigenem Unterhalt ganz zu schweigen, also... Was bleibt einem da übrig? Es verstrichen sechs lange Monate, bis ich für die Hanslis ein Heim gefunden hatte.

Man kann eine Katze kaufen. Aus zahlreichen Gründen kaufen die Menschen Katzen, meistens deshalb, weil sogenannte Rassekatzen schöner und äußerlich interessanter sind als gewöhnliche Katzen. Gewiß, kein Hinterhofkater kann sich mit der Eleganz eines rassereinen Persers, der stilisierten Anmut einer Siamesischen Hauskatze oder der komischen Rundlichkeit einer Manxkatze messen. Andere kaufen Katzen, weil sie weniger konventionelle Methoden des Katzenerwerbs nicht schätzen, oder weil sie gewohnt sind, Haustiere zu kaufen, oder weil ein wonniges Wolleknäuel in einem Tiergeschäft ihr Herz gewonnen hat. Was für Gründe man aber auch haben mag: Wenn man eine Katze kaufen will, ist es ratsam, über die verschiedenen Katzenrassen und die Kennzeichen eines gesunden Kätzchens Bescheid zu wissen.

Viertes Kapitel

Der Kauf einer Katze

Was für eine Katze? Als erstes muß man entscheiden, mit was für einer Katze man leben möchte. Diese Frage geht nur einen selbst an, die andern Mitglieder des Haushalts und die Katze, die ins Haus kommen soll. Wenn man seinen Freunden verrät, daß man eine Katze zu kaufen gedenkt, wird man sofort mit Ratschlägen überschüttet. Es wird einem gesagt, daß Perserkatzen dumm seien, daß Siamesen «leicht stürben», daß Manxkatzen halbe Kaninchen, Mainekatzen halbe Waschbären seien, und weiß der Himmel, was noch. Wenn man diesem Gerede glaubt, verliert man den Verstand, und es endet damit, daß man zu gar keiner Katze kommt.

Soweit es sich um die Katzenrassen handelt, ist die Sache einfach. Seit viertausend Jahren befassen sich die Menschen mit Katzen, und noch keinem ist es gelungen, besonders große oder besonders kleine Katzen oder gar hängeohrige Katzen zu züchten. Es geht das Gerücht, in China gebe es hängeohrige Katzen; aber kein Abendländer hat jemals solch eine hängeohrige Katze gesehen. Vor viertausend Jahren sahen die Katzen in Ägypten ungefähr gleich aus wie heute unsere Katzen. Die Besonderheiten, durch die sich die einzelnen Katzenrassen voneinander unterscheiden, sind Verbesserungen, die sich die Katzen selbst «ausgedacht» haben. Die Menschen können sich nicht rühmen, Persianer-, Siam-, Manxkatzen oder sonst eine Rasse geschaffen zu haben. Höchstens dürfen wir uns zugute halten, daß wir bestimmte Besonderheiten fortbestehen ließen wie die Schwanzlosigkeit der Manxkatzen, oder daß wir das Haar der Angorakatzen zu längerem Wachstum angeregt haben; aber selbst langes Haar ist größtenteils eine Sache der Ernährung und des Klimas. Die Menschen können den Katzen einfach nicht beibringen, wie ihre Jungen aussehen sollten. Dafür gibt es zahlreiche Beweise.

Wenn man z.B. eine schwanzlose Manxkatze mit einer gewöhnlichen Hauskatze kreuzt, kommen gewöhnliche Junge mit normalem

Schwanz zur Welt. Nur hin und wieder tritt dann ein schwanzloses oder stummelschwänziges Exemplar auf, das für die Aufrechterhaltung der Kaninchen-Katzen-Geschichte sorgt.

Kreuzt man eine Perserkatze mit einer gewöhnlichen Katze, so erhält man größtenteils gewöhnliche Kätzchen. Zwei oder drei haben vielleicht langes, seidenweiches Haar; aber es ist nicht seidig genug, um vor der Jury einer Katzen-Ausstellung zu bestehen.

Kreuzt man eine Siamkatze mit einer gewöhnlichen Katze, so gibt es gewöhnliche Miezen, wahrscheinlich schwarze mit blauen Augen, doch gewiß keine Siamesen.

Und nun etwas Ulkiges: Kreuzt man eine Siamkatze mit einer Perserkatze, so bekommt man weder Siamesen noch Halbsiamesen, weder Perserkatzen noch Pseudo-Perserkatzen, nicht einmal eine Mischung von Siam- und Perserkatze, sondern ganz gemeine, gewöhnliche Katzen.

Wenn man bedenkt, daß eine «rassenreine Züchtung» von hundert Generationen durch einen Abendbummel bei Vollmond ausgewischt werden kann, und daß jede Katze dauernd danach strebt, einen solchen Bummel zu unternehmen, so ist es ein Wunder, daß es überhaupt Stammbaum-Katzen zu kaufen gibt.

Darum muß man für eine Edelkatze mit Stammbaum je nach Stammwert hundertfünfzig bis zu mehreren hundert D-Mark bezahlen. Wenn ein gesundes, rassereines Kätzchen für weniger als hundert D-Mark verkauft wird, erleidet der Verkäufer ganz sicher einen Geldverlust. Der Züchter muß das Muttertier das ganze Jahr hindurch ernähren. In der Abstillzeit verschlingen die Jungen einiges an Milch und Eiern und Fleisch. Vielleicht mußte einem andern Züchter die Decktaxe gezahlt werden; wenn aber der Züchter selbst einen Deckkater hat, kam ihn dessen Unterhalt mindestens ebenso teuer zu stehen. So und so oft mußte der Tierarzt gerufen werden, und auch sonst gab es Dutzende von kleinen unvorhergesehenen Ausgaben, die sich summierten. So erklärt sich der scheinbar hohe Preis, bei dem die Arbeit des Züchters nicht einmal eingerechnet ist. Wollten die Katzenzüchter sich ihre eigene Arbeit bezahlen lassen, weiß der Himmel, was rassereine Kätzchen dann kosten würden.

Die Katzenrassen. Eine kurze Beschreibung der Katzenrassen mag denjenigen als Leitschnur dienen, die eine Luxuskatze kaufen möchten, jedoch nicht recht wissen, welche Rasse sie wählen sollen. Diese Beschreibung ist nicht für berufsmäßige Katzenzüchter bestimmt, ebensowenig für Leute, die sehr enge Beziehungen zu Katzen haben. Wenn ich Katzenzüchterin wäre, würde ich die Zucht im Hinblick auf Gescheitheit betreiben und mich nicht darum kümmern, wie die Katzen aussehen.

Langhaarige Katzen (Perser- oder Angorakatzen). Langhaarige Katzen sind wunderschön und sehen so kostspielig aus, daß der Käufer überzeugt ist, etwas Wertvolles für sein Geld zu bekommen. Weil die langhaarigen Katzen so ungemein elegant sind, hält man sie leicht für nutzlos. Das sind sie nicht. Keine Katze ist nutzlos, wenn die Menschen sie nicht dazu zwingen.

Zu den gescheitesten Katzen, die ich jemals kennenlernte, gehörte ein großer, roter, langhaariger Kater namens Rube, der beim Betrieb einer Tankstelle half. Während der Besitzer Autos instand setzte, döste Rube in der Kantine hinter den Pumpen zwischen Getränken, Schokoladetafeln, Kuchen und dergleichen. Wenn ein Wagen vorfuhr, gähnte Rube, streckte sich und hieb seine Krallen in das Seil, das über seinem Kissen baumelte. Dann läutete in der Werkstatt eine Glocke, und der Besitzer der Tankstelle eilte hinaus. Er sagte, Rube erspare ihm einen Angestellten.

Ich kenne eine langhaarige Stadtkatze, die eine ausgezeichnete Mäusefängerin ist, zum Neid und zur Bewunderung der Bulldogge, mit der sie zusammenlebt. Der Hund ist gar kein Mäusefänger; wenn er zufällig einmal eine Maus erwischt, läuft sie ihm zwischen den Zähnen davon, und die Katze bekommt sie.

Alles in allem sind langhaarige Katzen ungefähr so, wie man sie werden läßt, das heißt, je nach den Möglichkeiten, die man ihnen bietet. Für ein Kätzchen ist es ziemlich schwer, gescheiter zu werden als seine Umgebung.

Die ersten langhaarigen Katzen kamen aus Angora und wurden deshalb Angorakatzen genannt. Dann wurde man böse auf die Türken, denen Angora gehörte, und man begann die langhaarigen Katzen Perserkatzen zu nennen. Heutzutage neigt man dazu, sie als langhaarige Katzen zu bezeichnen und es dabei zu belassen.

Die ersten Katzen aus Angora waren rauhhaarig und spitznasig. Durch Zuchtwahl und gute Ernährung wurde ihr Fell verbessert; ein Schuß Straßenkatzen-Blut vergrößerte ihren Schädel und steigerte möglicherweise auch ihre Fähigkeiten. Die ursprüngliche Rasse ist beinahe verschwunden. Wer heutzutage Angorakatzen zum Verkauf anbietet, hat mit der Welt nicht Schritt gehalten oder glaubt, der Kunde sei zurückgeblieben. Die Tiere, die heute als Angorakatzen, nicht als Perserkatzen zum Verkauf angeboten werden, sind reinrassige Perser, die einen Fehler haben, oder Bastarde, die besser geworden sind, als man erwartet hatte. Es sind durchaus gute Katzen, vorausgesetzt, sie seien gesund; aber es ist nicht anständig, sie falsch zu benennen, und man tut es nur, um mehr Geld dafür zu bekommen. Man bezahle ja keine Perserkatzen-Preise für Kätzchen mit Angora-Kennzeichen.

Ein gesundes Perserkätzchen sieht aus wie eine zerrupfte Puderquaste. Es muß ein flaches Stiefmütterchen-Gesichtchen mit weit auseinanderliegenden Augen und gut auseinandergesetzten Ohren haben und muß so flaumig sein, daß es beinahe quadratisch erscheint. Es sollte die ganze Welt und alle ihre Geschöpfe lieben.

Ein schwarzes langhaariges Kätzchen ist weniger schwarz als das ausgewachsene Tier. Es kann sogar ein wenig rötlich sein und doch kohlrabenschwarz werden; andererseits kann es später eine rötliche Färbung annehmen. Andersfarbige Perserkätzchen ändern sich überhaupt nicht. Das Fell des Kätzchens ist weicher als das der Katze, und Abzeichen, die beim Kätzchen verwischt wirken, können sich stärker ausprägen; aber die Färbung ändert sich nicht, Flecken verschwinden nicht, und Streifen erscheinen nicht. Man lasse sich in dieser Beziehung nichts vorreden.

Die erwachsene Perserkatze ist ganz flaumig und wollig; sie hat einen großen runden Kopf, große runde Augen, eine kurze Stubsnase und einen hochmütigen Ausdruck. Unter dem wolligen Flaum steckt eine kräftige Katze mit starken Knochen, kurzem Rücken, kurzen Beinen, kurzem Hals und kurzem Schwanz. Gerade der fast quadratische Körperbau, der bei einer kurzhaarigen Katze sehr häßlich wäre, verleiht der langhaarigen Katze ihren Stil.

Das Fell der Perserkatze ist überall langhaarig; am Hals bilden die Haare eine besonders große Rüsche, die sich in Form eines V tief zwischen die Vorderbeine hinunterzieht. Der Schwanz spitzt sich nicht etwa zu, sondern ist am Ende am buschigsten.

Wenn eine Perserkatze bei einer Ausstellung etwas erreichen soll, müssen die Augen mit der Färbung des Haarkleides kontrastieren. Schwarze Perserkatzen sollen kupferfarbene, weiße blaue, blaue bernsteinfarbene Augen haben und so fort; blauäugige weiße Katzen sind meistens stocktaub.

Langhaarige Katzen können *weiß* sein (ohne den geringsten gelblichen Ton oder Fleck), *schwarz* (pechschwarz mit dem Glanz des Federkleids einer Amsel), *blau* (Blaufuchsfärbung ohne Schattierung oder Streifen), *chinchilla* (weiß wie frischgefallener Schnee mit gerade angetupften dunklen Haarspitzen, kein bißchen gestreift, so daß die ganze Katze wie ein Eimervoll Brillanten glitzert), *cremefarben* (von der Blässe des Schlagrahms bis zur vollen Tönung eines Eierkognaks, aber kein brauner Ton, kein Weiß, keine Streifen), *blaucreme* (vermischt), *rot* (möglichst dunkel, ohne Abzeichen), *schildpatt* (schwarz, rot und creme zu ungefähr gleichen Teilen), *schildpatt und weiß* (das Unterkleid der Katze ist weiß; dazu trägt sie einen buntgescheckten Rock, eine getüpfelte Mütze und einen sauberen weißen Kragen)*), *rauchfarben* (das Unterkleid ist hellsilbrig, darüber liegt ein rußig-schwarzer Ton, und da weder Streifen noch Flecken vorhanden sind, wirkt die Färbung wie Rauch aus einem Fabrikschornstein).

Dann gibt es noch die sogenannten *Tabbys.* Tabby heißt ursprünglich soviel wie «der Seidige» und stammt von der französischen und italienischen Bezeichnung für Taft ab, die ihrerseits auf den arabischen Ausdruck «attabi» und das persische «retabi» zurückgeht, eine gewässerte, schillernde Seide (Moiré), die vor langer Zeit in Bagdad gewebt wurde, und die als einziges von Menschenhand verfertigtes

*) Aus irgendwelchen Gründen, die kein Mensch kennt, sind 99,999 Prozent aller schildpatt und schildpatt-weißen Katzen weiblichen Geschlechts.

Material mit der Seidenweichheit eines Katzenfells verglichen werden konnte. In diesem Zusammenhang bedeutet es Räder- oder Marmorzeichnung. Es gibt silberne, rote und braune Tabbys, die ausgeprägt gestromt (also nicht gestreift oder gefleckt) sein müssen. Natürlich kommen auch andere Färbungen und Farbzusammenstellungen vor; aber an einer Ausstellung werden solche Katzen niemals einen Preis bekommen.

Es scheint mir, daß die Katzenzüchter sich ihre Arbeit unnötigerweise erschweren. Wenn man eine Katze kauft, weil es Spaß macht, mit einer Katze zu leben, wird ein Streifen mehr oder ein fünfter Ring am Schwanz niemand kränken, und die Katze ist billiger.

Beim Kauf eines langhaarigen Kätzchens meide man Tiere mit dürftigem Fell, nahe beieinanderliegenden Augen, zu hoch angesetzten Ohren oder zugespitztem Schwanz – das heißt, wenn man darauf aus ist, bei einer Katzen-Ausstellung einen Preis zu gewinnen. Wenn man sich aber in eine solche Katze verliebt und dem Blauen Band, das sie nicht gewinnen kann, nicht nachtrauert, gehe man hin und kaufe sie.

Selbst mit einer schielenden, strubbligen Karikatur von einer Perserkatze, mit der man seelisch in Einklang steht, wird man glücklicher sein als mit dem allergrößten Champion, der jemals schnurrte, wenn man mit ihm keine Freundschaft schließen kann.

Siamkatzen. Die Siamkatze ist der Traum der meisten Katzenliebhaber, schlank und elegant, mit saphirblauen Augen in dunklem Gesicht, außerdem ganz ohne Hochmut, wodurch sie sich von andern Katzen unterscheidet. Sie sind auch zärtlich und liebevoll und hängen sehr an den Menschen.

Siamkatzen sind besonders gescheit, und nie habe ich eine «hysterische» Siamkatze kennengelernt. Möglich, daß sich mit der Zeit, wenn man sie nur um der Schönheit willen züchtet, die Neigung zu sogenannter Hysterie (s. S. 214 ff.) entwickeln wird, und daß unwissende oder gewissenlose Züchter dazu beitragen werden, diese Veranlagung zu verbreiten. Hoffentlich aber nicht.

In Siam werden die Katzen nicht heilig gehalten, wie einige glühende Katzenliebhaber glauben machen wollen. Sie sind dort die

Katzen des Landes, geliebt und geachtet, wie Katzen es überall sein sollten, nicht mehr und nicht weniger. Die elfenbeinfarbenen gelten als besonders wertvoll, weil die Siamesen, die Buddhisten sind, alle hellfarbigen Tiere schätzen. Ja, die Leute verbeugen sich vor jedem weißen Tier, das sie sehen, weil es möglich sein könnte, daß es Buddha selbst ist, der den Menschen einen Besuch macht. Es gibt in Siam außer der Spielart, die Siamesische Hauskatze heißt, auch gewöhnliche Katzen.

Alle guten Siamkatzen sind gleich gezeichnet. Gesicht, Ohren, Füße, Beine und Schwanz sind dunkelbraun, fast schwarz. Der gleichmäßig isabellfarbene Körper steht im Gegensatz zur Zeichnung. Die widerstandsfähigsten und billigsten Exemplare sind milchschokoladenfarben mit dunklerer Zeichnung; sie sind auch am größten. Die Körperfarbe anderer variiert von Rehbraun bis zum blassesten Elfenbein. Gelegentlich tritt ein silberblauer Siamese mit dunkelgraublauen Abzeichen auf. Wegen ihrer Seltenheit werden die blau gezeichneten Katzen sehr bewundert und hoch bezahlt, obwohl sie weniger kräftig sind als die braun oder schwarzbraun gezeichneten.

Alle Siamkatzen dunkeln nach, wenn sie älter werden. Das hellste Kätzchen wird nicht immer die hellste Katze.

Alle Siamkatzen sollten tiefe, klare, saphirblaue Augen haben, die wirklich wunderschön sind. Diejenigen mit grünlichen oder gelblichen Augen gelten als fehlerhaft. Natürlich sehen sie ebenso gut und sind ebenso prächtige Gefährten. Blauäugige *weiße* Siamkatzen kommen jedoch taub zur Welt.

Manche Siamkatzen schielen; dadurch wirken sie schlau und verschmitzt, und es gilt nicht als Fehler.

Viele Siamkatzen haben einen drolligen Schwanz, drei Viertel lang, halb lang, geknickt oder verstümmelt. Die Richter der Katzen-Ausstellungen verachten Siamkatzen mit einem solchen Schwanz keineswegs, weil alle orientalischen Katzen in bezug auf den Schwanz Eigentümlichkeiten aufweisen (s. S. 53 f.).

Die ideale Siamkatze ist schlank, langgestreckt und doch gleichzeitig muskulös, so daß sie im ganzen elegant und kraftvoll wirkt. Die

Körperfarbe sollte so gleichmäßig wie die Tünche an einer Wand sein, und die Abzeichen müssen sehr dunkel sein. Der Kopf ist länglich und vollkommen keilförmig. Von den Bartschnurren bis zum Schwanz ist das ganze Haarkleid glatt, glänzend und wie gekämmt. Die Katze hat einen nachdenklichen, geweckten und unergründlichen Ausdruck.

Farblose Augen, kurzer Hals sowie jeglicher Anflug von Schwerfälligkeit und Verdrossenheit schmälern den Stil der Siamkatze.

Wenn man eine weibliche Siamkatze kauft, bereite man sich darauf vor, Kätzchen aufzuziehen oder den Verstand zu verlieren. Die Nachtgeister sind in bezug auf Geheul bei den läufigen Siamkatzen in die Lehre gegangen.

Siamkätzchen kommen als winzige Geschöpfchen zur Welt. Sie entwickeln sich langsam und sollten nicht entwöhnt werden, bevor sie ungefähr vier Monate alt sind. Gewissenhafte Züchter verkaufen Siamkätzchen nicht vor dem fünften Monat. Infolge ihrer langsamen Entwicklung bleiben sie lange kätzchenhaft. Bei der Geburt haben sie ungefähr die Farbe geschälter Bananen mit schwachen Flecken, wo die dunklen Stellen sich entwickeln werden. Wenn die Kätzchen alt genug sind, um verkauft zu werden, tritt die Zeichnung deutlicher hervor, und ihre Augen haben das ihnen eigene Blau.

Siamkätzchen sind kräftig und leicht aufzuziehen, wenn man sie richtig füttert, trocken hält und nicht an zugigen Orten schlafen läßt. Sie gedeihen am besten in ländlicher Umgebung ohne besondere Verhätschelung.

Manxkatzen und andere schwanzlose Katzen. In Ostasien, und zwar auf den Sunda-Inseln, besonders auf Java, und in Japan sowie auf der englischen Insel Man gibt es schwanzlose und stummelschwänzige Katzen. In Amerika sind sie so selten, daß etwa einmal im Jahr ein Zeitungsschreiber mangels besseren Stoffes die Geschichte von den Kaninchen-Katzen aufwärmt und in der Montagmorgen-Ausgabe, mit Salatblättern und Phantasie garniert, serviert. Die Geschichte ist bekannt: Eine normale Katze hatte ein Junges mit riesigen Ohren, kleinem oder gar keinem Schwanz und Hinterbeinen wie ein Kaninchen. Das Kätzchen hoppelte wie ein Kaninchen, knabberte vor dem Photographen an einem Salatkopf und bewies dadurch, daß es von einer launischen Katze und einem abenteuernden Kaninchen abstammte. In der Geschichte wird nie erwähnt, daß das Kätzchen Katzenkrallen, ein Katzengebiß, Katzenschnurren und Katzenaugen hat, und daß es Mäuse frißt. Tausende von sonst ganz intelligenten Menschen lesen diesen Unsinn und glauben dann auf ewig daran, daß es Kaninchen-Katzen gibt, obwohl sie wissen sollten, daß die Natur nicht so unbekümmert und liederlich ist. Hat man jemals von einem Ziegen-Hund gehört? Oder von einer Pferde-Kuh? Oder von einem Schweine-Schaf? Gewiß nicht! Solche Mischungen sind unmöglich.

Die Bewohner der Insel Man nennen ihre Katzen «Gibraltarkatzen», womit sie auf die Theorie hinzuweisen scheinen, daß die ersten Katzen auf die Insel kamen, als die spanische Armada unterging. Gelehrte Leute halten dem entgegen, daß schwanzlose Katzen in Spanien unbekannt sind und von jeher waren, so daß die Katzen der Armada einen Schwanz gehabt haben müssen. Sie vergessen offenbar, daß die Armada zu Spaniens großer Zeit unterging, als die Schiffe Spaniens um die ganze Welt fuhren, zu einer Zeit also, wo jedweder spanische Seefahrer ein schwanzloses Katzenpaar in Ostasien gekauft oder stibitzt haben kann.

Die typische Manxkatze ist ziemlich klein, rundköpfig und hat einen sanften, wenig katzenartigen Ausdruck. Ihre Hinterbeine sind sehr hoch und unverhältnismäßig stark entwickelt; an der Stelle, wo der Schwanz wäre, wenn sie einen hätte, hat sie eine Vertiefung.

Häufig bringen sich die Manxkatzen in Ungnade, indem sie Junge mit allen möglichen, meist sonderbaren Schwanzformen werfen. Die guten Leute von der Insel Man geben sich alle Mühe, diesen Fehler zu beheben, und schneiden den Kätzchen den Schwanz ab, um dann die gestutzten Tiere den glücklichen Reisenden als echte Manxkatzen zu verkaufen.

Beim Gehen watscheln die Manxkatzen, und beim Laufen hoppeln sie wie Kaninchen.

Die Preisrichter der Katzen-Ausstellungen kümmern sich nicht um die Farbe der Manxkatzen, solange die Tiere nur ein hohes Hinterteil haben und ungeschwänzt sind. Schwarz, Weiß, Silbertabby, Brauntabby und Blautabby sind die gewöhnlichen Farben. Reines Blau ist selten; rote, gefleckte und Schildpatt-Katzen sind sogar äußerst selten. Theoretisch sollten die Augen mit der Färbung des Fells kontrastieren. In Wirklichkeit aber sind Manxkatzen so selten, daß man nimmt, was man bekommen kann.

Die schwanzlosen oder stummelschwänzigen Katzen Asiens sind bei uns praktisch unbekannt.

Mainekatzen. Mainekatzen sind vollendet schön und weniger bekannt, als sie es verdienen. Manche Leute sagen, sie seien eine besondere Rasse; andere bestreiten es. Da ihre Jungen sich als erbfest erweisen, bin auch ich der Meinung, daß sie eine eigene Rasse darstellen.

Niemand scheint zu wissen, woher die Mainekatze stammt, abgesehen davon, daß unter den Vorfahren eine Perserkatze gewesen sein muß. Die Vermutung liegt nahe, daß in der Zeit, wo Klipper rings um die Erde segelten, ein paar langhaarige Katzen von solchen Schiffen sprangen und in Maine die Katzenrasse verbesserten.

Mitunter werden die Mainekatzen «Waschbär-Katzen» genannt, und einige Leute glauben, daß sie halbe Waschbären seien. Sie sind keine halben Waschbären. Keine Katze kann etwas Halbes sein, sondern nur eine Katze.

Mainekatzen sind groß. Sie haben einen großen Kopf und ein intelligentes, etwas mürrisches Gesicht. Schädel und Nase sind breit, und der ganze Kopf hat ein sehr kräftiges Aussehen, das ich fürs Auge befriedigend finde. Die durchschnittliche Mainekatze ist ungefähr so groß wie eine sehr große gewöhnliche Katze, aber nicht so schlank. Man hat etwas zu tragen, wenn man eine Mainekatze auf dem Schoß hat. Mainekatzen haben lange Haare, denen es jedoch an der Straußenfeder-Eleganz der Perser fehlt, weil sie eher wie das Fell eines Collies hängen. Der Schwanz läuft spitz aus, im Gegensatz zu demjenigen der Perserkatze.

Die Richter der Katzen-Ausstellungen interessieren sich für Mainekatzen nicht, weil dieser Typ nicht als Rasse anerkannt wird; es sind also keine Punktwerte zu beachten. Trotzdem würde ich keine

Mainekatze kaufen, die nahe beieinanderliegende Augen, einen schmalen Schädel oder einen Anflug von einem Fuchsgesicht hat. Da die Mainekatzen nicht zur Elite gehören, können sie alle möglichen Zeichnungen oder Farbkombinationen haben. Nur die Menschen, mit denen sie leben, und vielleicht auch andere Katzen beachten ihre Farbe. Manche Mainekatzen haben wunderschöne bunte Zeichnungen. Wenn ich jemals eine Katze kaufen würde, dann eine gescheckte Mainekatze.

Abessinierkatzen. Die Abessinier sind schlank, elegant und sehen wildkatzenähnlich aus. Ihr Fell ist kurz, fein und dicht mit gestichelten Haaren, entweder normal wildfarbig (braunrot gestichelt mit Schwarz oder Dunkelbraun) oder warm kupferrot (dunkelrot gestichelt), ohne Streifen oder Flecken. Die großen Augen sind leuchtend grün, gelb oder haselnußfarben. Abessinierkatzen sind schön, sanft und zärtlich, und ich liebe sie.

Blaue Kurzhaarkatzen. Man nennt sie Russisch-Blaue, Amerikanisch-Blaue, Spanisch-Blaue, Malteser oder Britisch-Blaue, Kartäuser. Fanatiker bestehen darauf, daß es sich dabei um verschiedene Rassen handle, doch streiten sie sich um die Merkmale. Ich gebe gern zu, daß die kurzhaarigen Blauen Katzen eine besondere Rasse darstellen, und ich würde zustimmen, wenn man sie in blaue Kurzhaarkatzen russischer Typ, englischer Typ usw. einteilen würde. Ich bin jedoch nicht einverstanden damit, daß es verschiedene Rassen sind, weil ich nicht glaube, daß eine lange Oberlippe oder ein kurzer Hals eine Rasse ausmacht.

Die Hauptsache bei der Blauen Katze ist, daß sie ganz und gar blau ist; Fellhaare, Schnurrhaare, Lippen, Fußsohlen und sogar die Haut müssen die Färbung des Blaufuchsfelles haben; sonst schaut der Katzenfanatiker sie nicht an. Abzeichen sind verpönt; kein Fleck, kein Streifen ist erlaubt. Blaue Katzen all dieser «Spielarten» variieren von blassem Silbergrau zu dunklem Schieferblau mit allen Zwischentönen, einschließlich Lavendelgrau. Im Augenblick muß die Farbe gleichmäßig mit Reifschimmer sein, und auf dem Rücken darf sich keine rötliche Schattierung zeigen. Der Himmel mag wissen, welche Tönung nächstes Jahr modern sein wird.

Eine Blaue Katze, die mittelgroß, lang und schlank ist und grüne Augen hat, ist eine Russisch-Blaue, eine gedrungene und muskulöse mit gelben oder orangefarbenen Augen ist eine Britisch-Blaue.

Europäisch-Kurzhaar-Katzen und Hauskatzen. Die Hauskatze braucht nicht beschrieben zu werden, weil jeder sie kennt. Das Fell ist meist kurzhaarig. Brehm führte folgende Färbungen auf: «Einfach schwarz mit einem weißen Stern mitten auf der Brust; ganz weiß, semmelgelb und fuchsrot; dunkler mit derselben Färbung getigert; einfach blaugrau; hellgrau mit dunkeln Streifen; dreifarbig mit großen weißen und gelben oder gelbbraunen und kohlschwarzen oder grauen Flecken. Die blaugrauen sind sehr selten; die hellgrauen oder Zyperkatzen gemein; doch müssen die echten schwarze Fußballen und an den Hinterfüßen schwarze Sohlen haben. Am schönsten sind die Zebrakatzen mit dunkelgrauer oder schwarzbrauner Tigerzeichnung.»

Es gibt Menschen, die besonders schöne kurzhaarige Katzen züchten, um sie auszustellen und zu verkaufen. Das ist entschieden eine Liebesmüh, der man sich nicht unterziehen sollte, wenn man nur den geringsten Profitwunsch hegt. Allerdings besteht ein kleiner Markt für schöne, gesunde kurzhaarige Katzen, die sich durch einen Stammbaum auszeichnen, und dieser Markt würde sich gewiß vergrößern, wenn mehr Menschen wüßten, daß man solche Katzen kaufen kann.

Ich kenne eine Frau, der eine sehr schöne Hauskatze als Geschenk angeboten wurde, und die das Geschenk ablehnte, weil sie befürchtete, die Mutter könnte ein unmoralisches Geschöpf gewesen sein; und dann ging sie hin und kaufte in einem Tiergeschäft ein Kätzchen, obwohl das auch von einer Hauskatze stammte und keinen Stammbaum aufzuweisen hatte. Das Beispiel beweist, wie sehr man bei uns auf Ansehen und Achtbarkeit hält, und es beweist auch, daß gewöhnliche Katzen gekauft werden.

Liebhaber von kurzhaarigen Edelkatzen – man nennt sie Europäisch-Kurzhaar (in Amerika Amerikanisch-, in England Britisch-Kurzhaar) – schließen sich zu Vereinen zusammen und veranstalten Ausstellungen mit Klassifizierungen für Katzen verschiedenen Alters und Geschlechts und verschiedener Färbung, genau wie die Liebhaber von Siamesen oder Persern. Ab und zu kommt eine Hauskatze, die in irgendeiner Hintergasse aufgelesen worden ist, und die nie von Punktwerten gehört hat, auf eine solche Ausstellung und siegt über alle Edel- und Luxuskatzen, worüber sich Menschen wie ich unsinnig freuen.

Die Europäisch-Kurzhaar-Katzen haben die gleichen Farben wie die Perserkatzen, aber es gibt außer den gestromten noch gestreifte (getigerte) und gefleckte (getupfte).

Katze oder Kater? Kater sind schön, Katzen hübsch. Kater sind gescheit, Katzen klug. Wenn man eine Katze hält, kann man Junge aufziehen, was zu den erfreulichsten Beschäftigungen auf der Welt gehört. Wer keine Kätzchen aufziehen möchte, der sollte keine Katzen halten. Jedenfalls sollte man die Katze nicht zur Keuschheit zwingen; das ist eine Quälerei für die Katze und die Menschen.

Kater kosten mehr als Katzen. Das liegt teilweise an dem primitiven Aberglauben von der männlichen Überlegenheit, teilweise daran, daß die meisten Katzen oft läufig sind und dann schreien. Es gibt Ausnahmen. Eine Katze, die ich hatte, war nur einmal im Jahr läufig; sie ging dann ruhig hinaus und beschaffte sich ihre Jungen. Andere mir bekannte Katzen waren drei- bis viermal im Jahr läufig, noch andere brachten das Haus alle paar Wochen durcheinander. Wenn man die Katze leben läßt, wie sie will, hat man nicht viel Mühe.

Meiner Meinung nach ist es am vernünftigsten, dasjenige Kätzchen zu kaufen, welches einem am besten gefällt.

Kätzchen oder Katze? Es ist gut und schön, eine erwachsene Katze zu finden, und wundervoll ist es, von einer Katze gefunden zu werden. Kaufen würde ich keine erwachsene Katze. Ich kann mir nicht vorstellen, daß jemand auf das Vergnügen verzichten möchte, das Heranwachsen eines Kätzchens zu erleben. Außerdem ist es möglich, daß sich eine Katze, die bei anderen Menschen aufgewachsen ist, in das neue Heim nicht eingewöhnt und nicht anhänglich wird.

Die Tatsache, daß man für eine Katze Geld bezahlt hat, bedeutet nicht, daß man damit auch die Liebe und Anhänglichkeit des Tieres

Man muß der Natur ihren Lauf lassen

erkauft hat. Katzen verstehen nichts vom Handel, und wenn es der Fall wäre, so würde er sie wahrscheinlich abstoßen.

Bei einer Katze, die mit einem Menschen ein Jahr lang oder noch länger gelebt hat, haben sich bestimmte Gewohnheiten herausgebildet, und sie hegt ihre eigenen Anschauungen über das Benehmen der Menschen. Es kann sein, daß man dem Maßstab der Katze nicht entspricht. Dann kritisiert sie uns den ganzen Tag, ohne daß man eine Ahnung hat, woran man es hat fehlen lassen. Das verwirrt, und man bekommt leicht Minderwertigkeitsgefühle.

Nicht selten gehen Katzen ein, wenn sie von Menschen getrennt werden, die sie ihr ganzes Leben lang gekannt und geliebt haben. Vor langer Zeit schenkte ich einmal eine Katze fort, mit der ich zwei Jahre zusammengelebt hatte, und die einfältige Frau, die sie erhalten hatte, ließ das Tier vor Kummer sterben, ohne mich auch nur anzurufen. Sie sagte, sie habe nicht gewußt, daß Katzen aus Gram sterben könnten. Das war mir eine Lehre, die sich jeder merken sollte.

Wenn man eine Zuchtkatze aus einer bestimmten Katzenzucht kaufen will und das schönste Tier wünscht, das sich für Geld erwerben läßt, so ist das eine andere Sache. Dieses Buch ist nicht für Leute bestimmt, die Zuchtkatzen kaufen.

Wie viele Katzen? Zwei Katzen sind, wie zwei Köpfe, besser als eine. Im Gegensatz zu zwei Köpfen sind zwei Katzen leicht zu bekommen.

Das Leben mit mehreren Katzen ist noch viel lustiger als das Leben mit einer einzigen Katze. Freilich, es kommt vor, daß Ma, Unband und Charlie sich's alle gleichzeitig auf meinem Schoß bequem machen und einen fünfunddreißig bis vierzig Pfund schweren Haufen bilden, so daß ich finde, drei Katzen seien sehr viel. Sonst aber sind sie mir gerade recht. Wenn sie sich wie Kätzchen balgen, kann ich mir schwer vorstellen, daß Charlie, Unband und Madame schon recht bejahrt sind.

Bruder und Schwester würde ich nicht zusammen halten, ohne den Kater kastrieren oder die Katze sterilisieren zu lassen. Das gleiche gilt für Mutter und Sohn, es sei denn, die Mutter ist so wunderbar, daß man Junge haben möchte, die genau wie sie sind – kann sein, daß

Die Katze hat ihre eigenen Anschauungen über das Benehmen der Menschen. Entspricht man ihrem Maßstab nicht, so kritisiert sie uns den ganzen Tag, ohne daß man weiß, was man falsch gemacht hat

man sie bekommt, kann auch nicht sein, selbst wenn man drei oder vier Generationen hindurch Inzucht betreibt. Die Vererbungslehre ist eine so komplizierte und vertrackte Angelegenheit, daß man die Katze am besten vom Nachbarkater decken läßt, falls er schön und gescheit ist.

Wenn man eine Katze hat und ein Kätzchen dazunimmt, ist die alte Katze unter Umständen eine Weile eifersüchtig. Man beachte das Kätzchen so wenig wie möglich (als ob man ein Kätzchen nicht beachten könnte!) und schenke der alten Katze besondere Aufmerksamkeit; dann wird sie in den meisten Fällen von ihrer Eifersucht geheilt.

Man kann sich nicht vorstellen, wie anhänglich, aufgeweckt und echt selbstlos Katzen sind, wenn man nicht mit zweien oder noch mehr zusammengelebt hat. Man ziehe nur keine vor – sonst sind sie verletzt, und mit ihrer Eifersucht ist nicht zu spassen.

Wo man eine Katze kauft. Katzen gibt es zu kaufen in Tiergeschäften, auf Katzen-Ausstellungen, bei Züchtern, deren Beruf die Katzenzucht ist, und von Leuten, die sich eine reinrassige Katze anschafften und sie dann decken ließen, weil das läufige Tier sie nicht zur Ruhe kommen ließ, und die für das Aufziehen der Jungen und für ihr Zeitungsinserat Anrecht auf ein Entgelt haben.

Es gibt keine sichere Methode, eine Katze zu kaufen – bei Katzen ist man nie sicher. Die von vielen Leuten vertretene Meinung, daß es nicht empfehlenswert sei, eine Katze in einem Tiergeschäft zu kaufen, weil es dort nicht sauber zugehe, ist reine Theorie. In den meisten Tiergeschäften herrscht Sauberkeit, und das schmutzigste Tiergeschäft ist so schmutzig wie die schmutzigste Katzenzucht. Im allgemeinen ist das Wagnis gleich groß, ob man die Katze nun in einem Tiergeschäft oder auf einer Ausstellung kauft; jeder Ort, wo viele Katzen versammelt sind, kann Krankheitskeime enthalten.

Wenn man sein Herz an eine echte Edelkatze gehängt hat, tut man gut daran, eine Katzen-Ausstellung zu besuchen und sich die Adressen derjenigen Züchter aufzuschreiben, welche die schönsten Katzen haben. Dann warte man zwei Wochen, bis alle Katzen, die sich auf der Ausstellung angesteckt haben können, die Karenzzeit hinter sich haben, und gehe hin. Wenn die Katzen gesund geblieben sind, mag man ein Kätzchen kaufen.

Auch die Leute mit der einen Katze, den Jungen und dem Zeitungsinserat sind in Betracht zu ziehen. Bei ihnen gibt es aller Wahrscheinlichkeit nach keine Krankheit.

Wohin man auch geht, um ein Kätzchen zu kaufen, da lasse man sich von der Nase leiten. Wenn man Katzengeruch wahrnimmt, soll man nicht haltmachen; denn wo es ausgesprochen nach Katzen riecht, da läßt die Gesundheit der Tiere oft zu wünschen übrig. Spielt man an einem solchen Ort mit den Kätzchen, so kann man zu dem nächsten gesunden Kätzchen, dem man begegnet, eine Krankheit verschleppen. Diese Regel gilt für jedes Haus, wo Katzen zum Verkauf angeboten werden, auch für das netteste und gepflegteste. Der Geruch kann von der Toilette eines gesunden Hauskaters herrühren, der keine Möglichkeit hat, sein Geschäft im Freien zu verrichten;

aber wie soll man das wissen? Kranke Katzen haben einen bestimmten Geruch, den nur der Fachmann zu unterscheiden vermag.

Nimmt man keinen Katzengeruch wahr, so schaue man sich gründlich um. Gründlich! Wenn man ein Kätzchen mit tränenden Augen und verklebter Nase erspäht, schnell hinaus! Nicht bleiben und sagen: «Arme Miez, hast du dich erkältet?» Sonst fordert man den Besitzer zu der Erklärung auf, daß er vor kurzem das kleine Geschöpf mit Flohpulver bestreut habe... nicht daß es Flöhe gehabt hätte, o nein, natürlich nicht, und daß man dann ja immer niesen müsse... und ehe man sich's versieht, hat man ein Kätzchen mit laufender Nase; aber die Aussichten, daß man es lange haben wird, sind gering.

Wenn Geruchs- und Gesichtssinn nichts zu bemängeln haben, dann mache man sich an die Wahl eines Kätzchens.

Wie man ein Kätzchen auswählt. Die meisten Kätzchen können im Alter von sechs bis sieben Wochen entwöhnt werden*). Nach der Entwöhnung sollen sie noch ein paar Tage bei der Mutter bleiben, um die Feinheiten der Katzenetikette zu erlernen, die ihnen die Mutterkatze besser beibringen kann als ein Mensch. Man soll keine Kätzchen verkaufen, bevor sie mindestens sieben Wochen alt sind. Wer jüngere Kätzchen zum Verkauf anbietet, handelt nicht anständig.

Das Alter des Kätzchens läßt sich an den Zähnen beurteilen. Man öffne ihm nicht gewaltsam den Mund, weil es zarte Knochen hat, sondern spiele mit ihm, bis es lacht. Wenn die Milchzähne noch nicht durchgebrochen sind, ist das Kätzchen weniger als vier Wochen alt und viel zu jung, um verkauft zu werden. Auch wenn die Zähne sich eben erst zeigen, ist das Kätzchen noch zu jung. Das Kätzchen, das man kaufen kann, hat in jedem Kiefer eine Reihe scharfer, sauberer, weißer Zähnchen. Die Innenseite des Mäulchens muß ein hübsches Korallenrosa aufweisen, weder Blässe noch starke Röte.

Ein gesundes Kätzchen sieht so unkörperlich aus wie ein Wiesenpflänzchen. Es wiegt fast nichts und fühlt sich doch fest an und strampelt, wenn man es festhält. Es tollt überall umher oder schläft tief.

*) Ausgenommen Siamkätzchen; vgl. dazu S. 53.

Ein Kätzchen, das alt genug ist, um verkauft zu werden, steht fest und sicher auf den Beinen; es kann sowohl gehen als auch rennen. Kätzchen lernen zuerst rennen, dann gehen. Ein Kätzchen, das dahinsaust, stolpert, sich aufrichtet und ein paar Schritte schwankt, ist noch zu klein, die Mutter zu verlassen.

Das Fell eines jungen Kätzchens ist daunenweich und hat etwas Duftiges, eine Art von fedrigem Glanz; es muß lebendig aussehen. Der harte Schimmer des Katzenfells erscheint erst nach dem ersten Haarwechsel, wenn das Tier fünf bis sechs Monate alt ist. Man kaufe nie ein Kätzchen mit dürftigem, verfilztem, schmutzigem oder feuchtem Fell.

Man betaste das Kätzchen sachte am ganzen Körper, ob die Haut auch unversehrt ist, selbst wenn der beste Freund es aufgezogen hat. Fühlt man eine rauhe Stelle, so zerteilt man das Haar und untersucht die Sache. Wenn es nur ein heilender Kratzer ist – gut. Ist es aber irgend etwas anderes, einerlei, wie leicht, dann muß man auf das Kätzchen verzichten. Erklärungen wie Milchschorf, Entwöhnungsschorf, Flohstiche, Allergie sind reine Märchen. Der Fleck oder die rauhe Stelle kann herrühren 1. von einer Verletzung, 2. von einem durch Würmer verursachten Ausschlag, 3. von einer Drüsenstörung, 4. von Flechten, 5. von Räude, 6. von irgendeiner andern Erkrankung (s. S. 117 ff.).

Der Bauch eines gesunden Kätzchens ist recht fest und doch nachgiebig, weder schlaff noch hart. Ein harter, schlaffer oder geschwollener Bauch deutet auf Würmer, Rachitis oder eine andere Krankheit hin (s. S. 117 ff.). Er besagt nicht, daß das Kätzchen gerade gefrühstückt hat. Selbst wenn es sich überfressen hat und sein Bauch etwas gebläht ist, sieht er nicht geschwollen aus und fühlt sich auch nicht hart an.

Gesunde Kätzchen haben immer glänzende Augen, meist stahlblaue. Es gibt keine Regel, nach der die blauen Augen in einem bestimmten Alter ihre Dauerfarbe annehmen. Unband hatte bis zum vierten Monat wunderschöne veilchenblaue Augen, und Charlies Augen wurden schon orangefarben, als er erst sieben oder acht Wochen alt war. Ein Kätzchen mit trüben, tränenden oder verklebten

Auf der Lauer (Phot. Beringer & Pampaluchi, Zürich) ▷

Augen rühre man nicht an, von einem Kauf ganz zu schweigen. Man schaue dem Kätzchen auch in die Ohren; doch keinesfalls untersuche man sie mit einem Gegenstand. Sie müssen vollkommen sauber und ganz geruchlos sein.

Wenn man ein weißes Kätzchen kaufen will, vergewissere man sich, daß es nicht taub ist. Wie ich schon sagte: Fast alle blauäugigen weißen Katzen werden taub geboren. Taubgeborene Katzen entwickeln ihren Gesichtssinn in erstaunlichem Maße; darum muß man sich davor hüten, bei der Prüfung des Gehörs mit den Geräuschen gleichzeitig Bewegungen zu machen. Sonst merkt man erst, daß die Katze taub ist, wenn sie einen Unfall erlitten hat, den eine normale Katze vermieden hätte.

Das letzte Kätzchen eines Wurfes ist gewöhnlich das gescheiteste, das schwächste und ein Weibchen. Da ich das letzte Kätzchen in fast jedem Wurf unwiderstehlich finde, kann ich niemand raten, das letzte nicht zu kaufen, wenn es einem gefällt, und wenn man ihm gefällt.

Zuverlässige Züchter und Händler sagen immer ehrlich, welchen Geschlechts die Kätzchen sind, die sie zu verkaufen haben; aber Nachsehen schadet nie. Wer außerstande ist, das Geschlecht eines Kätzchens zu erkennen, der schaue sich das bevorzugte Tier genau an und lasse sich dann einen Vertreter des andern Geschlechts zeigen. Dabei braucht man sich nicht zu schämen; die Katzen schämen sich auch nicht. Das Wissen erspart einem die Verwirrung, den Freunden mitteilen zu müssen, daß Peter Junge bekommen hat. Dagegen habe ich noch nie von einem Menschen gehört, dem man eine Katze verkauft hat, die sich dann als Kater entpuppte. Wem ein Schildpattkater oder ein schildpatt-weißer Kater für weniger als tausend D-Mark angeboten wird, der erkundige sich höflich, wieso das Tier so billig sei. Schildpattkater sind nämlich fast so selten wie Hühner mit Zähnen.

Es ist möglich, das gescheiteste Kätzchen in einem Wurf zu erkennen, und wenn ein dummes darunter ist, kann man es meiden. Das außergewöhnliche Kätzchen verrät sich durch seine Abweichung vom Durchschnitt. Kätzchen werden erst ausgesprochene Individualisten, wenn sie ihre erste Maus gefangen haben, oder wenn die zwei-

◁ Guten Morgen! (Phot. Meerkämper, Davos)

ten Zähne durchgebrochen sind, und dann sind sie Katzen. Junge Kätzchen sind noch viermal mehr Herdenwesen als Kinder. Jedes Kätzchen in einem Wurf will das tun, was die andern gerade tun; sie werden alle gleichzeitig hungrig, sie spielen alle gleichzeitig, sie schlafen alle gleichzeitig. Das gescheiteste Kätzchen ist der Anführer. Es ist zuerst bei der Milch, zuerst auf der Schulter eines Menschen, treibt zuerst Possen. Dieses Kätzchen entwickelt sich zu einem klugen Tier und richtet allerlei an. Es kann ein Weibchen oder ein Männchen sein, kann anhänglich oder gleichgültig werden, besonders klug oder einfach gescheit - eine Zeitlang weiß das niemand. Wenn es besonders begabt ist, will man es vielleicht nicht haben - es gibt Menschen, die außergewöhnliche Katzen nicht mögen.

Andererseits will man sicher keine blöde oder «hysterische» Katze haben. Wenn die Züchter schwachsinnige Katzen ebenso gewissenhaft ausrotten würden, wie sie Kätzchen vernichten, die am linken Hinterbein einen besonderen Streifen haben, so gäbe es keine anomalen Edelkatzen. Ich will damit nicht etwa sagen, daß alle reinrassigen Katzen oder ein bestimmter Prozentsatz schwachsinnig seien, oder daß alle blöden Katzen einen Stammbaum hätten. Wahrscheinlich werden in Gassen-Schlupflöchern ebenso viele dumme Kätzchen geboren wie auf Seidenkissen. Auf den Straßen rottet das Unglück - der «Kampf ums Dasein» - die dummen Katzen aus. Die Planwirtschaft der Zucht verlangt, daß auch die beschränkten Kätzchen aufgezogen und verkauft werden, und je nach Temperament und Einsicht der Käufer werden sie dann eine erträgliche oder arge Enttäuschung.

Gewöhnlich schiebt man der Inzucht die Schuld an solchen Enttäuschungen zu. Über die Nachteile der Inzucht wird viel dahergeredet. An sich hat die Inzucht keine Nachteile - sie ist das einzige bekannte Mittel, Typen festzulegen. Alle reinrassigen Katzen stammen von langen Reihen nahe verwandter Vorfahren ab. Wenn aber blauäugige Katzen mit drei Ringen am Schwanz «modern» werden, suchen sofort zahlreiche Züchter durch Inzucht blauäugige Katzen mit drei Ringen am Schwanz zu erzeugen, gleichviel ob die Tiere sich durch Aufgewecktheit auszeichnen oder nicht. Sind es gescheite, kräftige Katzen, so schadet das nichts, unter Umständen ist es sogar gut, weil ja auch die psychischen Fähigkeiten wie die Körperkraft zu dem festgesetzten Typ gehören. Aber wenn der schönste ringschwänzige, blauäugige Deckkater zufällig ein Dummkopf ist und seine Wurfschwestern befruchtet, und wenn dann mit der nächsten Generation weiterhin Inzucht getrieben wird, so entwickelt sich eine Familie von Katzendummköpfen. Das schlimmste daran ist, daß die Ringschwänze und die blauen Augen in der nächsten Generation verschwinden können, wohingegen der Schwachsinn möglicherweise bestehen bleibt, bis diese Abart ausstirbt.

Wenn man einige einfache Regeln befolgt, kann man es vermeiden, mit einer dummen oder «hysterischen» Katze gesegnet zu sein.

1. Kaufe ein Kätzchen, das mit der Menge läuft. Wenn du den Anführer für «zu gescheit» hältst, so nimm das Kätzchen, das einen halben Sprung hinter ihm zurück ist, falls es dir ebenso gut gefällt.

2. Kaufe ein Kätzchen, das auf ungewöhnliche Geräusche und auf einen so herrlichen Anblick wie eine über den Fußboden gezogene Schnur normal reagiert.

3. Kaufe ein Kätzchen, das antwortet, wenn es gerufen wird. Wenn ein Kätzchen laufen kann, sollte es genug wissen, um auf «Pussi, Pussi, Pussi» zu antworten.

4. Kaufe ein Kätzchen, das mindestens so aufgeweckt ist wie der Durchschnitt des Wurfs.

5. Kaufe ein Kätzchen, das die ganze Welt und dich, insbesondere dich, liebt.

6. Kaufe vor allem dasjenige Kätzchen, das dir am besten gefällt, selbst wenn der Verkäufer sagt, daß es keine Aussicht habe, einen Preis zu gewinnen. Kaufe es, auch wenn es doppelt soviel kostet, als du ausgeben wolltest, oder wenn es so billig ist, daß der Stammbaum gefälscht sein muß. Stammbäume sind jämmerliche Lebensgefährten.

Jetzt die Warnungen:

1. Kaufe kein scheues Kätzchen, und wenn es noch so schön ist. Die Scheuheit kann von Krankheit oder Dummheit herrühren, und du willst doch keine kranke oder dumme Katze haben.

2. Kaufe kein Kätzchen, das ohne äußere Ursache einen Buckel macht und eingebildete Feinde anfaucht, es sei denn, du möchtest ein Geschäft als Spiritist mit einer spukenden Katze aufmachen. Jedenfalls weisen die Symptome wahrscheinlich auf nichts Okkulteres hin als auf schlechte Augen, schlechte Nerven oder Leibschmerzen.

3. Kaufe kein Kätzchen, das sich abseits hält. Es ist naturwidrig, wenn ein Kätzchen allein sein will.

4. Kaufe kein Kätzchen, das dich nicht gern hat. Es muß mindestens so lange mit dir leben, bis es eine Möglichkeit hat, davonzulaufen.

5. Kaufe kein langsames, träges Kätzchen. Es ist entweder schwachsinnig oder krank.

*

Von Züchtern stammende Kätzchen, die man teuer bezahlen muß, sind meist hübscher als Straßenkätzchen, gewöhnlich aber weniger kräftig. Die Nachkommen der Katzen, deren Triebe Generationen hindurch beschnitten wurden, die keine Furcht kennenlernten, keine Mäuse fingen, Rahm zum Frühstück erhielten und hygienisch aufgepäppelt wurden, sind gewöhnlich wunderschön und werden mit allem fertig außer mit Krankheit. Allerdings triumphieren auch viele aristokratische Katzen über ihre Umgebung, gewinnen Preise, fangen Mäuse und widerstehen allen Bakterien.

Verzärtelte Katzen sind oft durch Unwissenheit gehemmt. Eine Katze, die immer nur mit Bällen und ausgestopften Tieren gespielt hat, kann ihren Jungen die Kunst des Mäusefangens nicht richtig beibringen. Da die Katzen immer noch kleine Wildlinge sind, ist ein Kätzchen, das dazu erzogen wurde, sich sein Abendbrot selbst zu beschaffen, besser daran als eines, das an Handreichungen und Bedienung gewöhnt ist. Ich befürworte keineswegs ein hartes Katzendasein, wohlgemerkt; ich möchte meine Leser nur vor der Überraschung bewahren, daß ihr blaublütiger kleiner Liebling in Mäusen reizende Spielgefährten sieht.

Wenn das gekaufte Kätzchen trotz allen Vorsichtsmaßnahmen stirbt, so soll man nicht meinen, man könne dem Verkäufer vorjammern, es sei krank gewesen, und das Geld zurückverlangen. Vielleicht war das Kätzchen tatsächlich krank, als man es kaufte. Wahrscheinlich aber nicht. Wer dieses Kapitel sorgfältig liest, sollte imstande sein, kranke Kätzchen zu meiden. Jedenfalls: Gekauft bleibt gekauft. Selbst der beste Freund würde bezweifeln, daß man so dumm ist, hinzugehen und ein krankes Kätzchen zu kaufen. Wenn etwas schiefgeht, teile man es dem Menschen mit, von dem man das Kätzchen gekauft hat; aber man sage es ihm freundlich, dann wird er sich bestimmt hilfsbereit zeigen. Fängt man aber mit einem Gezeter an: «Die Katze war krank, als Sie sie mir verkauften», so wird er wohl ruppig werden.

Fünftes Kapitel

Die Fütterung der Katze

Gekochte oder rohe Nahrung? Hat man jemals eine Katze eine Maus braten sehen? Warum soll man also einer Katze gekochte Nahrung vorsetzen? Das Kochen ist eine verhältnismäßig neue Erfindung. Auch heute gibt es noch Millionen Menschen auf der Welt, die nie einen Herd erblickt haben, und ein beträchtlicher Prozentsatz von ihnen kennt nicht einmal eine Feuerstelle mit Rauchabzug. Sie schneiden ihr Fleisch in Stücke, spießen es auf und halten es übers Feuer, bis das Fleisch angesengt ist; dann essen sie es, außen verbrannt, innen roh.

Die Menschen kochen Fleisch, erstens weil es in diesem Zustand länger hält, und zweitens weil es uns dann besser schmeckt. Da wir heutzutage über Gefrieranlagen und die denkbar beste Hygiene verfügen, außerdem an der nächsten Ecke einen Metzgerladen finden, braucht die Haltbarmachung nicht mehr in Betracht gezogen zu werden; die meisten kochen also das Fleisch, um den Geschmack zu verbessern. Wenn andere Mittel zur Geschmacksverbesserung angewendet werden können, essen wir unser Fleisch immer noch roh. Zum Beispiel: Schinken, Rauchfleisch, luftgetrocknetes Fleisch, Pökelfleisch und so weiter.

Katzen finden nicht, daß gekochtes Fleisch besser schmecke; sie ziehen es in rohem Zustand vor.

Der Einwand, daß rohes Fleisch bei den Katzen Würmer verursache, ist ein Altweibermärchen. Katzen bekommen verschiedene Würmer durch Ratten, Mäuse, Flöhe, Läuse, auch durch die Blätter, an denen sie knabbern, wenn zufällig Wurmlarven daran sind, und sogar durch ihre Mutter, wenn das Muttertier Würmer hat. Sie können durch rohes Schweinefleisch Trichinosis bekommen und durch rohe Fische einen bestimmten Bandwurm. Durch das von den Menschen genossene Fleisch, das amtlich kontrolliert wird, können sie keinerlei Würmer bekommen, ob sie es gekocht oder roh genießen.

Viele behaupten, daß Tiere durch die Verfütterung rohen Fleisches «bösartig» werden. Wenn das der Fall wäre, würde gekochtes Fleisch die gleiche Wirkung haben. Das Fleisch besteht zur Hauptsache aus Eiweißstoffen, und durch die Zubereitungsart kann die Veranlagung einer Katze nicht geändert werden. Nur insofern zeitigt die Verfütterung rohen Fleisches eine Wirkung, als die Katze sich zu einem gesünderen, glücklicheren und gescheiteren Tier entwickelt, weil beim gekochten Fleisch die wertvollsten Bestandteile verlorengehen. Vielleicht hat man schon bemerkt, daß die Katze des Metzgers besonders gescheit ist - und man wird wohl nicht annehmen, daß die Metzger sich instinktiv die gescheitesten Katzen aussuchen!

Fleisch oder Gemüse? Es besteht auch die Ansicht, die Fleischfresserei der Katzen sei eine schlechte Angewohnheit, von der sie durch vornehme Gemüseverfütterung geheilt werden könnten. Wenn die Katze dann als Folge dieser Erziehung zum Vegetarismus Symptome der Unterernährung erkennen läßt, scheinen Stärkungsmittel angezeigt. Wer eine Katze vegetarisch ernährt, ist nicht der geeignete Mensch, ein vernünftiges Stärkungsmittel auszusuchen, und das Ergebnis ist gewöhnlich eine Sammlung leerer Flaschen und eine tote Katze. Menschen, die Fleischnahrung mißbilligen, sollten nicht mit Katzen leben.

Die Katze hat lange, scharfe Fangzähne zum Fangen und Töten von Mäusen und andern Schädlingen, außerdem scharfkantige Reißzähne, mit denen das Opfer in schluckbare Stücke zerrissen wird. Sie hat keine flachen Mahlzähne, mit denen sich spröde Getreidekörner, Hülsenfrüchte, Nüsse oder Radieschen zermalmen lassen. Die starken Schneidezähne, die Menschen, Affen und Mäuse befähigen, rohe Äpfel und Maiskolben «abzunagen», fehlen den Katzen. Wenn eine Katze einen Apfel fressen wollte, müßte sie mit den Backenzähnen Stücke abbeißen - ich bitte jeden Leser, das selbst einmal zu versuchen!

Vegetarisch lebende Tiere haben sehr lange Därme, die für die Verdauung von Grünfutter, Getreide und Hülsenfrüchten notwendig sind. Auch Allesfresser haben ziemlich lange Därme. Die Fleischfresser haben ausgesprochen kurze Därme, und die Därme der Katzen sind sogar besonders kurz. Die Magensäfte der Katze sind so zusammengesetzt, daß sie jegliche Fleischnahrung mit Leichtigkeit verarbeiten können, hingegen vegetarischer Kost nicht gewachsen sind. Man kann den Verdauungsapparat der Katze nicht ändern.

Wie alle Fleischfresser, knabbern die Katzen gern an Gras und an Erdbeeren, wenn sie welche finden (Füchse fressen Trauben, wie man weiß). Besonders den im Haus gehaltenen Katzen soll man deshalb drei- bis viermal in der Woche etwas Grünes geben. Je ein Löffelvoll genügt durchaus, weil das Grünfutter der Katze vor allem als Anregungsmittel zur Verdauung und als Brechmittel zur Entfernung der beim Putzen verschluckten Haare (Haarballen) dient. Die dadurch zugeführten Vitamine spielen keine Rolle; die benötigten Vitamine erhält die Katze durch das Fleisch und den Darminhalt der Beutetiere.

Der kleine Spinatrest, der vom Mittagessen übriggeblieben ist, die grüne Bohne, die das Büsi sich geholt hat, während das Gemüse gerüstet wurde, die drei oder vier Erbsen, die es auf dem Boden herumgerollt hat, ein Salatblatt und ein Zweiglein Petersilie genügen für eine Woche. Oder man sät Gras in einen Blumentopf und läßt die Katze hier «weiden», wann sie Lust hat. Katzen ziehen frisches Grün dem Ladengemüse vor. Sie lieben es so sehr, daß es schwer ist, manche Zierpflanzen und Katzen unter ein und demselben Dache zu halten. Katzen lieben ganz einfach Farne, Petunien, Kapuzinerkresse, Verbenen, Ringelblumen, Schnittlauch, Petersilie und fast alles, was der Naturfreund gern wachsen läßt, und natürlich Katzenkraut.

Katzen sind in bezug aufs Essen recht eigen. Eine hungrige Katze gibt keine Ruhe, bis man sie füttert; wenn sie genug zu fressen bekommen hat, zieht sie ab. Ich kenne keine hoffnungslosere Aufgabe als den Versuch, eine gesättigte Katze dazu zu bewegen, daß sie ein tadelloses Stückchen Fleisch auffrißt, das für die nächste Mahlzeit nicht genügen würde, und das man doch nicht fortwerfen möchte. Die Katze hört sich die Überredungskünste an, wartet höflich ab, ob man den Bissen vielleicht selbst zu sich nimmt, und wenn sie feststellt, daß man es nicht tun mag, schnüffelt sie mit der unpersönlichen

Es gibt keine hoffnungslosere Aufgabe als den Versuch, eine gesättigte Katze dazu zu bewegen, daß sie den Rest ihres Futters frißt. Sie wartet höflich ab, ob man den Bissen selbst zu sich nimmt... Geschieht das nicht, so geht sie davon

Gründlichkeit eines Straßenkehrers an dem Teller herum und geht davon.

Überfütterung. Natürlich kann man eine Katze überfüttern, wenn man sich tatkräftig darum bemüht. So wählerisch und heikel die Katzen auch sind, sie lassen sich überfüttern, unterernähren und schlecht füttern. Sie lassen sich von Menschen mit den denkbar besten Absichten falsch ernähren, was oft der Fall ist.

Überfütterte Katzen erhalten des Guten zuviel. Die meisten Katzen wissen, wann sie mit dem Fressen aufhören müssen. Sehr wenige Katzen wissen, wann sie mit dem Fressen anfangen sollen. Setzt man der Katze eine große Mahlzeit vor, so ist sie nach mehrstündiger Verdauung durchaus bereit, weiterzufressen. Eine Katze, die auf sich selbst angewiesen ist, fängt eine Maus, hält ein Schlummerstündchen ab, und wenn sie aufwacht, hat sie Lust auf eine neue Maus, die sie wahrscheinlich nicht erwischt; bestimmt findet sie keine wartende Maus vor, sooft sie aufwacht. Wenn man der Miez aber eine einem halben Dutzend Mäusen entsprechende Mahlzeit vorsetzt, sooft sie Appetit hat, besitzt man bald einen fetten, trägen Taugenichts.

Menschen, die allein mit einer Katze leben, neigen sehr häufig dazu, ihren Liebling zu überfüttern. Zuerst setzen sie ihm sein Frühstück vor, und dann füttern sie ihn am eigenen Frühstückstisch. Beim Mittagessen kommen sie sich selbstsüchtig und gemein vor, wenn sie alles allein verzehren, während das Büsi zuschaut und jeden Bissen begehrlich verfolgt. Also geben sie ihm etwas Leberpastete oder ein wenig Rahm oder einen Knochen, an dem nicht mehr viel Fleisch sitzt. Abends erhält es ein reichliches Nachtessen und vor dem Schlafengehen vielleicht noch einen Leckerbissen. Ich kann das gut nachfühlen; denn ich habe meine Katzen auch einmal vollgestopft; aber es ist der Katze gegenüber nicht richtig. Man hat die Wahl, die Katze zusehen zu lassen, wodurch der Genuß beim Essen verdorben wird, sie ins Badezimmer einzusperren oder das Mittagessen zu überschlagen - wahrscheinlich schadet es einem gar nichts, das Mittagessen zu überschlagen.

Unterernährung. Es gibt keine Entschuldigung für die Unterernährung einer Katze. Katzen verlangen nicht viel, und sie sind recht nachsichtig in bezug auf die Wahl, die man für ihre Fütterung trifft. Wer nicht willens ist, täglich ein paar Batzen für gutes Katzenfutter auszugeben, der sollte keine Katze halten, und je schneller er sie abschafft, desto besser. Leider werden nur wenige dieser Menschen das vorliegende Buch lesen.

Einförmigkeit der Nahrung. Einförmigkeit der Nahrung ist fast ebenso schlimm wie Hungernlassen. Ich lernte einmal eine Frau kennen, die ihrer Katze nur Büchsengarnelen verabreichte und nichts anderes; eine betrüblicher aussehende Katze kann man sich gar nicht vorstellen. Menschen, die ihren Katzen Tag für Tag dieselbe Nahrung geben, entschuldigen sich gewöhnlich damit, es wäre verkehrt, eine Katze zu verwöhnen, oder sie hätten keine Zeit, Besorgungen zu machen, oder sie sagen: «Das ist doch gutes Katzenfutter, nicht wahr? Warum soll sie es nicht jeden Tag haben?» Die gleichen Leute beklagen sich, sie hätten gebratenes Hammelfleisch über, wenn es dreimal hintereinander auf den Tisch kommt. Kein Nahrungsmittel ist gesund, wenn es einem Haustier immerzu verfüttert wird. Die Tatsache, daß eine Katze monatelang oder sogar jahrelang von Büchsengarnelen, präpariertem Katzenfutter oder auch Leber schlecht und recht leben kann, besagt nicht, daß sie damit befriedigend oder gut ernährt sei. Das Gegenteil ist der Fall.

Ernährung der mäusefangenden Katze. Die schlechtesternährten Katzen sind merkwürdigerweise jene, die sich ihren Unterhalt selbst verdienen müssen. In den Köpfen der Menschen, die Katzen halten, um von Mäusen und Ratten befreit zu werden, spukt der dumme Aberglaube, daß eine gutgefütterte Katze nicht auf die Jagd gehen würde. Diese Menschen wissen aber recht gut, daß sie selbst ihrer Arbeit nicht nachzugehen vermögen, wenn sie blutarm, abgespannt und schwach sind. Wie kann man da erwarten, daß eine halbverhungerte Katze etwas leisten soll? Der gesunde Menschenverstand sagt uns doch, daß Hunger schwächt, und daß schwache, matte Katzen keine Mäuse fangen können.

Nur ausgehungerte Katzen fressen Ratten (wenn sie welche fangen), und ausgehungerte Katzen erwischen nicht viele Ratten. Außerdem werden Katzen oft krank, wenn sie Ratten fressen, und manchmal sterben sie daran. Eine Katze, die einmal auf diese Weise erkrankt ist, würde eher verhungern, als nochmals eine Ratte fressen. Ratten sind schmutzige, gefährliche Geschöpfe, die Krankheiten übertragen, und wir sollten verhindern, daß die Katzen sie fressen.

Katzen fressen Mäuse. Aber die Maus ist ein kleines Tier, und es bedarf vieler Mäuse, damit eine Katze immer satt wird. Jede Katze, die ganz von den Mäusen abhängt, die sie fängt, leidet meistens Hunger.

Die Behauptung, daß Katzen von Milch und von dem, was sie fangen, leben können, ist kaum weniger dumm als die Vorstellung, daß Katzen von dem, was sie fangen, und ohne Milch leben können.

Ich glaube nicht, daß die Katzen die von ihnen gefangenen Mäuse als Nahrung betrachten. Ich glaube, sie sehen in der Jagd einen gewinnbringenden Sport oder ein vergnügliches Geschäft – ein Steckenpferd, das sich bezahlt macht. Manche Katzen sind fleißige Jäger, und manche nicht. Manche sind tüchtige Mäusefänger und fürchten sich vor Ratten. Manche sind geborene Mörder, und manche spezialisieren sich. Der Hunger macht eine untüchtige Katze nicht zu einer guten Mäusefängerin; hingegen richtet er jede Katze, ob tüchtig oder nicht, zugrunde.

Richtige Ernährung der Katze. Daß die Katze am liebsten Fleisch frißt, wurde schon gesagt. Man glaube aber ja nicht, man müsse für sie zartes Filet kaufen; die Katze frißt ebensogern ein zähes Stück vom Unterschenkel, vielleicht sogar noch lieber. Alle billigen Fleischteile, außerdem die Eingeweide (= innere Organe), die von den meisten Menschen ohnehin nicht geschätzt werden, bilden gutes Katzenfutter. Katzen, die sich allein von der Jagd ernähren, fressen immer zuerst die Eingeweide und heben das Muskelfleisch für später auf, wenn sie es überhaupt vertilgen. Obgleich Katzen im allgemeinen Innereien vorziehen, gedeihen sie am besten bei einer aus Innereien und Muskelfleisch zusammengesetzten Kost. Ungeachtet der Rasse fressen und brauchen alle Katzen das gleiche: eine ausgewogene, abwechslungsreiche Ernährung mit Muskelfleisch und Innereien, Fisch, Eiern und Milch (sofern sie vertragen wird), dazu als Beikost etwas Gemüse, Getreideprodukte (nur gekocht oder geröstet), Quark und pflanzliches Fett; als Zwischenmahlzeit mögen viele Katzen das knusprige Trockenfutter, das es zu kaufen gibt.

Fett. Noch vor zehn Jahren verfochten die Katzenhalter die Theorie, Katzen dürfe man gar kein Fett zuführen, und gewissenhaft versagten sie es ihnen. Diese Theorie hat sich als ganz verkehrt erwiesen. Katzen benötigen ein wenig leichtverdauliches Fett, um in guter Verfassung zu bleiben. Fett ist wichtig zur Aufnahme von Vitaminen, und es scheint, daß es die Bildung von Nieren- und Blasensteinen abwehren hilft. Katzen, denen bislang alles Fett vorenthalten wurde, sind schwer dazu zu bekehren. Am besten mischt man es unters Futter. Geeignet sind Butter, Margarine und Pflanzenöle. Über die Menge streiten sich die Gelehrten – am besten, man hält Maß. Fleisch soll mager sein.

Leber. Leber ist das traditionelle Katzenfutter. Wie man mir sagte, pflegten die Metzger früher die Leber an Leute wegzuschenken, die Katzen hatten, weil niemand sie kaufen wollte. Da wir heutzutage wissen, wie nahrhaft Leber ist, essen wir sie selbst und sagen, für die Katze sei sie zu teuer. Kalbsleber ist tatsächlich ein teures Nahrungsmittel, aber die Katze braucht keine Kalbsleber, denn sie ist kein bißchen nahrhafter als irgendeine andere Lebersorte.

Viele halten Schweinsleber für ein ungeeignetes Katzenfutter, weil sie glauben, Schweinsleber rufe bei Katzen oder jedem andern Geschöpf, das sie sich einverleibt, Trichinosis hervor. Invasionsfähige Trichinen kommen jedoch nur im Muskelfleisch des Schweines vor; Drüsenorgane wie Leber und Nieren sind frei davon. Gekochte Schweinsleber bietet, wie alles gekochte Schweinefleisch, überhaupt keine Gefahr, und ist zur Abwechslung ein ausgezeichnetes Katzenfutter. - Leber hat einen hohen Vitamingehalt. Ist hingegen eine Katze an Leber nicht gewöhnt, so reagiert ihr Verdauungsapparat auf die plötzliche Zufuhr; denn Leber hat zwei Nachteile: Rohe Leber wirkt abführend, gekochte Leber stopft. Man kann sich das zunutze machen, indem man rohe Leber verfüttert, um der Verstopfung entgegenzuwirken, und gekochte Leber, um einen durch falsche Ernährung verursachten Durchfall zu heilen.

Niere. Meine Katzen haben Niere von allen Nahrungsmitteln am liebsten. Sie verzehren Rinds-, Lamm-, Kalbs- und Schweinsniere mit der gleichen Wonne. Im Gegensatz zu Leber hat Niere keinen Einfluß auf die Verdauung. Man sollte sie wässern.

Herz. Herz - ohne Fett! - ist ein gutes Katzenfutter, billig und nahrhaft. Jede Sorte ist so gut wie die andere.

Lunge und Hirn. Lunge und Hirn sind nahrhafter, als sie aussehen. Sie sehen nicht sehr appetitlich aus; aber man gewöhnt sich an den Anblick. Katzen hegen keinerlei ästhetische Vorurteile, und vor allem schätzen sie Lunge. Wie Leber wirkt auch Hirn roh leicht abführend.

Kutteln. Kutteln sollen nahrhaft sein. Ich selbst bin dessen nicht ganz sicher, und auf jeden Fall mögen manche Katzen sie nicht gern. Ich erwähne sie nur der Vollständigkeit halber.

Rindfleisch. Alles magere Rindfleisch eignet sich für Katzen. Ich selbst kenne zwar keine Katze, die gehacktes Fleisch mag, aber viele Leute sagten mir, ihre Katze hätte es am liebsten. Der Nährwert bleibt sich in jeder Form gleich; doch mir scheint, den Zähnen der Katze ist es zuträglicher, wenn sie größere Stücke kauen muß.

Pferdefleisch. Pferdefleisch ist mager, gut und billig. Es hat den gleichen Nährwert wie Rindfleisch.

Lamm- und Hammelfleisch. Mageres Lamm- und Hammelfleisch sind sehr gutes Katzenfutter. Besonders gern haben Katzen Lammbrust. Die Knochen splittern nicht, und mit großem Vergnügen zerkauen die Katzen das knorpelige Gewebe, das knochenbildendes Kalzium enthält.

Kalbfleisch. Viele Menschen sind der Ansicht, Kalbfleisch sei nichts für Katzen. Wenn man sie reden hört, könnte man beinahe meinen, Kalbfleisch sei giftig. Daß Rindfleisch gesund, Kalbfleisch aber schädlich sein soll, widerspricht doch aller Logik. Vermutlich stammt die Ansicht von der Schädlichkeit des Kalbfleisches noch aus der Zeit, wo man keinen Kühlschrank kannte, und wo Kalbfleisch für jedermann gefährlich war, weil es schnell verdarb. Heutzutage ist Kalbfleisch ebenso ungefährlich wie Rind- oder Lammfleisch. Die Katzen lieben es. Aber es ist teuer.

Geflügel und Wild. Das klingt im Zusammenhang mit Katzenfutter etwas luxuriös und großspurig, ist es aber nicht. Abgesehen vom Fleisch, kann man auch in der Stadt Hühnermägen, -herzen und -köpfe bekommen. Manche Geschäfte geben Hühnermägen und Hühnerköpfe ab, auch wenn man dort nicht gerade Hühner kauft. Wenn man solche Gelegenheiten wahrnimmt, tut man der Katze damit einen großen Gefallen. Hühnerköpfe müssen wegen der Knochen weichgekocht werden; zarte Köpfe ganz junger Hähnchen hingegen können gegeben werden, wie sie sind, weil ihre Knochen nicht splittern. Wenn man sich vor dem Anblick ekelt, braucht man das Päckchen gar nicht zu öffnen; man legt es der Katze einfach hin und läuft fort, das «Auspacken» besorgt die Katze selbst. Auch Hühnermägen und -herzen braucht man nicht zu kochen, sofern die Katze sie gern roh frißt.

Kaninchenfleisch, das man bisweilen billig bekommen kann, bedeutet für die Katze einen Leckerbissen. Es muß gekocht werden, obwohl Katzen der Tularämie (einer auch auf den Menschen übertragbaren Krankheit, die vor allem Nager befällt) nicht unterworfen sind, aber sie können von rohem Kaninchenfleisch einen Bandwurm bekommen. - Auf alle Fälle müssen Wild- und Geflügelknochen sorgfältig entfernt werden; sie können splittern und sind ebenso gefährlich wie Fischgräten. Wer jemals das Elend einer Katze, der ein Knochen im Halse steckengeblieben ist, oder den qualvollen Tod eines Tieres mit durchbohrter Magenwand miterlebt hat, der duldet keinen scharfen Knochen in der Nähe.

Schweinefleisch. Schweinefleisch, selbst wenn es mager ist, eignet sich von allen Fleischsorten am wenigsten für Katzen. Rohes Schweinefleisch kann trotz sorgfältig durchgeführter Kontrolle invasionsfähige Trichinen enthalten. Trichinen sind etwa 1 mm lange Lebewesen, die in einer verkalkten Kapsel in den Muskeln von Menschen und Tieren vorkommen. Es gibt noch kein Heilmittel gegen Trichinosis, und sehr oft verläuft die Krankheit tödlich. Durch Kochen werden die Trichinen restlos vernichtet; deshalb muß Schweinefleisch stets gekocht werden, ehe man es verfüttert, wenn man ganz sichergehen will.

Niemals dürfen einer Katze Schinken und Speck, geräuchertes, eingesalzenes oder in Büchsen konserviertes Fleisch verfüttert werden; es kann sie krank machen.

Eier. Soll die Katze ein schimmerndes Fell haben, so braucht man ihr nur regelmäßig Eier zu verabreichen. Ein Ei ist gewissermaßen ein ganzes Hühnchen und enthält alles, was zum Aufbau eines gesunden Tieres nötig ist. Jede Katze sollte in der Woche ein bis zwei Eier erhalten. Tagein, tagaus darf man Eier jedoch nicht verabreichen, weil allzu viele Eier bei der Katze Durchfall hervorrufen. - Rohe Eier sind am besten. Manche Katzen mögen aber keine rohen Eier; in diesem Falle gebe man weichgekochte Eier oder Rührei. Spiegeleier sind fettig und schwer zu verdauen. Hartgekochte Eier stopfen. - Der einzige Nachteil der Eier ist, daß sie nicht vorhalten. Wenn man einer Katze zwei Eier gibt, die eigentlich bis zum nächsten Tage vorhalten sollten, so wird sie binnen zwei Stunden Stein und Bein schwören, sie habe seit einer Woche nichts zu fressen bekommen. Vernünftige Menschen überhören solche Beteuerungen; andere - beispielsweise ich - geben der Katze irgend etwas, nur um sie zum Schweigen zu bringen. In solchen Fällen hat man unter Umständen Gelegenheit, das fabrikmäßig hergestellte Katzenfutter, das man sich zugelegt hat, anzubringen.

Fische. Es ist allgemein bekannt, daß Katzen Fische lieben. Außer Salzheringen und Räucherfisch ist jede Fischsorte gut für Katzen, vorausgesetzt, daß sie frisch genug für den Menschen ist. Verdorbener Fisch ist tödlich für die Katze. - Fische müssen unbedingt gekocht werden. Fische und Schweinefleisch bilden die beiden unverbrüchlichen Ausnahmen von der Regel, daß es dumm ist, für Katzen zu kochen. Durch rohen Fisch können Katzen Bandwürmer bekommen. Man muß den Fisch für die Katze auch entgräten, weil die Gräten im Hals der Katze steckenbleiben können, so daß sie daran erstickt. Eine verschluckte Gräte kann die Magenwand durchbohren. An sich vermögen die Magensäfte der Katze die Gräten aufzulösen; aber leider warten die Gräten nicht, bis sie aufgelöst werden. Wenn eine Katze Gräten verschluckt hat, ohne Schaden zu nehmen, so ist das ein reiner Zufall, der sich vielleicht kein zweites Mal ereignet. - Eine Katze, die täglich im Freien herumstreift, kann Fisch bekommen, sooft man ihn kochen und entgräten mag. Wenn die Katze nicht täglich hinaus kann, gebe man ihr nicht zu oft Fisch. Es ist wenig angenehm, mit einer Katze in einer Wohnung zu leben, die jeden Tag Fisch bekommt; nach kurzem riecht dann die ganze Wohnung wie ein Fischmarkt. - Sardinen in Öl sind ein beliebter Leckerbissen und gut gegen Verstopfung.

Präpariertes Katzenfutter. Konserven können durchaus nahrhaft sein, und manche Katzen schätzen sie - vor allem, wenn sie nichts Besseres kennen. An sich ist gegen Büchsennahrung nichts einzuwenden, und wenn man eine Fabrikmarke findet, die der Katze zusagt und ihr bekommt, sollte man immer eine Büchse für den Notfall

Kampfbereit! (Phot. Beringer & Pampaluchi, Zürich) ▷

zur Hand haben. Auch auf Reisen ist Fertigfutter aus der Dose praktisch. Aber es kann die Frischkost nicht ersetzen. Und – immer wieder muß es gesagt werden – man darf der Katze nicht Tag für Tag dieselbe Nahrung vorsetzen. – Manche Katzen naschen gern trokkenes Katzenfutter, und es scheint ihnen zu bekommen. Als Hauptnahrung ist es nicht geeignet. Es ist ungefähr dasselbe wie die kleinen Happen bei einer Cocktail-Gesellschaft im Vergleich zu einem richtigen Abendessen.

Katzenfutter à la maison. Manchen Menschen macht es Spaß, für Katzen zu kochen, und ich will sie keineswegs davon abhalten. Mary, eine meiner besten Freundinnen, kocht für ihre drei Katzen, und da alle drei in glänzender Verfassung sind, will ich ihr Rezept hier weitergeben, falls meine Leser ebenfalls Lust haben, ihren Katzen ein besonderes Menü zu bereiten:

1 Pfund Lunge, in sehr wenig Wasser gekocht;

1 Pfund Fisch, gesondert gekocht, auch in sehr wenig Wasser, und sorgfältig entgrätet;

2 Tassenvoll zerkrümeltes Trockenfutter;

½ Tassevoll Tomatensaft;

1 Teelöffelvoll Lebertran.

Lunge und Fisch werden zusammen gehackt oder durch die Maschine getrieben. Man gießt das Fischwasser über das Trockenfutter, mischt und läßt abkühlen. Dann mischt man das Trockenfutter mit Lunge und Fisch, fügt Tomatensaft und Lebertran hinzu, hebt das Katzenfutter im Kühlschrank auf und verfüttert es nach Bedarf.

Dieses Rezept läßt sich vielfach abwandeln. Statt Trockenfutter kann man trockenen Toast nehmen. Statt Lunge oder Fisch oder beidem können Niere, Leber, Herz, Hirn, Hühnermagen oder anderes verwendet werden.

Knochen. Katzen sind keine geschickten Knochennager. Die meisten knabbern flüchtig an einem großen Knochen und lassen ihn liegen. Hingegen kenne ich keine Katze, die gefährliche kleine Knochen nicht liebt. Große Rinds- oder Kalbsknochen sind ungefährlich, weil sie nicht splittern, auch wenn die Katze Stückchen abbeißt. Brust- und Halsknochen des Schafs sind ebenfalls ungefährlich, des-

◁ Hauskatze (Phot. Beringer & Pampaluchi, Zürich)

gleichen Beinknochen, für die sich die Katze jedoch nicht interessiert. Kotelettknochen sind gefährlich und verlockend; die gekochten splittern immer, die rohen können splittern. Alle übrigen Knochen sind lebensgefährlich.

Gemüse. Gemüse sollen Katzen nur in kleinen Dosierungen, nicht in Portionen erhalten. Folgende Gemüsesorten, fein gehackt, sind Katzen bekömmlich und werden von ihnen im allgemeinen angenommen. Gekocht: grüne Bohnen, Spargel, Zwiebeln, Lauch, grüne Erbsen, Karotten. Roh: geriebene Karotten, Broccoli, Tomaten, Lattich, Sellerie, Petersilie, Kopfsalat, Endivien, Schnittlauch, Spinat, Feldsalat und Kresse. - Niemals darf man Katzen stärkehaltiges, fettiges oder stark gewürztes Gemüse verabreichen. - Einige Katzen lieben Früchte, insbesondere Trauben, Orangen und Beeren. - Der erwachsenen Katze sollte man ungefähr alle zwei Wochen eine zerdrückte Knoblauchzehe als Vorbeugungsmittel gegen Würmer ins Futter mischen.

Tischreste. Tischreste sind meist ein unrühmlicher Mischmasch aus fetten Fleischbrocken, Knorpel, Knochen, erstarrtem Kochfett, Kartoffeln und Gemüse, lauter Dingen, die eine Katze nicht bekommen sollte. - Außerdem ist es meistens unmöglich, einer Katze Tischreste zu verfüttern und mit den Familienangehörigen in Eintracht zu leben. Katzen betrachten Tischreste nicht als Nahrung, zerren infolgedessen Knochen und Fettstücke wie Mäuse über den Boden und lassen sie an strategischen Stellen liegen, so daß die Menschen darauf ausrutschen und sich den Fuß verstauchen. - Wen es Verschwendung dünkt, Tischreste fortzuwerfen, der halte sich Hühner.

Flüssigkeitszufuhr. Katzen müssen immer sauberes, frisches Wasser zur Verfügung haben. - Manche Menschen sind der Meinung, daß die Katzen kein Wasser brauchen, wenn sie Milch trinken. Andere sagen, sie hätten noch nie eine Katze Wasser trinken sehen, wozu es ihnen also hinstellen? Doch, Katzen trinken Wasser. Hauskatzen, die kein Wasser zur Verfügung haben, behelfen sich, indem sie aus der Toilette oder aus dem Aquarium trinken. Nach einer Weile sind sie so sehr daran gewöhnt, daß sie diese «Quellen» bevorzugen. Es ist netter, der Katze eine eigene Wasserschüssel zu geben. - Ob sie Milch trinken oder nicht, Katzen müssen unbedingt Wasser haben. Katzen brauchen Wasser mehr als die meisten andern Tiere, weil sie sich so fleißig waschen. Die Tatsache, daß die Katze das klamme Gefühl eines nassen Fells nicht schätzt, besagt nicht, daß sie nie durstig sei. - Für Kätzchen ist Milch gut und recht; aber in bezug auf erwachsene Katzen wird sie überschätzt. Manche Katzen haben Milch überaus gern; manchen ist sie gleichgültig, und manchen bekommt sie schlecht. Manche Katzen lieben Milch, obwohl sie ihnen schlecht bekommt. Manche mögen Milch nicht. Man muß herausfinden, zu welcher Gruppe die eigene Katze gehört, und dann den Verstand walten lassen. - Eine Tasse Milch mit einem geschlagenen Ei ist nahrhaft und sättigend, wenn der Katze dieses Gericht bekommt. - Rahm macht die Katzen fett und häßlich. Sie schlecken ihn an sich gern, weil sie ja nicht wissen, wie sie hernach aussehen.

Kaltes oder warmes Futter? Bevor man der Katze das Futter vorsetzt, muß man sich immer vergewissern, daß es ungefähr Zimmertemperatur hat. Das ist ebenso wichtig wie die richtige Ernährungsweise und die Versorgung mit frischem Wasser.

Ist das Futter heiß, so warte man ab, bis es sich abgekühlt hat, einerlei, wie sehr die Katze danach schreit. Es ist ein grobes Vergehen, einer hungrigen Katze heißes Futter zu geben. - Eiskaltes Futter kann tödlich wirken. Wenn die Katze glaubt, sie verhungere, und schreit, so soll der Mensch klüger sein; darum lasse man die Miez warten, bis das Futter sich auf Zimmertemperatur erwärmt hat, oder man wärme es schnell im Wasserbad.

Sehr kalte Milch ist ebenso schädlich wie sehr kaltes Fleisch, vielleicht sogar noch schädlicher, weil Katzen rascher trinken als fressen. Hunderte von Kätzchen werden jeden Sommer von Menschen umgebracht, die mit ihnen spielen, bis sie erhitzt und müde sind, und ihnen dann eine schöne große Schale Milch frisch aus dem Kühlschrank vorsetzen. Manche Menschen bringen sich selbst auf die gleiche Weise um; aber sie sollten wenigstens die Kätzchen mit ihrem Unverstand verschonen.

Futtermenge. Manche Katzen sehen aus wie Vogelscheuchen, obwohl sie täglich ein halbes Pfund Fleisch erhalten. Andere gedeihen von beinahe nichts. Nur die eigene Katze vermag anzugeben, wieviel Nahrung sie braucht, um in guter Verfassung zu bleiben. Hat man es mit einer Miez zu tun, die man noch nicht kennt, so beginnt man mit einer Grundration von einem Viertel Pfund Fleisch pro Tag, die man dann vermindert oder erhöht. 125 g mageres Ochsen-, Schaf- oder Kalbfleisch, Leber, Niere oder Herz entsprechen im Nährwert ungefähr 170 g Hirn, Lunge, entgrätetem Fisch oder zwei großen Eiern.

Wie oft soll die Katze gefüttert werden? Die erwachsene Katze braucht täglich eine einzige Mahlzeit, nicht Frühstück, Mittagessen, Abendbrot und zwischendrein einen Imbiß. Möglicherweise braucht von einer Million Katzen eine einzige ein Frühstück, um in guter Verfassung zu bleiben, weil sie abends nicht genug frißt; aber da die Wahrscheinlichkeit gering ist, daß diese millionste Katze einem meiner Leser gehört, ist es nicht nötig zu erklären, wie man sündigen kann.

Was nicht verfüttert werden darf. Ich weiß, daß ich mich teilweise wiederhole; aber ich möchte doch einmal alles aufzählen, was Katzen nicht bekommen dürfen: rohen Fisch, rohes Schweinefleisch, Fischgräten oder Fische mit Gräten, Geflügelknochen oder andere kleine Knochen, Schinken, Speck, Corned beef, Würste, Brot, Kartoffeln, Kuchen, Pasteten, Spaghetti, Makkaroni, Nudeln, dicke Bohnen, getrocknete Bohnen oder Erbsen, Linsen, Steckrüben, Pastinaken, Kohl (außer Broccoli) und Sauerkraut, Mais, Birnen, Bananen, Haferbrei, Kaffee, Tee, Kakao, Liköre, Zuckerzeug, Erdnüsse, scharfen Käse. Auch alle andern Nahrungsmittel, die in diesem Kapitel nicht ausdrücklich als geeignetes Katzenfutter erwähnt worden sind (einerlei, ob sie in der obigen Liste stehen oder nicht), sollten streng gemieden werden.

Kein heißes Futter! Kein kaltes Futter! Keine stark gewürzten Nahrungsmittel!

Wenn man sich an diese Regeln hält, wird man eine gesunde Katze haben.

Wenn die Katze nicht fressen will. Wenn die Katze die Nahrung verweigert, die man für ein tadelloses Katzenfutter hält, nimmt man ihr die Schüssel fort und läßt sie bis zum nächsten Tage hungern. Einer gesunden Katze macht es nichts, wenn sie einmal eine Mahlzeit ausläßt. Es ist verlorene Liebesmüh, eine Katze zum Fressen überreden zu wollen. Läßt man aber die volle Schüssel herumstehen, so wird die Katze trotzdem nicht fressen, und man zieht damit nur Ungeziefer an.

Wenn die Katze zwei Tage hintereinander die Nahrung verweigert, jedoch immer noch einen gesunden Eindruck macht, liegt die Vermutung nahe, daß sie an Haarballen (s. S. 138) oder Verstopfung leidet. Die Behandlung ist in beiden Fällen die gleiche (s. S. 139 ff.).

Wenn die Katze nach Futter schreit und dann nicht frißt, hat sie entweder Zahnschmerzen (s. S. 153 ff.), oder sie wünscht ein anderes Futter. Mit ihren Gelüsten muß man sich auf seine eigene Weise auseinandersetzen.

Wenn die Katze die Nahrung verweigert und allen Anzeichen nach krank ist, gehe man zum Tierarzt. So schnell wie möglich!

Sechstes Kapitel

Fütterung des Kätzchens

Ein Kätzchen ist eine junge Katze, kein Kalb, kein Füllen und kein kleines Kind. Wenn das Kätzchen drei Wochen alt ist, beginnen die Milchzähne durchzubrechen, und dann ist es fähig, rohes Fleisch zu fressen. Wer sich über diesen Gedanken entsetzt, der hat noch nie eine Katze ihre Jungen füttern gesehen. Die kluge Katzenmutter bringt Mäuse herbei, sobald ihre Jungen die Augen öffnen, manchmal sogar noch früher, und kaum haben sie Zähne, so verfüttert sie ihnen Mäuse und lehrt sie den Mäusefang. Eine Katze, die in einer mäuselosen Wohnung lebt, teilt das Fleisch auf ihrem Teller mit den Jungen, wenn sie nicht richtig gefüttert werden.

Kätzchen brauchen genau dieselbe Nahrung wie Katzen, nur weniger und öfter. Dem Geschwätz, daß Kätzchen Fleisch nicht verdauen könnten, schenke man ja keinen Glauben. Hingegen denke man daran, daß alles Katzenfutter Zimmertemperatur haben muß; das ist besonders wichtig, wenn es sich um die Fütterung von Kätzchen handelt. Ebensowenig darf vergessen werden, daß Katzen jeglichen Alters immer viel frisches, sauberes Wasser zur Verfügung haben müssen.

Manche Menschen schneiden das Fleisch für die Katzen in ganz kleine Stücke. Aber die meisten Katzen lieben große Stücke. Lediglich sehr junge Kätzchen, alte Katzen, Katzen mit Zahnschmerzen und träge Katzen werden nicht mit großen Stücken fertig.

Es sei wiederholt:

Wie die Katzen schätzen auch die meisten Kätzchen die Struktur gehackten Fleisches nicht.

Stärkehaltiges Futter ist schädlich.

Rohe Fische und rohes Schweinefleisch dürfen nicht verabreicht werden.

Fische müssen sorgfältig entgrätet werden.

Geflügelknochen sind für Kätzchen lebensgefährlich.

Man halte das Kätzchen von allen kleinen Knochen fern.

Wenn man einen Wurf Kätzchen aufzieht, ist es ratsam, jedem Kätzchen eine eigene kleine Schüssel zu geben. Auf diese Weise kann man das gierige Kätzchen im Auge behalten und dem langsamen zu seinem Recht verhelfen.

Die folgende Liste gibt an, wie man Kätzchen von der sechsten Woche an bis zum Alter von sechs Monaten ernährt*). Falls man das Alter eines Kätzchens nicht kennt, braucht man nur seine Zähne anzusehen. Ein sechs Wochen altes Kätzchen hat zwei Reihen scharfer Zähnchen. Zwischen dem fünften und siebenten Monat sind die zweiten Zähne da, und dann ist das Kätzchen als erwachsene Katze zu betrachten.

Sechs Wochen bis drei Monate

Sechs Mahlzeiten täglich

Morgens: 2 Eßlöffelvoll Eiermilch, auf Zimmertemperatur erwärmt.

Man gießt den Inhalt einer großen Dose *ungesüßter* kondensierter Milch oder einen halben Liter Milch in einen Krug, fügt ein leicht geschlagenes Ei hinzu und schüttelt die Mischung gründlich. Man bewahrt sie im Kühlschrank auf und wärmt jede Portion vor der Verfütterung auf Zimmertemperatur.

Vormittags: 1 Eßlöffelvoll mageres, rohes Rindfleisch, fein geschnitten (nicht gehackt!) oder 1 Eßlöffelvoll rohe Rinds-, Kalbs- oder Schafsniere, fein geschnitten.

Mittags: 2 Eßlöffelvoll Eiermilch.

Nachmittags: 1 Eßlöffelvoll fein geschnittenes, mageres rohes Fleisch.

Abends: 2 Eßlöffelvoll Eiermilch.

Spätabends: 1 Eßlöffelvoll fein geschnittenes, mageres rohes Fleisch.

*) Die Ernährung mutterloser neugeborener Kätzchen wird im 7. Kapitel behandelt (s. S. 91 ff.).

Einmal in der Woche mischt man eine halbe zerquetschte Knoblauchzehe in das Futter, um Würmern vorzubeugen. Kätzchen bekommen leichter Würmer als Katzen (s. S. 133 ff.); darum gibt man ihnen öfter Knoblauch. Dieses einfache Mittel treibt die gewöhnlichen Rundwürmer, denen die Kätzchen unterworfen sind, wirksam ab, und es ist die einzige «Wurmkur», die man bei Kätzchen unbeschadet selbst durchführen kann. Der Knoblauch schadet ihnen nicht, wenn sie keine Würmer haben. Daß das Kätzchen ein paar Stunden lang nach Knoblauch riecht, ist ein geringer Preis für seine Gesundheit. Außerdem braucht man nur dem eigenen Essen Knoblauch zuzuführen, dann nimmt man den Geruch nicht wahr. Man zerquetscht die Knoblauchzehe mit einer Gabel oder einem Löffel und wäscht das Geschirr gleich nach der Fütterung des Kätzchens ab (zuerst mit kaltem Wasser, dann mit heißem Seifenwasser, zum Schluß nochmals klar spülen).

Hält man sich getreulich an diesen Ernährungsplan, so entwickelt sich das Kätzchen zu einem äußerst starken Tier. Wissenschafter haben ausgerechnet, daß hundertfünfzig Kätzchen so stark wie ein Mann sind. Ich wette, daß diese Gelehrten nie ein Kätzchen aufgezogen haben; denn ein gesundes Kätzchen kann den stärksten Mann binnen zehn Minuten zur Erschöpfung bringen, indem es an ihm hinauf und hinunter klettert, nach seiner Nase schlägt, an seinen Ohren knabbert und an seiner Krawatte schaukelt.

Als letzte Mahlzeit des Tages soll das Kätzchen unbedingt Fleisch erhalten, weil Fleisch am besten vorhält. Außerdem braucht das Tierchen dann nicht in der Nacht auf die Suche nach seinem Töpfchen zu gehen, was Milch entschieden bedingt.

Gegen Ende dieser Periode vergrößert man die Fleischportion allmählich, bis man dem drei Monate alten Kätzchen ungefähr anderthalbmal soviel verabreicht.

Das Kätzchen muß stets sauberes, frisches Wasser zur Verfügung haben. Ich möchte meine Leser gewiß nicht durch Wiederholungen langweilen, aber manche Leute machen sich nicht klar, wie wichtig dieser Punkt ist.

Drei bis vier Monate

Fünf Mahlzeiten täglich

Mit drei Monaten ist das Kätzchen ganz Beine und Ohren, und man wundert sich, daß man jemals denken konnte, es würde eine schöne Katze werden. Um diese Zeit erwacht in ihm das Verlangen, sich das Gesicht zu waschen, und es entwickelt den leidenschaftlichen Wunsch, seine Krallen an den besten Möbeln zu schärfen. Unter Umständen fängt es eine Maus.

Morgens: Eine Viertel Tasse Eiermilch, natürlich auf Zimmertemperatur erwärmt.

Vormittags: 2 Eßlöffelvoll mageres rohes Rind-, Schaf- oder Hammelfleisch oder Niere, fein geschnitten.

Nachmittags: Eine Viertel Tasse Eiermilch.

Abends: 2 Eßlöffelvoll mageres rohes Fleisch oder die gleiche Menge gekochten, sorgfältig entgräteten Fisch mit einem Teelöffelvoll fein gehackten grünen Bohnen, Spinat oder Lattich. Aber nicht mehr als 1 Teelöffelvoll Gemüse!

Spätabends: 2 Eßlöffelvoll rohes Fleisch oder die gleiche Menge gekochten Fisch.

Man gibt weiter einmal in der Woche eine halbe Knoblauchzehe.

Vier bis fünf Monate

Vier Mahlzeiten täglich

Jetzt kann man in das Futter des Kätzchens Abwechslung bringen, indem man Herz, Leber, Lunge, Hirn und Niere ebenso oft wie rohes Rind- oder Schaffleisch verfüttert. Die Knoblauchzehe verabreicht man immer noch einmal in der Woche. Nachmittags gibt man keine Eiermilch mehr, und die Vormittagsmahlzeit verschiebt man auf den Mittag.

Morgens: Ein Drittel bis eine halbe Tasse Eiermilch.

Mittags: 2 Eßlöffelvoll mageres rohes Fleisch oder innere Organe.

Abends: 4 Eßlöffelvoll mageres rohes Fleisch oder die gleiche Menge gekochten, entgräteten Fisch, gemischt mit einem Teelöffelvoll der empfohlenen Gemüsesorten.

Spätabends: 2 Eßlöffelvoll mageres rohes Fleisch. Am Spätabend kein Gemüse!

Fünf bis sechs Monate

Drei Mahlzeiten täglich

Im Alter von fünf Monaten erhält das Kätzchen am Spätabend kein Futter mehr, oder man läßt, wenn das praktischer ist, die Mittagsmahlzeit aus. In beiden Fällen fügt man die betreffende Nahrungsmenge der Abendmahlzeit zu. Die wöchentliche Verabreichung der Knoblauchzehe wird fortgesetzt.

Das Kätzchen sollte während dieser Periode täglich mindestens 170 g Fleisch oder 250 g Fisch, Lunge oder Hirn bekommen; vielleicht braucht es sogar mehr. Es muß sich ja nicht nur erhalten, sondern sich zu einer großen Katze auswachsen; dem muß die Nahrungszufuhr Rechnung tragen.

Nach dem sechsten Monat wird das Kätzchen wie eine Katze gefüttert. Vielleicht ist es mit einem halben Jahr noch keine Katze – Kätzchen werden Katzen, wann sie Lust dazu haben –, aber von da an frißt es wie eine Katze.

Eine Katze erhält eine Mahlzeit am Tage und Milch, wenn sie ihr bekommt. Und natürlich immer viel Wasser.

Siebentes Kapitel

Wie man verwaiste Kätzchen aufzieht

Die Aufzucht verwaister Kätzchen ist eine Aufgabe, die kein vernünftiger Mensch zum Spaß unternimmt. Vielleicht würde sie überhaupt kein vernünftiger Mensch unternehmen. Immerhin ist es schon geschehen. Mutterkatzen sind im Wochenbett gestorben oder haben ihre neugeborenen Jungen verlassen oder haben keine Milch für sie gehabt, und dann haben Menschen die Kätzchen aufgezogen.

Stiefmütter. Am besten zieht man ein mutterloses Kätzchen auf, indem man ihm eine Stiefmutter verschafft, es braucht nicht unbedingt eine Katze zu sein, eine Hündin kleiner Rasse eignet sich auch. Vielleicht kennt man eine Katze, die ihren Wurf verloren hat und die Waisen gern annehmen würde; vielleicht hat der Tierschutzverein eine Mutterkatze oder eine Hündin, die ihre Jungen verloren hat; unter Umständen läßt sich auch durch ein Zeitungsinserat eine Amme finden. Jedenfalls muß die Stiefmutter schnell beschafft werden, weil die Kätzchen nicht lange ohne Nahrung sein können. Sie muß auch zu den Kätzchen kommen, ehe ihre Milch zurückgegangen ist; denn dann hat sie kein Interesse mehr am Säugen. Man vergewissere sich, daß sie gesund und lieb ist.

Hat man eine Stiefmutter gefunden, so macht man es ihr bequem, drückt sacht etwas Milch aus ihren Zitzen, mit der man das Maul der Kätzchen beschmiert, und dann legt man ihr die Kätzchen möglichst ruhig an. Dabei sollen nicht sämtliche Familienmitglieder und Nachbarn herumstehen, sonst wird die Katze nur nervös. Nimmt sie die Kätzchen an, so braucht man nur die Regeln des nächsten Kapitels (S. 98 ff.) zu befolgen.

Was tun, wenn man keine Stiefmutter bekommen kann? Findet man im Verlauf von vierundzwanzig Stunden keine Ammenkatze oder Hündin, so muß man sich entscheiden, ob man die Kätzchen selbst aufziehen will oder nicht. Es ist keine Kleinigkeit für einen Menschen, Stiefmutterkatze zu spielen, und wer auf diese Rolle lieber verzichtet, dem kann man keinen Vorwurf machen. Aber man wird sich selbst Vorwürfe machen, wenn man es versucht und es dann aufgibt.

Ehe man die Entscheidung trifft, muß man überlegen, ob man sich den Kätzchen so ausschließlich widmen kann, wie die Mutter es tun würde. Das heißt, man muß sie eine Woche lang Tag und Nacht alle zwei Stunden füttern und fast ebenso oft noch zwei Wochen länger. Bist du so erpicht darauf, die Kätzchen aufzuziehen, daß du diese Plage gern auf dich nimmst? Neugeborene Kätzchen sind wenig mehr als Embryos; sie fühlen nur Kälte und Wärme, Sattheit und Hunger, Behagen und Unbehagen - wäre es also nicht besser, wenn der Tierarzt sie rasch und schmerzlos töten würde? Nein? Nun, du hast es selbst gewollt.

Das Nest der Kätzchen. Als erstes muß man den Kätzchen schnell ein Nest zurechtmachen. Eine Schachtel, leicht zu beschaffen und leicht wegzuwerfen, tut ebenso gute Dienste wie etwas anderes. Wenn man nur ein oder zwei Kätzchen hat, genügt eine Schuhschachtel. Drei bis vier Kätzchen brauchen eine doppelt so große Schachtel.

Auf den Boden der Schachtel legt man mehrere Schichten Zeitungspapier. Dann füttert man die ganze Schachtel mit Flanell, der warm, weich und leicht zu waschen ist. Hat man keine Lust, für Kätzchen Windeln zu waschen, so nimmt man als Bettzeug alte Lumpen, die aber in großen Mengen vorhanden sein müssen; denn man muß das Bettzeug der Kätzchen, die von keiner Mutter gesäubert werden, täglich wechseln.

In Ermangelung von Flanell kann man Wolle, Halbwolle oder weiche alte Küchentücher benutzen, aber nur weiche, festgewobene Stoffe, keine Frottiertücher. Seide, Kunstseide, alte Strümpfe, steifen oder gestärkten Stoff soll man nicht verwenden, überhaupt kein lose gewobenes Material, in das sich die Kätzchen verwickeln könnten. Sie sollen es ja so gemütlich haben, wie sie es bei ihrer Mutter haben würden. Nicht nur der Boden, auch die Seiten des Nestes müssen gefüttert werden. Das läßt sich leicht machen; man braucht nur den Stoff über den Rand zu schlagen und außen anzuheften.

Wärme. Bei warmem Wetter brauchen die Kätzchen keine Wärmezufuhr; ist es jedoch kühl, so muß man sie mit derselben Wärme versorgen, die ihnen die Mutterkatze geben würde. Am besten ist ein elektrisches Heizkissen, das auf den niedrigsten Grad eingestellt wird. Das Heizkissen wird nur an die eine Seite des Nestes gelegt, und zwar so, daß es nicht verrutscht; man kann den einen Teil zwischen Nest und Wand stopfen. In Ermangelung eines Heizkissens nimmt man eine in Flanell eingewickelte Wärmeflasche (in diesem Falle muß die Schachtel größer sein), die wie das Heizkissen nur auf die eine Seite des Nestes kommt, so daß die Kätzchen sich daran schmiegen können, als ob es die Mutterkatze wäre. Man vergewissere sich, daß die Wärmeflasche nicht über die Kätzchen kippen kann. Jetzt ist das Nest für die Kätzchen in Ordnung bis zum nächsten Morgen, dann muß es wieder hergerichtet werden.

Ernährung. Man braucht zwei Puppensaugfläschchen und zwei Ersatzschnuller. Mit zwei Fläschchen kann man zwei Kätzchen gleichzeitig füttern und so Zeit sparen. Wenn keine Puppenfläschchen aufzutreiben sind, nimmt man Säuglingsflaschen mit den kleinstmöglichen Schnullern, die für neugeborene Kätzchen unter Umständen immer noch zu groß sind. Es gibt eine dritte Möglichkeit, von der man in südlichen Ländern bei der künstlichen Säuglingsernährung Gebrauch macht: Man dreht ein Stückchen weißen Stoff, der nicht fasert, beispielsweise ein altes Taschentuch, spitz zusammen, taucht es in die Milch und steckt die Spitze dem Kätzchen in den Mund. Auf diese Weise kann man mehrere Kätzchen gleichzeitig füttern. Der einzige Nachteil dabei ist, daß diese Schnuller leicht tropfen. Was immer man verwendet, es muß vor Gebrauch jedesmal durch Auskochen sterilisiert werden.

Als nächstes legt man sich einen Vorrat an Lektüre zu und stellt den Wecker; denn die Kätzchen müssen alle zwei Stunden gefüttert werden, auch nachts, also zwölfmal im Verlauf von 24 Stunden.

Bei der künstlichen Ernährung der Kätzchen muß man davon ausgehen, daß sie möglichst einen Ersatz der Muttermilch erhalten; die Muttermilch enthält ja alles, was sie brauchen. In Ermangelung von Katzenmilch müssen sie die nächstbeste Nahrung erhalten.

Kuhmilch ist das keineswegs; denn sie ist, da für ein Kalb bestimmt, ziemlich wässerig; zudem enthält sie viel Zucker und wenig Fett. Bei der Katzenmilch ist es gerade umgekehrt; sie enthält wenig Zucker und sehr viel Fett.

Ziegenmilch ist ungefähr der beste Ersatz für Katzenmilch. Die Frage ist nur, ob man sie bekommen und ob man sie sich leisten kann.

Die zweitbeste Nahrung für neugeborene Kätzchen ist ungesüßte Kondensmilch, die es überall gibt. Aber man verwechsle sie ja nicht mit gezuckerter Kondensmilch, die so oft für Säuglinge verwendet wird. *Gesüßte Kondensmilch darf man Kätzchen keineswegs geben.*

Man verfüttert die Kondensmilch, wie sie aus der Büchse kommt, unvermischt, auf 39 Grad Celsius erwärmt.

Bei jeder Fütterung soll jedes Kätzchen normalerweise einen Eßlöffelvoll Milch erhalten. Man beobachte die Tierchen genau; wenn eins in der Entwicklung hinter dem Durchschnitt zurückbleibt, gibt man ihm etwas mehr. Wollen die Kätzchen mehr als einen Eßlöffelvoll haben, so gebe man ihnen etwas mehr.

Nach jeder Fütterung streichelt man den Bauch des Kätzchens mit fester, aber sehr behutsamer Abwärtsbewegung. Nach dem Säugen werden die Kätzchen nämlich immer von der Katzenmutter gewaschen, und sie leckt die Bäuchlein gründlich, um die Verdauung zu fördern. Der Mensch soll die Kätzchen nicht waschen, aber die leichte Massage ist ebenso wichtig wie die Fütterung. Nach jeder Mahlzeit sollten die Kätzchen Stuhlgang haben.

Das betreibt man alle zwei Stunden, Tag und Nacht, eine Woche lang. In der Zwischenzeit sterilisiert man die Saugflaschen.

Vom achten Tage an treten zwei Veränderungen ein:

1. Die Kätzchen erhalten Eiermilch. Zu diesem Zweck gießt man den Inhalt einer großen Büchse Kondensmilch in eine Glaskaraffe, fügt ein Ei hinzu und schüttelt gut. Tagsüber verfüttert man die Eiermilch, nachts nur reine Milch. Immer wird die Nahrung auf 39 Grad Celsius erwärmt.

2. Nachts werden die Kätzchen nur noch alle drei Stunden gefüttert, anstatt alle zwei Stunden. Angenehm, nicht wahr?

Bist du wirklich erpicht darauf, mutterlose Kätzchen selbst aufzuziehen? Betrachte dieses Bild genau, ehe du «Ja!» sagst

Die Augen der Kätzchen. Zwischen dem achten und zwölften Tage öffnen die Kätzchen die Augen; bis dahin sind sie blind. Zuerst können sie noch nicht richtig sehen; man erwarte es also nicht von ihnen.

Von der Geburt an bis zu dem Tage, wo die Kätzchen zu laufen beginnen, müssen ihre Augen vor hellem Licht geschützt werden, einerlei, ob sie schon sehen können oder nicht. Man kann sie natürlich ans Tageslicht nehmen, um sie zu betrachten; aber keineswegs in direkten Sonnenschein oder in die Nähe einer ungeschirmten elektrischen Lampe. In der übrigen Zeit soll man sie in Dämmerlicht halten.

Wenn die Kätzchen größer werden, erhalten sie ein etwas größeres Nest, in dem sie sich bewegen können, aber nicht verirren.

Von der dritten Woche an kann man die Tagesfütterungen etwas dehnen, bis eine Mahlzeit fortfällt. Gleichzeitig erhöht man allmählich die Nahrungsmenge. In dieser Beziehung muß man den eigenen Verstand walten lassen; die Kätzchen müssen gleichmäßig zunehmen und wachsen.

Die Augen der drei Wochen alten Kätzchen sind weit offen. Die Tierchen beginnen auf schwanken Beinchen zu laufen, und die ersten Milchzähne brechen durch.

Die erste Fleischmahlzeit. Zähne sind zum Beißen und Kauen da, das wissen die Katzen und auch die Kätzchen. Trotzdem versteifen sich viele Menschen aus irgendwelchen unerforschlichen Gründen – oder auch nur infolge Unwissenheit – darauf, den Kätzchen, die längst imstande sind, das Hinterbein einer Kuh zu kauen, weiterhin Milch zu verabreichen. Andere anerkennen, daß Zähne zum Beißen und Kauen da sind, gehen dann aber hin und kochen für die Kätzchen einen Topf Haferbrei, was ungefähr die verkehrteste Nahrung für sie ist. Hat man jemals von einer Mutterkatze gehört, die sich für ihre Jungen Brei beschafft hat? Nach der dritten Woche müssen die Kätzchen, ob sie Waisen sind oder nicht, rohes Fleisch bekommen.

Man kaufe ein Stück mageres Fleisch, in diesem Falle am besten ein Stück Rinderkeule, weil es weniger Fasern enthält als andere Teile. Alles Fett wird entfernt. Mit einem stumpfen Messer schabt man gegen die Faser. Dabei geht nicht viel ab, und gerade dieses Bißchen gibt man den Kätzchen. Das Fleisch wird geschabt, nicht durch die Fleischhackmaschine gedreht, weil geschabtes Fleisch alles Gute enthält und nicht faserig ist.

Die Schabsel rollt man in Klümpchen von der ungefähren Größe getrockneter Bohnen. Man erwärmt sie in der Hand oder auf einer warmen Untertasse, wobei darauf zu achten ist, daß die Untertasse nicht zu heiß ist; sonst wird das Fleisch grau, und dann wäre es gekocht. Jedes Kätzchen erhält zwei Klümpchen.

Man hält das Klümpchen dem Kätzchen unter die Nase – im Nu ist es verschwunden! Wenn sich in dem Wurf ein Trotzkopf befindet, so lasse man ihn zusehen, bis die andern gefressen haben. Verweigert das Kätzchen dann immer noch die Nahrung, so steckt man ihm ein Fleischkrümchen sacht in den Mund; viele Trotzköpfe wissen nicht, was gut ist, bis sie gekostet haben. Nach der ersten Kostprobe steht man oft vor dem Problem, die Kätzchen davon abzuhalten, daß sie nicht auch die Finger fressen.

Am ersten Tage sind die kleinen Fleischklümpchen nur Zugaben. Am zweiten Tage erhöht man die gleicherweise zubereitete Fleischmenge auf ungefähr einen halben Teelöffelvoll je Kätzchen und ersetzt damit eine Milchmahlzeit. Am dritten Tage ersetzt ein Teelöffelvoll Fleisch die erste Eiermilch am Morgen und die letzte Fütterung vor dem Zubettgehen. Wenn die Kätzchen in dieser Nacht ruhig bleiben, braucht man nicht aufzustehen und sie zu füttern.

Allmählich wird die Fleischmenge immer mehr erhöht, bis jedes Kätzchen morgens und abends einen gehäuften Teelöffelvoll erhält. Auch die Eiermilch wird jedesmal auf zwei Eßlöffelvoll erhöht.

Entwöhnung. Nach zweieinhalb Wochen sollten die Kätzchen aus einer Schüssel fressen und trinken, wobei man nur ein Handgemenge zu verhindern sucht. Wenn die Kätzchen nicht von selbst das Aufschlappen lernen, taucht man einen Finger in die Milch und läßt sie daran lecken. Während sie lecken, senkt man den Finger langsam in die Milch, und dann schlappen sie auf, ehe man sich's versieht, und nun sind sie entwöhnt.

Die Kätzchen erhalten jetzt sieben bis acht Mahlzeiten im Tag, bis sie sechs Wochen alt sind. Dann tritt der im 6. Kapitel gegebene Fütterungsplan in Kraft (s. S. 87 ff.).

Achtes Kapitel

Wie man der Katze bei der Aufzucht ihrer Jungen hilft

Erwünschter Nachwuchs. Wer sich eine Katze hält, der muß mit der Aufzucht von Jungen rechnen. Ist es eine kostspielige Edelkatze, so sieht man sich am besten nach einem entsprechenden Kater um. Da man bei der Katzenzucht die merkwürdigsten Überraschungen erleben kann, überläßt man die Wahl eines geeigneten Deckkaters zweckmäßigerweise dem Fachmann*). Nur in einem Punkt soll man sich einmischen: Man vergewissere sich, daß der zukünftige Erzeuger der Kätzchen einem gefällt, daß er nicht nur schön, sondern auch lieb und gescheit ist. Seine Nachkommen werden das Haus füllen.

Mit unterernährten, mißgebildeten oder kranken Katzen und mit sehr alten oder sehr jungen Katzen darf man nicht züchten. Manche Katzen, besonders Siamesen, werden schon sehr früh rollig. Aber keine Katze sollte Junge haben, bevor sie ein Jahr alt ist.

Nachwuchs nach Wahl der Katze. Jede läufige Katze, ob Edeltier oder Hauskatze, geht, wenn sie kann, hinaus und sucht sich ihren Gefährten selbst aus. Dieses Verfahren, dessen Ergebnis sich in keiner Weise voraussehen läßt, wird von den Katzen seit Urzeiten geübt. Wenn die läufige Katze sich draußen herumtreibt, ist damit zu rechnen, daß sie trächtig heimkommt. Man braucht sich deshalb nicht aufzuregen. Die Katzen nehmen ihre Jungen hin, wie sie kommen, und die Menschen haben dabei im Grunde nicht viel zu tun.

Fütterung der trächtigen Katze. Wenn die Katze sichtbar runder wird, gewöhnlich in der fünften oder sechsten Woche nach der Paarung, ist es angezeigt, ihre Nahrungsmengen etwas zu erhöhen, vor allem die Milch, falls Milch ihr bekommt, sowie Eier und Fleisch. Theoretisch dauert die Trächtigkeit dreiundsechzig Tage - neun

*) Geeignete Adressen erhält man von den vielerorts bestehenden Klubs der Katzenfreunde oder von einem auf Kleintiere spezialisierten Tierarzt; auch die Tierschutzgesellschaften wissen oft Bescheid.

Wochen. Praktisch kann sie neunundfünfzig bis sechsundsechzig Tage dauern. Junge Katzen neigen zu kürzerer Trächtigkeit, ältere zu längerer. Die wichtigste Vorsichtsmaßnahme ist Verhinderung von Verstopfung. Zu diesem Zweck mischt man jeden zweiten Tag einen Teelöffelvoll Olivenöl oder anderes reines Pflanzenöl in das Katzenfutter. Zeigen sich trotzdem Symptome der Verstopfung, so verabreicht man den Teelöffelvoll Salatöl täglich.

Man ermuntere die trächtige Katze nicht, wild herumzuspringen oder ausgelassen zu spielen. Andererseits braucht sie Bewegung und frische Luft.

Wenn die Zitzen zu schwellen beginnen, wird die Katze bald werfen. Zu diesem Zeitpunkt richten gütige Menschen ein besonderes Wochenbett her. Solche Aufmerksamkeiten wissen Katzen entschieden zu schätzen; aber gewöhnlich werfen sie auf dem Heuboden oder in einer Schublade oder mitten im Bett der «Herrschaft».

Hebammendienste. Wenn die Katze gesund und normal gebaut ist und über gesunde Zähne verfügt, kann sie leicht und ohne Hilfe werfen. Eine kränkliche oder schlecht gebaute Katze sollte überhaupt keinen Nachwuchs haben. Hat sie schlechte Zähne, so muß man unter Umständen die Nabelschnur der Jungen durchschneiden. Dabei benutzt man eine Schere, die man vorher in kochend heißes Wasser taucht, um die Klingen zu sterilisieren. Man durchschneidet die Nabelschnur ungefähr drei Zentimeter vom Bauch des Jungen entfernt. Die Schnur darf nicht bluten; blutet sie doch, so umwickelt man sie für etwa eine Stunde mit einem weichen Faden. Wenn es sich vermeiden läßt, mische man sich gar nicht ein. Katzen wissen, was sie mit ihren Jungen zu tun haben, und wenn der Mensch sich einmischt, werden sie nur nervös.

Jedes Kätzchen kommt in einer besonderen Embryonalhülle zur Welt, und am Nabelstrang sitzt gewöhnlich die Nachgeburt. Die Katze verzehrt die Embryonalhülle und die Nachgeburt. Das ist durchaus normal und gut für sie.

Wenn sich keine Komplikationen ergeben, ist es nicht nötig, den Tierarzt zu rufen. Hingegen soll man ihn sofort holen, wenn die Katze mehr als drei bis vier Stunden in den Wehen liegt, wenn das Werfen ihr Schwierigkeiten zu machen scheint, wenn sie über Gebühr blutet oder einen wirklich kranken Eindruck macht. Aber man denke daran, daß sehr selten Komplikationen auftreten.

Wenn die Katze ihre Jungen irgendwo geworfen hat, kann man sie vielleicht dazu bringen, in das hübsche Bettchen zu ziehen, das man ihr als Nest bereitet hat, falls es ihr zusagt.

Das Nest muß lang genug sein, daß die Mutterkatze sich in ganzer Länge ausstrecken kann, ohne anzustoßen, und breit genug, daß die Kätzchen ein bißchen herumkrabbeln können. Wenn das Nest zu klein ist, besteht die Gefahr, daß die Katze sich auf die Kätzchen legt und sie erstickt. Ist es zu groß, so können sich die Jungen darin verirren und Mahlzeiten versäumen, so daß ihr Wachstum gehemmt wird.

Das Lager (Schachtel, Kiste oder Korb mit etwa 20 Zentimeter hohem Rand) wird mit Flanell oder einem andern weichen, fest gewobenen Stoff ausgeschlagen. Man stellt es an einem geschützten Platz auf, der nicht zu hell sein darf (s. S. 95). Die Kätzchen soll man möglichst wenig anfassen. Auch die Katze läßt man am besten in Ruhe.

Man vergewissere sich, daß das Muttertier Milch hat, indem man seine Zitzen sehr sachte zwischen Daumen und Zeigefinger drückt; wenn dann ein Tröpfchen Milch erscheint, ist alles in Ordnung. Die Kätzchen beobachtet man, bis jedes von ihnen gesaugt hat.

Wenn die Mutterkatze nicht fünf bis sechs Stunden nach dem Werfen Milch produziert - was selten vorkommt -, muß man den Tierarzt kommen lassen.

Wie man unerwünschte Kätzchen beseitigt. Es kommt vor, daß es unmöglich ist, die Kätzchen zu behalten, oder daß man nur für ein Kätzchen sorgen kann. Mehr als sechs darf man der Mutterkatze auch nicht lassen. Auf jeden Fall überlege man sich *gleich,* ob später die Möglichkeit besteht, die Kätzchen zweckmäßig unterzubringen. Sollen sie getötet werden, so ist es am besten, wenn es durch den Tierarzt und sofort nach der Geburt geschieht. Dann sind sie kaum mehr als Embryonen, und die Mutterkatze vergißt sie in ein paar Stunden.

Das Töten der Kätzchen ist keine angenehme Aufgabe; aber die schnellste Tötungsart ist die anständigste. Mit Gas und Chloroform geht es ungefähr gleich schnell. Man tut die Kätzchen in eine *durchlöcherte* Schachtel, die man in den Gasbackofen stellt. Das Gas braucht nur wenige Minuten angedreht zu werden (natürlich ohne es anzuzünden). Dabei muß das Küchenfenster weit offenstehen, damit kein Unheil geschieht. Man kann auch die Auspuffgase eines Autos benützen, wenn man vom Auspuffrohr einen Schlauch in eine *geschlossene* Schachtel führt und den Motor drei bis vier Minuten laufen läßt. Oder man legt einen großen, mit Chloroform durchtränkten Wattebausch in die geschlossene Schachtel. Auf jeden Fall muß die Schachtel so klein wie möglich sein. Unter keinen Umständen dürfen die Kätzchen herausgenommen werden, ehe sie wirklich tot sind; denn neugeborene Kätzchen sind viel widerstandsfähiger, als man im allgemeinen glaubt (deshalb darf man sie auch nicht ertränken!). Man würde sich ewig Vorwürfe machen, wenn man denken müßte, daß die Kätzchen unter der Erde noch gelebt haben.

Menschlicher Anstand verlangt, daß man die Kätzchen nicht erst tötet, wenn sie einige Tage oder gar Wochen alt sind. Das wäre grausam und der Mutterkatze gegenüber eine Gemeinheit. Die Katze weiß ganz genau, wann ihre Jungen nicht mehr gestillt werden müssen, und wenn sie während der Stillzeit verschwinden, sucht das Tier sie und jammert herzbrechend nach ihnen. Hat man nach der Entwöhnung noch immer kein gutes Plätzchen für sie gefunden, so muß man sich an den Tierschutzverein wenden.

Pflege der Mutterkatze nach dem Tode ihrer Jungen. Werden der Katze nach dem Werfen alle Jungen fortgenommen, so geht ihre Milch zurück, wenn man ihre Zitzen dreimal am Tag mit warmem Kampferöl massiert, wobei man die Milch zuerst sacht ausdrückt.

Fütterung der säugenden Katze. Während der Stillzeit erhält die Mutterkatze dieselbe Nahrung wie stets, nur größere Mengen, die man auf drei Mahlzeiten täglich verteilt. Wenn die Kätzchen drei Wochen alt sind, geht man langsam zurück, so daß die Katzenmutter zur Entwöhnungszeit wieder wie früher gehalten ist.

Eine richtig ernährte Katze bleibt während der Trächtigkeit und der Stillzeit beweglich und setzt kein Fett an.

Neuntes Kapitel

Erziehung, Pflege und Behandlung der Katze

Erziehung zur Stubenreinheit

Katzen halten sich selbst sauber und sind überhaupt reinliche Tiere. In der Entwöhnungszeit lernen die Jungen von der Katzenmutter, wie sie sich im Hause zu benehmen haben, so daß sie im Alter von sechs Wochen die Grundlagen der Reinlichkeit kennen. Wie alle Katzen auf der Welt wissen sie dann, daß sie tief graben müssen, um ihre Exkremente zu verbergen, damit sie ihre Anwesenheit nicht einem Feinde verraten.

Gewöhnlich ist es auch nicht schwer, eine halb erwachsene oder ältere Katze an die Gepflogenheiten des Hauses zu gewöhnen. Man macht es ihr nur gemütlich, füttert sie, läßt sie hinaus und behält sie im Auge, bis man sicher ist, daß sie weiß, wofür der Garten da ist. Dann ruft man sie herein und schlägt sich die Sorgen wegen der Stubenreinheit aus dem Sinn. Das nächste Mal wird die Katze sich melden, wenn sie hinaus will.

Kleine Kätzchen gewöhnt man besser zuerst daran, eine entsprechend hergerichtete Kiste zur Entleerung zu benützen, selbst wenn man einen Garten hat. Es kann sein, daß man gerade nicht da ist, wenn das Kätzchen hinaus muß (kleine Kätzchen müssen ungefähr zwanzigmal am Tag «verschwinden»), oder es hat vielleicht vergessen, wo die Türe ist. Auf jeden Fall kann das Kätzchen, dem keine Kiste zur Verfügung steht, sich einen Platz für seine Geschäfte aussuchen, der den Menschen durchaus nicht paßt.

Wichtig ist, daß man die Kiste an einem geeigneten Ort aufstellt; von einem kleinen Kätzchen kann man nicht verlangen, daß es weite Wanderungen unternimmt, oder daß es errät, wo die Kiste versteckt ist, wenn man sie jeden Tag an einen andern Platz stellt. Die Kiste muß immer am selben Fleck stehen, bis das Kätzchen groß genug ist, um den Launen der menschlichen Natur gewachsen zu sein.

In Zoohandlungen kann man spezielle rechteckige Plastik-Katzenkisten billig kaufen. Aber man kann sich auch mit einer niedrigen Email- oder Plastikschüssel behelfen. Auf alle Fälle muß die Kiste groß sein und fest auf dem Boden stehen. Das Kätzchen muß über den Rand schauen können; keine Katze liebt es, blindlings ins Unbekannte zu springen. Was man in die Kiste tut, darüber läßt sich streiten. Manche Leute nehmen Sand; aber Sand wird im Hause herumgetragen, zerkratzt den Fußboden und ruiniert die Teppiche. Zerzupftes Papier wird nicht herumgetragen; andererseits saugt es nicht gut auf, ausgenommen Fließpapier, das aber zu teuer ist. Legt man gefaltete Zeitungen in die Kiste, so wird die Katze die Blätter zerreißen. Sägespäne sind gut. Man kann sie beim Holzhändler oder beim Schreiner spottbillig erhalten, unter Umständen bekommt man sie umsonst. Sie saugen vortrefflich auf, und Sägespäne von Nadelhölzern überdecken den Katzengeruch mindestens zwölf Stunden lang. Späne, die im Haus herumgetragen werden, richten auf Fußböden und Teppichen keinen Schaden an und sind leicht zu entfernen. Am besten geeignet ist zweifellos die in Drogerien, Supermärkten und Zoohandlungen erhältliche feuchtigkeits- und geruchsbindende Katzenstreu. Sie ist erschwinglich, wenn die Katze ihr Geschäft meist im Freien und nur ausnahmsweise in der Kiste verrichtet; bei täglicher Verwendung ist sie nicht ganz billig.

Wenn man ein Kätzchen ins Haus nimmt, muß man die Kiste vor seiner Ankunft aufstellen. Kommt das Kätzchen unerwartet, so stellt man die Kiste als erstes auf. Sie muß dem Kätzchen sofort gezeigt werden. Man setzt das Kätzchen hinein und läßt die Vorderpfoten behutsam in der Streu scharren. Sobald man das Tier gefüttert hat, führt man es wieder zu der Kiste und läßt es dort, bis es sie benützt hat. Die Kiste wird nicht sauber gemacht, ehe sie zum zweitenmal benützt worden ist. Keinesfalls darf man die Kiste mit Karbolsäure oder einem anderen Kohlenteer-Derivat säubern. Es genügt, die Kiste zweimal täglich mit einer Bürste, Wasser und Seife zu schrubben.

Eine Bekannte von mir kaufte eine ausgewachsene Katze und eine richtige Katzenpfanne. Dann spülte sie die Pfanne mit einer Karbolsäurelösung, legte gefaltete Zeitungen hinein und erwartete, daß die

Katze sie benützen würde. Allein der Geruch von Karbolsäure bereitet der Katze Übelkeit, und natürlich benützte das Tier die Pfanne nicht. Ein Tag verging, zwei Tage vergingen, drei Tage, und die Katze machte überhaupt nichts. Am Abend des vierten Tages stellte meine Bekannte bei der Heimkehr fest, daß die Katze ihr ganzes Federbett besprenkelt, den Papierkorb beschmutzt und über die Feuerleiter Reißaus genommen hatte.

Wenn eine Katze ihre Kiste nicht benützen will, hat sie einen Grund. Vielleicht steht die Kiste an einem Ort, welcher der Katze nicht paßt. Vielleicht hat die Katze auch eine bestimmte Erziehung genossen, die jetzt nachwirkt. Zum Beispiel sind Katzen, die bei einem Schriftsteller gehaust haben, oft dazu erzogen worden, Papier – kostbare Manuskripte! – zu achten. Deshalb benützen sie keine mit Papier ausgelegte Kiste. Ich kannte eine Katze, die man in einer verrufenen Gasse gefunden hatte, und die keine Kiste benützen wollte. Sie benützte Papierkörbe, Abfallkübel und einmal sogar den Hut eines Gastes. Die verzweifelten Besitzer kamen schließlich auf den Gedanken, daß sie ihre Manieren von einem Aschenkasten her hatte. Sie besorgten sich einen Aschenkasten, den die Katze dann tatsächlich benützte.

Manche Katzen entwickeln eine Vorliebe für die Badewanne oder den Kamin. Ich denke mir, daß die Badewannen-Liebhaber zivilisierte Katzen sind, die modernen Komfort zu schätzen wissen und die für sie bereit gestellten primitiven Toiletten ablehnen. Jedenfalls sind sie meist eigensinnig. Dann muß man eben daran denken, die Badezimmertür stets zu schließen, und wenn's geht, sollte man die Katzenkiste irgendwo vor dem Badezimmer aufstellen. Oder man läßt in der Badewanne und im Waschbecken immer etwas Wasser stehen. Möglicherweise benutzt die eigensinnige Katze dann das Klosett – und damit kann man prahlen.

Eine Freundin von mir, die eine richtige Wildkatze hielt, erfand eine verbesserte Katzenpfanne, die vielleicht auch anderen Katzen zusagen wird. Es war eine große weiße Emailpfanne, in die sie einen Rost mit ziemlich dichtem, schwerem Maschenwerk einsetzte; darüber legte sie drei große Papierhandtücher. Nach der Benützung

Erziehung zur Stubenreinheit: Man verbaut den Kamin und faßt sich in Geduld

warf sie die Papiertücher einfach ins Klosett und spülte die Pfanne mit warmem Wasser aus. In der Pfanne war immer etwas Wasser, auf dem ein paar Seifenflocken schwammen. Die Pfanne stank nie und war ganz leicht zu säubern. Die Wildkatze benützte sie brav.

Die Vorliebe für den Kamin ist am schwersten zu bekämpfen. Vor allem wird der Kamin von Katzen bevorzugt, die jederzeit hinausgehen können. Mit dieser Gewohnheit läßt sich unter Umständen Schluß machen, indem man die benützte Asche vom Kamin in die Katzenkiste schafft. Dann wird der Kamin mit Wasser und Seife geschrubbt. Man bestreut ihn mit dem Pulver, das angeblich Katzen von Möbeln fernhält, verbarrikadiert den Kamin und faßt sich in Geduld. Wenn der Kamin lange genug verbarrikadiert bleibt, muß die Katze ihre Kiste benützen. Ist sie erst einmal auf die Kiste gegangen, so ist der Kamin vor ihr sicher.

Wenn eine stubenreine Katze plötzlich nicht mehr stubenrein ist, so ist sie, falls man ihre Kiste nicht versteckt oder mit starkriechenden Desinfektionsmitteln behandelt hat, wahrscheinlich krank.

Wenn eine stubenreine Katze plötzlich da und dort ein bißchen naß macht, verspürt sie Liebesbedürfnisse (s. S. 177 ff.).

Pflege des Felles

Baden oder bürsten? Von den Chinesen heißt es, daß sie einmal im Jahr Katzenwäsche abhalten. Für die Katze wäre das einmal im Jahr zuviel. Es ist verkehrt, Katzen, auch weiße, zu waschen; das Katzenfell ist nicht dafür bestimmt. Die Seife trocknet das natürliche Fett des Katzenhaars aus und ruft manchmal Hautreizungen hervor. Durch das Waschen wird also auf die Dauer das Fell der Katze nicht verbessert, sondern verdorben. Katzen sollen nur gewaschen werden, wenn sie an einer Hautkrankheit leiden, die durch Bäder geheilt werden muß, oder wenn sie so schmutzig sind, daß sie selbst nicht mehr wissen, wo sie mit dem Säubern anfangen sollen. Waschen ist kein Ersatz für Bürsten.

Wie man die Katze badet. Meiner Feststellung nach läßt sich die Katze – falls es unbedingt sein muß! – am besten baden, wenn man in die Badewanne eine Gummimatte oder eine Badematte legt, an der die Katze sich festkrallen kann, so daß sie sich sicher fühlt. Das Wasser darf ihr nicht über den Hals reichen. Man nimmt laues Wasser und reine Waschseife. Niemals wasche man die Katze mit parfümierter Toiletteseife oder irgendeiner Medizinalseife! Man seift sie gründlich ein, wobei man achtgibt, daß ihr die Seife nicht in die Augen kommt, und spült sie mit der Hand ab. Dann wird sie in ein Badetuch gewickelt und möglichst trocken gerieben. Man läßt sie in einem warmen, zugfreien Zimmer, bis sie ganz trocken ist. Wenn man sie abends wäscht, muß sie bis zum Morgen im Hause bleiben.

Wie man die Katze bürstet. Das Baden ist, wie gesagt, nur im Notfall angebracht. Hingegen ist Bürsten wichtig. Die beste Katzenbürste, die ich jemals hatte, war eine kleine Gummischeibe mit Gummiborsten, die eigentlich zur Massage meines Kopfes bestimmt war. Sie bürstete die Katzenhaare wirklich aus. In Zoohandlungen gibt es nun etwas Ähnliches zu kaufen, ein wenig größer, leichter zu halten und in der Form mehr dem Katzenrücken als dem Menschenschädel angepaßt. Eine gute Bürste mit steifen, echten Borsten ist das Nächstbeste. Niemals benütze man eine Drahtbürste, weil sie die Katzenhaare ausreißt. Katzen, die im Hause leben, sollten täglich gebürstet werden. Langhaarige Katzen muß man auch kämmen. Getreuliches Bürsten verhindert, daß die Katze Haare schluckt und an Haarballen leidet; auch fliegen dann nicht überall im Hause Katzenhaare herum.

Es macht wirklich Vergnügen, die Katze zu bürsten, weil sie es sehr genießt, und weil ihr Fell dann wunderschön glänzt. Bei mir wird immer ein richtiges Spiel daraus. Ich fange am Kopf an, bürste zur Schwanzspitze hinunter und drehe dann die Katze um. Meist kugelt sich die Katze schon herum, sowie ich mit dem Bürsten beginne. Die andern springen mir auf den Schoß, um ebenfalls gebürstet zu werden. Ich bemühe mich, unparteiisch zu bleiben, streiche da übers Fell, dann dort und hoffe, daß die Katzen schließlich sauber sind.

Manche Katzen (aber nicht alle!) haben es gern, gegen den Strich gebürstet zu werden. Bei Unband ist das beispielsweise der Fall. Solche Katzen sind am leichtesten zu reinigen.

Behandlung der Katze

Wie man die Katze aufnimmt. Es ist falsch, die Katze im Genick zu packen; auch bei den kleinsten Kätzchen soll man das unterlassen. Unsere Hände sind groß und grob, wir wissen nicht, wie leicht das Kätzchen zwischen Daumen und Zeigefinger geklemmt wird – wir sind ja keine Katzen. Mutterkatzen packen ihre Jungen im Genick, bis sie laufen können, und dann hören sie damit auf. Hernach ist der

Körper des Kätzchens für eine solche Behandlung zu schwer. Über sechs Wochen alte Kätzchen können innerliche Verletzungen erleiden - zum Beispiel einen Leistenbruch -, wenn man sie am Genick packt und hochhebt, weil sie dann mit ihrem ganzen Gewicht am Nacken hängen.

Will man ein Kätzchen aufheben, so läßt man die eine Hand unter den Körper gleiten und stützt mit der andern die Pfoten. Eine ältere Katze hebt man ebenfalls mit einer Hand unter dem Körper auf, während man mit der andern die Hinterbeine hält. Hat man nur eine Hand frei, so hält man die Katze parallel zum Unterarm und stützt sie mit dem eigenen Körper, nachdem sie eine bequeme Stellung gefunden hat.

Man soll die Katze nicht so tragen, daß ihre vier Beine hilflos baumeln - das lieben Katzen ganz und gar nicht.

Die Katze auf dem Schoß. Wenn einem die Katze auf den Schoß klettert, streichelt man ihr den Rücken, bis sie sich setzt. Hat man die Beine übereinander geschlagen, so stellt man sie nebeneinander; Katzen sitzen nicht gern auf Erhöhungen, sondern wollen sich kuscheln. Man bemühe sich ja nicht, die Katze mit Gewalt auf dem Schoß zu behalten.

Wie man die Katze streicheln soll. Es scheint müßig, darüber Ratschläge zu geben; aber manche Leute, die keine Erfahrung haben, machen in dieser Beziehung doch Fehler. Die Katzen haben es gern, wenn man sie über das ganze Fell im gleichen Strich streichelt. Einige lassen sich das Fell gern verwirren - ungefähr dieselbe Anzahl wie Knaben, die sich gern küssen lassen; im allgemeinen tut man aber gut daran, zu bedenken, daß die Katzen es nicht lieben, gegen den Strich gestreichelt zu werden. Besondere Wonne empfinden sie, wenn man sie hinter den Ohren und unter dem Kinn krault.

Allgemeines Behagen. Katzen lieben Menschen, die sich langsam bewegen, leise sprechen und ihnen Behaglichkeit verschaffen. Sie lieben auch Menschen mit Blumenparfüm, vor allem mit einer Beimischung von Thymianduft.

Menschen, deren Körpergeruch sie abstößt, lieben sie nicht. Es kann ein Körpergeruch sein, den kein anderer Mensch wahrnimmt,

Katzen lieben Menschen mit Blumenparfüm

und der von wohlriechender Seife nur mit einem für die Katze ebenso abstoßenden Duft überdeckt wird. Menschen, deren Geruch der Katze nicht gefällt, können niemals mit ihr Freundschaft schließen und sollten es gar nicht erst versuchen.

Es einer Katze behaglich zu machen, ist eine Sache der Rücksichtnahme, jener Rücksichtnahme, die wir als gute Kinderstube zu bezeichnen pflegen, obwohl sie weniger mit der Erziehung als mit dem Herzenstakt zusammenhängt. Wenn sich eine Katze behaglich fühlen soll, muß man höflich mit ihr sprechen, sie geziemend behandeln, sie freigiebig füttern und sie sehr lieben.

Das Lager der Katze

Das Lager der Katze kann billig oder kostspielig sein, ganz wie man will, wenn es nur bequem und leicht zu reinigen ist. Ein prächtiges Katzenbett und ein einfaches Körbchen oder eine Kiste tun die gleichen Dienste, wenn die Katze darin behaglich ruht und vor Zugluft geschützt ist. Ein Kissen mit waschbarem Bezug hat sowohl in einem Bett als auch in einem Körbchen oder einer Kiste Platz, und mehr braucht es nicht. Federnde Matratzen oder dergleichen sind nicht vonnöten; es läßt sich aber auch nichts dagegen einwenden, wenn man sein Geld dafür ausgeben will. Ein mit Zedernspänen gefülltes Kissen hält Flöhe ab.

Katzen, die viel ins Freie gehen, sollten ihr Lager an einem kühlen, trockenen Ort haben, damit sie nicht plötzlichen Temperaturschwankungen ausgesetzt sind. Aus dem gleichen Grunde müssen Katzen, die sich stets in der Wohnung aufhalten, in einem mäßig warmen Zimmer schlafen. Auf keinen Fall darf die Katze an einem zugigen oder feuchten Ort schlafen.

Wenn man der Katze die Wahl läßt, schläft sie auf dem Bett des Menschen, so daß man ihr kein Lager herzurichten braucht.

Halsbänder

Meiner Ansicht nach sollten Stadtkatzen ein Halsband mit einem Namenschildchen tragen. Dann wissen Nachbarn, Katzenfänger und Tierschutzverein, daß diese Katze ein Heim hat, und daß man sich sowohl Mitleid als auch Gelüste sparen kann. Halsbänder für «Landkatzen» sind durchaus einleuchtend, aber etwas riskant. Außerdem ist es wenig wahrscheinlich, daß Landkatzen gestohlen werden; ihre Feinde sind Autos, Hunde und Tierfallen.

Manche Leute sind gegen Halsbänder, weil die Katze damit an Zweigen oder Nägeln hängenbleiben und ersticken könnte. An einem richtigen Halsband kann sie aber nicht hängenbleiben. Als wir in der Stadt wohnten, trugen meine Katzen ein ziemlich steifes ledernes Hundehalsband, ungefähr ein Zentimeter breit und locker genug, daß es über den Kopf rutschen kann, wenn sie daran hängenbleiben. Wenn das Halsband nicht so locker sitzt, ist es gefährlich. Ich ziehe die steifen Halsbänder den dehnbaren vor. Die dehnbaren Halsbänder sollen zwar so dicht am Hals liegen, daß die Katzen damit nicht hängenbleiben können. Möglich. Aber wenn die Katze doch hängenbleibt und sich wehrt, kann sie sich erwürgen. Keinesfalls darf man einer Katze ein Kettenhalsband umlegen.

Wenn das Halsband ein Namenschildchen hat, soll man nur den eigenen Namen und die Adresse eingravieren lassen. Daß die Katze Bijou oder Müff heißt, ist nur für den Besitzer und sie selbst interessant.

An dem Halsband ein Glöckchen zu befestigen, ist so ziemlich die größte Dummheit, die man einer Katze gegenüber begehen kann. Das Glöckchen hält die Katze nicht davon ab, Vögel zu jagen; das kann man nur selbst besorgen. Hingegen kann sich das Glöckchen an einem Zweig oder einem Nagel verfangen, so daß die Katze erstickt oder, unfähig, sich frei zu machen, Hungers stirbt.

Schleifen sind noch gefährlicher als Glöckchen, es sei denn, die Schleife ist so geknüpft, daß sie sich von selbst löst; aber auch dann würde ich keine Katze mit einer Schleife hinauslassen. Wenn sich die Katze gern schmücken läßt, soll man das nur im Hause tun, wo man das Tier im Auge hat - Gala ist ohnehin nichts für die Straße.

Spielzeug

Spielzeug ist alles, womit die Katze spielt. Ich habe Kätzchen mit Laub und Zweigen, Butterblumen und Rosen entzückend spielen sehen. Eine leere Garnspule bereitet ebensolches Vergnügen wie ein Ball, und das beste Spielzeug, das ich kenne, ist eine leere Zigarettenschachtel, die man mit einer Schnur an die Decke oder an die Türe hängt, so daß die Schachtel knapp den Fußboden streift, aber noch ungehindert schaukeln kann. Abgesehen davon, daß der Katze dieses Spielzeug, das auch durch ein Stück Karton ersetzt werden kann, ungemein gefällt, verstaucht der Mensch sich nicht den Fuß, weil er nicht darauf tritt.

Künstliche Mäuse aus Gummi, die quieken, oder aus Stoff, mit Katzenkraut gefüllt, stehen auf der Liste gekauften Spielzeugs an erster Stelle. Bälle dürfen nicht so klein sein, daß die Katze sie verschlucken kann, aber auch nicht so groß, daß das Tier sie nicht zu greifen vermag. Über helle Bälle stolpert man weniger leicht. Alte Golfbälle soll man Katzen nicht geben; es heißt, die Füllung sei giftig. Sehr beliebt sind Knäuel aus raschelndem Seidenpapier oder knisterndem Zellophan.

Die Katze spielt auch gern mit Schnüren; aber man lasse sie nicht allein damit, weil sie sie verschlucken oder sich erwürgen kann.

Mechanisches Spielzeug hat denselben Nachteil, wie wenn man es kleinen Kindern gibt – man muß es immerzu aufziehen.

Unterwegs mit einer Katze

Auf der Straße. Ich wohnte einmal neben einer Dame, die jeden Nachmittag mit einer prachtvollen Perserkatze an der Leine spazierenging. Sie stolzierten durch die Straßen, ohne das Erstaunen der Leute und die Aufregung der Hunde zu beachten. Wenn die eigenen Nerven und die der Katze das aushalten, kann man es ja mit einem solchen Ausgang versuchen. Wohlgemerkt, ich würde es nicht empfehlen.

Wenn man eine Katze fortbringen muß, trägt man sie am besten in einem Korb oder einem anderen leichten Behälter, der luftdurchlässig, bequem und sicher verschließbar ist. Im Notfall – bei Feuersgefahr zum Beispiel – nimmt man einen Kissenbezug, wobei jedoch zu beachten ist, daß die Katze bei längerem Aufenthalt darin ersticken kann.

Man versuche ja nicht, die Katze im Arm über die Straße zu tragen; das Rattern eines Lastwagens, ein bellender Hund oder sonst ein Schrecken kann sie in solche Angst versetzen, daß sie kratzt oder davonspringt.

In der Eisenbahn. Für Eisenbahnfahrten eignen sich am besten die Fibertaschen oder Transportkörbe, die eigens für Katzen und Hunde hergestellt werden. Sie sind luftdurchlässig und können nicht zerkratzt werden. Sie sehen wie ein Gepäckstück aus und werden deswegen von den Gepäckträgern mit einiger Achtung behandelt. Legt man ein Kissen oder eine Badematte auf den Boden, so sind sie keineswegs unbequem.

Wenn man den Reisebehälter zugleich als Katzenbett verwendet, ist die Katze daran gewöhnt und auf der Reise weniger nervös, als wenn man den Behälter im letzten Moment hervorholt und die Katze hineinsteckt. Man muß damit rechnen, daß die Katze zunächst ein Theater macht. Kein Tier liebt es, eingesperrt zu werden. Aber nach einiger Zeit wird sie sich beruhigen.

Man stecke die Katze nicht in den Gepäckwagen, sondern nehme sie zu sich ins Abteil. Man vermeide Zugluft und starkes Rauchen.

Vierundzwanzig Stunden vor Antritt der Reise verabreiche man der Katze keine Milch, kein Gemüse oder sonstige abführende Nahrung, sondern nur mageres rohes Fleisch. Vier Stunden vor Antritt der Reise soll die Katze überhaupt nicht mehr gefüttert werden.

Wenn man nicht länger als vierundzwanzig Stunden mit der Eisenbahn fährt, füttert man die Katze unterwegs nicht. Wahrscheinlich würde sie ohnehin nichts zu sich nehmen, und wenn doch, besteht die Möglichkeit, daß sie erbricht.

Alle zwei bis drei Stunden gebe man der Katze frisches Wasser – Katzen leiden sehr unter Durst, wenn sie geängstigt sind. Man spreche sie oft an und tröste sie wegen der ungewohnten Lage.

Dauert die Reise länger als vierundzwanzig Stunden, so nimmt man am besten etwas Katzenfutter mit. Man kann nicht damit rechnen, daß es im Speisewagen oder auf den Bahnhöfen Fleisch für Katzen gibt. Mageres gekochtes Rind- oder Schaffleisch oder etwas Leber ist am besten. Man gebe der Katze ungefähr die Hälfte von dem, was sie gewöhnt ißt, und man mache sich keine Sorgen, wenn sie die Nahrung verweigert.

Auf der Reise sollte die Katze unbedingt ein Halsband tragen, und sooft ihr Behälter geöffnet wird, muß man sie an die Leine nehmen. Die Katze wird sich wahrscheinlich kaum auf den Heimweg machen; aber auf diese Weise bekommt man keine Unannehmlichkeiten.

Man mache nicht zuviel Wesens mit der Katze, sondern lasse sie nur wissen, daß sie nicht allein ist, und daß die Welt noch nicht untergeht. Nach der Ankunft soll die Katze nicht sofort gefüttert werden. Sie muß Zeit haben, sich die neue Umgebung anzusehen und sich zu Hause zu fühlen.

Im Auto. Katzen sind im allgemeinen nicht begeistert von Autofahrten. Nimmt man sie öfter mit, so gewöhnen sie sich daran. Auf keinen Fall lasse man die Katze im Auto frei auf dem ihr angewiesenen Platz hocken; sie muß unter allen Umständen in einem Korb verstaut werden. Die ernsteste Katze kann im Auto spielerische Anwandlungen bekommen, und das Ergebnis ist unter Umständen für alle Beteiligten katastrophal.

Auch bei Autofahrten muß man Halsband und Leine mitnehmen, damit man die Katze zwischendurch einmal hinauslassen kann.

Während Autoreisen soll die Katze nur einmal am Tag gefüttert werden, und zwar abends. Es ist besser, ihr zuwenig als zuviel zu geben. Büchsennahrung ist dann recht praktisch, wenn man daran gedacht hat, den Büchsenöffner mitzunehmen, und wenn die Katze sie überhaupt mag. Vielleicht sollte man ihrem Geschmack entgegenkommen und sie mit dem Futter ein wenig verwöhnen, wenn man sie ihrer gewohnten Umgebung entreißt und dadurch unglücklich macht.

Weilt man bei Verwandten oder Freunden zu Besuch, so tut man klüger daran, die Katze in einem Heim unterzubringen, als sie mitzuschleppen - nicht der Katze, sondern den Gastgebern zuliebe. Wenn sie selbst eine Katze haben, wird es dem Fremdling nicht gut ergehen; wenn sie keine haben, können sie sich möglicherweise auch nicht für einen Katzengast begeistern.

Man denke daran, daß Katzen nicht in jedem Hotel willkommen sind. Bei Auslandsreisen erkundige man sich rechtzeitig nach den Reisebestimmungen, die das betreffende Land für Katzen vorschreibt.

Niemals lasse man eine Katze allein reisen. Auch wenn sie wirklich rechtzeitig und gesund ankäme, wäre es eine grausame Erfahrung für sie.

Niemals reise man mit einer kranken oder trächtigen Katze.

Umzug mit einer Katze

Meine Katzen wissen es immer ganz genau, wenn ihnen ein Umzug bevorsteht. Sowie das Packen beginnt, werden sie unruhig, krabbeln in Kisten und Schachteln und entgehen mit knapper Not dem Schicksal, eingepackt zu werden.

Vor der Ankunft der Packer leere ich ein Zimmer, in das die Katzen mitsamt ihren Behältern kommen. Wenn die Packer fort sind, trage ich die Katzen in ihr neues Heim, wo ich sie in ein Zimmer sperre, das die Packer nicht betreten dürfen, gewöhnlich ins Badezimmer. Dort bleiben sie, bis die Männer gegangen sind, alles still ist und die Türen geschlossen sind. Dann lasse ich die Katzen frei, worauf sie jeden Winkel der neuen Wohnung mit Nase, Pfoten und Schnurrhaaren untersuchen und kritisieren. Nachdem sie sich hingesetzt und sich geputzt haben, füttere ich sie.

Gemeinsames Leben mit Hund und Katze

Man glaube ja nicht, daß alle Hunde und Katzen sich wie die sprichwörtlichen Hunde und Katzen betragen und einander auffressen. In Millionen Häusern leben sie friedlich miteinander; die Leute kennen das gar nicht anders, die Tiere auch nicht.

Am leichtesten ist es, ein gemeinsames Leben mit Hund und Katze zu führen, wenn man sich gleichzeitig einen Welpen und ein Kätzchen anschafft und sie miteinander aufzieht. Vielleicht gibt es einen Tag lang Gebell und Gefauche; doch dann werden sie gute Freunde und haben ein viel lustigeres Dasein, als wenn sie allein wären.

Wenn man schon einen erwachsenen Hund besitzt und gern auch eine Katze hätte, schafft man sich am besten ein Kätzchen an. Ob Katze oder Kätzchen, zuerst bringt man das Tier zum Tierarzt und läßt ihm die Krallen so kurz wie möglich schneiden, damit es im Zustand der Angst dem Hund die Augen nicht verletzen kann. Sonst sollen der Katze die Krallen nie geschnitten werden. Man muß auf die Ritterlichkeit des Hundes bauen. Damit sie sich aneinander gewöhnen, läßt man beide Tiere ein bis zwei Tage im Hause, aber in verschiedenen Räumen. Auf diese Weise riecht die Katze, daß ein Hund vorhanden ist, und der Hund riecht, daß eine Katze eingetroffen ist, und beide haben Gelegenheit, sich an diese Tatsache zu gewöhnen. Die eigentliche Bekanntschaft sollen sie ganz zufällig schließen. Wenn man daraus ein Wesens macht, verwirrt man die Tiere und beschwört eine Rauferei herauf, die sonst nicht entstanden wäre. Man begünstige keins der Tiere, und man schelte das eine nicht in der Gegenwart des andern. (Eine Bekannte von mir, die vier Löwenjunge und einen Foxterrier hatte, wurde von dem Terrier angebellt, wenn sie die kleinen Löwen schalt.) Man darf erst fortgehen und Hund und Katze beisammen lassen, wenn sie miteinander gegessen und geschlafen haben; von da an werden sie getreue Freunde sein.

Wenn man schon eine Katze hat und einen Hund dazunehmen möchte, geht man sinngemäß gleich vor. Man muß nur achtgeben, daß man den Welpen nicht liebkost, ehe die Katze sich mit ihm angefreundet hat. Eine Weile füttert man die Tiere nicht zusammen, weil die Gier des Welpen die Katze auf den Gedanken bringt, es werde nicht für zwei reichen.

Weitere Einzelheiten muß man je nach entstandener Lage entscheiden. Wenn man sich bei der ganzen Angelegenheit vernünftig benimmt, sollten Katze und Hund binnen zwei Wochen Freunde sein.

Zehntes Kapitel

Krankheiten und Heilmittel

Katzen sind im allgemeinen gesunde, widerstandsfähige, zähe Geschöpfe, sonst hätten sie die Jahrhunderte der Mißhandlung nicht überlebt. Gutgepflegte Katzen können achtzehn bis neunzehn Jahre alt werden, eine ganze Anzahl wird sogar über zwanzig Jahre alt.

Eine einundzwanzigjährige Katze, der man einen großen Tumor entfernte, wurde dreiundzwanzig Jahre alt. Katzen sind jedoch sehr anfällig für bestimmte Krankheiten wie beispielsweise die sogenannte Katzenseuche, und der Tod kann sehr schnell eintreten, wenn ein erkranktes Tier nicht sofort behandelt wird. Es ist nicht wahr, daß Straßenkatzen abgehärteter sind und länger leben als wohlbehütete Haustiere. Man braucht nur die Leute vom Hygieneamt zu fragen, wenn man erfahren will, wie viele tote Katzen auf Straßen, Wegen und in Kellern gefunden werden. Wir bekommen nur die zähesten streunenden Katzen zu sehen, die Kämpfe, schlechte Ernährung, Unwetter und zahlreiche andere Unbilden überlebt haben. Auch diese widerstandsfähigen Tiere aber werden nicht sehr alt, sofern ihnen nicht gütige Menschen beistehen, die sie füttern und für sie sorgen.

Im folgenden zähle ich die wichtigsten Leiden auf, die eine Katze befallen können, wobei ich mir jedoch bewußt bin, daß nicht jede Katze krank zu werden braucht. Zudem sind die meisten Krankheiten heutzutage heilbar, wenn das Tier mit den Wundermitteln, die es jetzt gibt, namentlich mit den Antibiotika, beizeiten behandelt wird.

Vor zwanzig Jahren kannte man das Wort «Antibiotikum» in der Alltagssprache noch nicht einmal. Heute sind Penicillin, Aureomycin, Terramycin, Chloromycetin und die übrigen Antibiotika unsere wichtigsten Medikamente bei Infektionskrankheiten. Es gibt kaum mehr eine Infektionskrankheit, die man bei Katzen nicht mit dem einen oder anderen Antibiotikum wirksam behandeln könnte. Augen- und Hautkrankheiten, infizierte Wunden, Erkrankungen der Atemwege, der Geschlechtsorgane und Harnwege, Kokzidiose, sogar die gefürchtete Katzenseuche, alles spricht auf irgendein Antibiotikum an. Die Behandlungsmethoden sind fast ebenso vielfältig wie die Krankheiten: je nachdem wendet man Injektionen, Tabletten, Kapseln oder Salben an.

Aber die wundertätigen Antibiotika sind nicht die einzigen neuen Helfer. Bei der Behandlung von bestimmten Erkrankungen der Atemwege und bei manchen Hautkrankheiten erweisen sich auch Antihistamine als sehr wertvoll. Außerdem gibt es neue Mittel gegen Würmer, Medikamente, die erstmals im Zweiten Weltkrieg bei der Behandlung amerikanischer Soldaten im Südpazifik angewendet wurden, und die es jetzt auch in abgewandelter Form für Katzen gibt. Hormontherapie hilft alten Katzen ebenso wie alten Menschen. Mit Elektrokardiogrammen und Röntgenaufnahmen arbeitet auch der Tierarzt.

Bei all den neuen Behandlungsmethoden gilt es vor allem, sich eines zu merken: es sind keine Hausmittel. Die Penicillin-Tabletten, die man selbst wegen einer Zahneiterung eingenommen hat, eignen sich nicht für die Miez. Ein Mittel gegen Erkältungen, das für Menschen geschaffen wurde, kann eine Katze umbringen. Aspirin z.B. ist ganz schädlich für ihren Magen. Es ist erwiesen, daß Aspirin sogar Magenblutungen verursachen und zum Tod der Katze führen kann. Nur der Tierarzt weiß, was zu verordnen ist und in welcher Menge. Sowohl die Antibiotika als auch andere neuere Medikamente für Katzen muß man vom Tierarzt verschreiben lassen; sie sollen ja der Katze helfen und ihr nicht etwa schaden. Sparsamkeit ist da ganz fehl am Platz.

Die hier folgenden Angaben über neue Behandlungsmethoden wollen lediglich die Möglichkeiten aufzeigen, die sich heute dem Tierarzt bieten. Es kann vorkommen, daß ein Veterinär in einem abgelegenen Ort vielleicht weniger Erfahrungen mit Katzen hat, und in einem solchen Falle kann es nichts schaden, wenn der Katzenhalter ihn bittet, es mit einem der neuen Medikamente zu versuchen. Außerdem kann der Tierarzt nicht wissen, ob man bereit ist, die manchmal recht kostspieligen Heilmittel zu bezahlen, und schon aus diesem Grunde sollte man mit ihm darüber sprechen. Manche Leute haben sonderbare Vorstellungen vom «Wert» eines Tieres. Unter Tränen lassen sie ihre Katze einschläfern, weil sie die lebensrettende Behandlung nicht bezahlen wollen, und am nächsten Tage gehen sie hin und kaufen sich für viel Geld eine neue Katze. Jeder muß selbst entscheiden, was ihm und seiner Familie die Katze wert ist, und dementsprechend handeln.

Auf den folgenden Seiten wird dem Leser nach Möglichkeit erklärt, wie man seine Katze gesund erhält, wie man Symptome einer ernsten Krankheit erkennt, bevor sie akut wird, wann man das Tier zum Veterinär bringen muß und was von ihm zu erwarten ist und was man andererseits selbst unternehmen oder unter Aufsicht des Arztes tun kann. Es gibt einfache Dinge, mit denen der Laie ebenso gut helfen kann wie der Tierarzt; es sollte auch möglich sein, eine kranke Katze nach Anweisungen des Tierarztes daheim tadellos zu pflegen. Aber es gibt auch Dinge, die man auf keinen Fall tun darf – sie zu kennen, ist wohl das allerwichtigste.

Tierärzte

Heute schenken die Tierärzte den Katzen mehr Aufmerksamkeit als früher, folglich wissen sie auch mehr über sie. Sogar der «Roßdoktor» auf dem Lande mußte sich Kenntnisse über die Katze aneignen, teils, weil Pferde heute selten geworden sind und Schafe, Ziegen, Kühe und Hunde den Mangel nicht ausgleichen, mehr noch aber, weil die Menschen, die mit Katzen leben, richtige Pflege für sie fordern. Trotzdem sind gute Katzen-Spezialisten selten. Manche Tierärzte interessieren sich nicht für Katzen, manche mögen sie einfach nicht, und andere können sich nicht vorstellen, daß man bereit ist, Geld für die ärztliche Behandlung einer Katze auszugeben, noch dazu einer gewöhnlichen Hauskatze. Wenn man keinen Katzen-Spezialisten findet, muß man eben den besten allgemeinen Tierarzt nehmen; auch schlimmstenfalls versteht er von kranken Katzen immer noch mehr als ihr Besitzer. Immerhin haben sich in den letzten Jahren viele Tierärzte – besonders in Großstädten – zu Katzen-Spezialisten entwickelt. Sie haben Katzen ernstlich studiert, kennen ihre

Krankheiten, Besonderheiten, Freßgewohnheiten, Psychologie und so weiter. Wenn man einen solchen Spezialisten findet, sollte man alle seine Verordnungen befolgen und nicht die wohlmeinender Freunde, Verwandten und Nachbarn.

Kragen aus Wellpappe

Den Kragen aus Wellpappe sollte jeder Katzenhalter stets zur Hand haben. Die sofortige Benutzung kann der Katze und dem Besitzer viel Ungemach ersparen, denn damit verhindert man oft eine schlimme Entwicklung. Zum Beispiel kann aus einer Ohreninfektion eine Blutgeschwulst werden, wenn sich die Katze am Ohr kratzt. Man erspart der Katze eine Operation und sich selbst sowohl Geldausgaben als auch ein schlechtes Gewissen, wenn man den Kragen benutzt.

Um ein weiteres Beispiel anzuführen: Vielleicht bemerkt man eines Tages, daß die Häutchen rings um die Augen der Katze gerötet sind. Sie leidet an einer Konjunktivitis, die vom Tierarzt verhältnismäßig leicht geheilt werden kann, wenn man die Sache nicht verschleppt. Ist es aus irgendeinem Grunde unmöglich, die Katze sofort zum Veterinär zu bringen, sollte man ihr auf der Stelle den Kragen anlegen. Dann vermag sie sich die Augen nicht zu reiben. Das Reiben mit den Pfoten, die grobe Haare und auch Schmutz an sich haben, kann den Zustand arg verschlimmern und zu einer Geschwürbildung an der Hornhaut führen, die weitaus gefährlicher ist und eine längere Behandlung erfordert als eine Konjunktivitis.

Der Kragen ist ganz leicht herzustellen. Für eine Katze, die rund zehn Pfund wiegt, braucht man ein Stück kräftige Wellpappe, etwa 30 × 30 Zentimeter (der richtige Umfang hängt von Größe, Kraft und Gewandtheit der Katze ab). Man schneidet die Wellpappe kreisrund zu und mißt den Halsumfang der Katze mit einem Bindfaden ab – nicht etwa fest anziehen! –, den man in dieser Länge abschneidet. Mit dem Bindfaden bildet man auf der Wellpappe einen Innenkreis, der mit dem Bleistift bezeichnet und dann ausgeschnitten wird. Das runde Loch in der Mitte der Pappe wird dem Umfang des Bindfadens entsprechen und damit genau auf den Hals der Katze passen.

Diesen Kragen streift man der Katze behutsam über den Kopf. Meistens erfordert das einen kleinen Kampf, den man mit Pfiffigkeit und Geduld gewinnen muß; der Katze soll ja geholfen werden. Wahrscheinlich wird sie sich schlecht behandelt fühlen und vielleicht sogar eine Weile jammern. Wenn man hart bleibt, wälzt sie sich wohl auch auf dem Boden und reißt mit den Pfoten am Kragen. Und sie wird trotz des Kragens versuchen, die juckenden Ohren zu kratzen oder die Augen zu reiben; aber wenn der Kragen richtig sitzt, wird es ihr nicht gelingen, sie zu erreichen.

Wenn die Katze sehr stark ist und sich lange genug abmüht, kann sie den Kragen vielleicht zerreißen. Dann muß man eben einen neuen machen. Die Katze ist durchaus imstande, mit dem Kragen zu fressen und zu schlafen, da Wellpappe ja nachgibt. Die meisten Katzen gewöhnen sich nach ein bis zwei Tagen an den Kragen.

Wichtig ist, daß der Kragen die genau passende Größe hat. Er muß groß genug sein, daß er die Katze hindert, sich selbst Schaden zuzufügen, aber er darf ihr nicht die Möglichkeit nehmen, sich zu bewegen und zu springen. Bei einem jungen Kätzchen verwendet man natürlich ganz leichte Pappe; es genügt das Material, das etwa die Dicke einer Postkarte hat.

Wie man einer Katze Pillen oder Kapseln eingibt

Muß man der Katze eine Pille oder Kapsel eingeben, so geht es am leichtesten, wenn man das Tier überlistet: Man tut ein wenig Butter auf die Pille oder Kapsel und hält sie so zwischen Zeigefinger und Daumen, daß die Butter aufs Mäulchen der Katze gerichtet ist. Sie kann die Butter ruhig zum Teil ablecken, wenn sie mag. Dann setzt man sie auf einen Tisch (mit kratzfester Platte!) und streichelt sie mit der linken Hand, während man ihr zuspricht. Man lasse sich dafür einige Minuten Zeit. Ja nicht eilen! Nun drückt man mit der Linken die Oberlippe der Katze an die Vorderzähne. Daraufhin öffnet sie ihr

Mäulchen automatisch. Schnell schiebt man mit Zeigefinger und Daumen der Rechten die Pille so tief wie möglich in den Rachen. Keine Angst, daß die Pille zu weit hinuntergeraten könnte! Wenn man sich scheut, sie tief genug hinabzuschieben, wird die Katze das Medikament prompt ausspucken oder, was noch schlimmer ist, die Pille oder Kapsel zerbeißen, und dann bekommt sie Schaum vor dem Maul. Das gefällt ihr gar nicht; möglicherweise überträgt sie ihr Missfallen auf den Samariter, und in Zukunft wird es noch viel mehr Mühe machen, ihr das Mäulchen zu öffnen. Darum heißt es kühn sein; man schiebe das Medikament tief den Hals hinunter, und die Freundschaft bleibt bestehen, weil die Pille in den Magen rutscht, ehe der Patient sich's versieht.

Wer zu ungeschickt mit den Fingern ist, kann einen Bleistift zu Hilfe nehmen, der am einen Ende einen Radiergummi hat. Das Verfahren bleibt sich gleich, nur schiebt man eben das Medikament mit dem Radiergummi-Ende des Bleistifts weiter hinunter, sobald man es der Katze ins Maul gelegt hat.

Versagt diese Methode, so greift man zu einer anderen List. Die Pille wird in ein wenig Hackfleisch eingerollt, so daß ein Kügelchen von der Größe einer Marmel entsteht. Man macht mehrere Fleischkügelchen, die kein Medikament enthalten. Zuerst verabreicht man der Katze ein paar Fleischkügelchen ohne Medikament, dann bekommt sie - happ! - das richtige Kügelchen. Dieses Verfahren wirkt fast immer, wenn die Pille klein ist. Aber wenn die Katze den Betrug ein einziges Mal merkt, läßt sich das Verfahren wahrscheinlich nie mehr anwenden.

Große Tabletten und Kapseln oder starkriechende Pillen müssen mit Gewalt verabreicht werden. Das heißt nicht, daß man einen stundenlangen Kampf mit der Katze aufführen muß, der damit endet, daß man die Waffen streckt, die feuchte Tablette immer noch in der zerkratzten Hand. Nein, man wickelt die Katze in ein großes Handtuch oder in ein Laken; am besten steckt man sie in ein altes Hosenbein. Sobald man sicher ist, daß sie ihre Krallen nicht zu gebrauchen vermag, legt man ihr die linke Hand so auf den Kopf, daß Daumen und Mittelfinger links und rechts ihre Kiefergelenke berühren. Sanft und doch fest drückt man zu, bis die Katze das Mäulchen aufmachen muß. Nun legt man die Tablette oder Kapsel rasch hinten auf die Zunge - so tief wie möglich. Man schließt das Mäulchen und hält es geschlossen, ohne die Nasenlöcher zu bedecken, bis die Katze schluckt. Sie schluckt schneller, wenn man behutsam die Kehle abwärts streichelt. Auf jeden Fall muß sie irgendeinmal schlucken. Wenn man Schwierigkeiten damit hat, der Katze eine große Kapsel zu geben, rollt man den Kapselinhalt in Butter, läßt die Pulverbutter hartfrieren und verabreicht sie wie eine Pille.

Wie man flüssige Medizin verabreicht

Das einfachste Verfahren: Man gießt die bestimmte Menge in eine Untertasse, tut so, als ob es etwas besonders Gutes wäre, stellt die Untertasse auf den Tisch und verläßt das Zimmer. Wenn man zurückkehrt, ist die Untertasse möglicherweise leer. Der Erfolg hängt vom Wesen der Katze und vom Geruch der Medizin ab. Bei manchen Katzen verfängt der Trick, bei anderen nicht. Wenn die Katze nicht mitspielt, versucht man etwas anderes: Man mißt die Medizin in eine Untertasse ab, setzt sich und gibt sich den Anschein, als ob man die Flüssigkeit zu sich nähme. Wenn die Katze neugierig herbeikommt, läßt man sie teilhaben. Mit dieser Methode hat man nicht oft Erfolg, aber manche Katzen fallen darauf herein.

Wenn all das zu nichts führt, muß man der Katze die Medizin mit Gewalt eintrichtern. Am besten nehmen zwei Menschen diese Prozedur vor. Man mißt die Dosis ab und tut ein wenig davon in einen Eßlöffel oder eine Plastik-Pipette mit Gummisauger - mehr als ein Viertel Teelöffelvoll kann die Katze aufs Mal nicht schlucken - und legt Löffel oder Pipette in erreichbarer Nähe bereit. Auf dem Tisch breitet man ein Handtuch aus und stellt die Katze darauf. Man benutzt Zeigefinger und Daumen der linken Hand, um eine Backe der Katze sanft herauszuziehen, bis im Unterkiefer zwischen Backe und Zähnen eine nicht zu kleine Tasche entsteht. Mit der Rechten nimmt man den Löffel oder die Pipette und träufelt die Medizin langsam in die Tasche. Das wird wiederholt – jeweils ein Viertel Teelöffelvoll –, bis die Katze die ganze Dosis geschluckt hat.

Man erlaube der Katze ja nicht, den Kopf wesentlich über die Horizontale zu heben, weil die Flüssigkeit sonst durch die Luftröhre in die Lunge gelangen und eine tödliche Lungenentzündung verursachen kann.

Wenn sich die Katze wehrt, wickelt man sie ein, so daß sie nicht zu kratzen vermag, oder man läßt sie von einem Helfer festhalten; doch was man auch tut, man muß sichergehen, daß die Katze nicht den Kopf zurückbeugt und sich verschluckt.

Nur auf diese Weise kann man eine Katze gefahrlos zwingen, eine Flüssigkeit einzunehmen. Spuckt sie die Medizin aus, so muß man eben nochmals von vorn anfangen. Die ganze Zeit sollte die Katze liebevoll gestreichelt werden, und man spricht ihr zu, damit sie sich nicht aufregt. Man versuche, ihren Kopf möglichst ruhig zu halten, sonst wird überall Medizin verspritzt.

Wie man flüssige Nahrung füttert

Mitunter ist es notwendig, einer kranken Katze flüssige Nahrung zu geben. Die besten Dienste leistet da die breiige Fleischnahrung für Säuglinge. Der Büchseninhalt wird nur mit warmem Wasser verdünnt, so daß sich eine Art Suppe ergibt. Man kann es mit jeder Fleischsorte versuchen, aber im allgemeinen ist es am besten, diejenige zu wählen, die die Katze vor ihrer Erkrankung bevorzugt hat, sei es Hühner-, Rind-, Kalb- oder Lammfleisch, Leber, Niere oder sonst etwas.

Meiner Erfahrung nach gelangt die Katze nach einigen Tagen der Zwangsfütterung zu dem Schluß, daß man sie unter keinen Umständen verhungern lassen will. Darum findet sie es doch besser, selbst zu fressen und so der leidigen Zwangsfütterung ein Ende zu machen. Deshalb sollte man ihr immer ein wenig unverdünnte Säuglingsnahrung in einem Schüsselchen auf den Boden stellen. Schließlich wird sie diese Nahrung selbst fressen, und allmählich kann sie dann zu ihrer normalen Diät zurückkehren. Man kann aber auch etwas frisches rohes Fleisch schaben, zu Kügelchen formen und es ihr wie eine Pille in den Rachen schieben.

Wenn die Katze mit Säuglingsnahrung in Suppenform zwangsgefüttert werden muß, kann man es mit einer Säuglingsflasche versuchen; in diesem Falle wird das Saugloch ein wenig vergrößert. Man nimmt die Katze auf den Schoß, bis sie sich einigermaßen bequem fühlt, und steckt ihr den Sauger ins Mäulchen. Wenn sie sich auf diese Weise nicht füttern lassen will, muß man zur Zwangsfütterung mit Löffel oder Pipette übergehen, wie beim Verabreichen flüssiger Medizin beschrieben.

Ungeziefer

Ungeziefer ruft bei Katzen oft eine mehr oder minder starke Allergie hervor. Manche Katzen sind sehr empfindlich, andere weniger, und einige sind sogar so unempfindlich, daß sie nicht einmal Juckreiz spüren. Oft ist es notwendig, eine zerstochene Katze mit einem Allergie-Medikament zu behandeln, selbst wenn das Ungeziefer längst vernichtet ist, um dem Juckreiz ein Ende zu machen.

Was streng verboten ist: Nie, nie darf man an der Katze oder in ihrer Nähe ein Präparat benützen, das Kreosot, Teer, Naphtalin, Phenol (Karbolsäure) oder Kreolin enthält. Alle diese Stoffe sind für die Katze tödlich.

Ebensowenig sind DDT-Präparate anwendbar, ja, man darf sie nicht einmal in der Wohnung benutzen. DDT und die übrigen modernen Ungeziefer-Vertilgungsmittel sind für Katzen schädlich. Es ist sogar gefährlich, sie auf dem Rasen oder im Garten zu benützen, wenn die Katze hier spielt; wenn sie nur über vergiftetes Gras läuft oder einen bespritzten Strauch streift und sich dann das Fell leckt, kann sie daran sterben.

Flöhe. Flöhe verderben das Fell, verbreiten Bandwürmer, übertragen Krankheiten und sind eine wahre Plage für die Katze. Erfahrene Katzenflöhe bevorzugen Katzen; aber junge Flöhe haben die

Neigung, herumzuspringen und es überall zu versuchen – auch beim Menschen, wenn er sich nicht in acht nimmt.

Die Larven gewisser Bandwürmer benutzen Flöhe als Zwischenwirt. Katzen können Hundebandwürmer durch Flöhe bekommen, die auf Hunden gelebt haben.

Ausgewachsene Flöhe leben und lieben auf einer Katze und legen hier auch ihre Eier. Die Eier fallen ab und entwickeln sich zu winzigen Maden, die sich in dunklen, staubigen Ritzen und Winkeln in etwa weizenkorngroßen Kokons verpuppen. Nach ein paar Wochen erscheinen die jungen Flöhe und lauern auf eine Katze.

Es ist möglich, eine Katze von ihren Flöhen zu befreien. Unmöglich ist es, sie von Flöhen frei zu halten, solange es staubige Ritzen und Winkel gibt. Flöhe lieben feuchte Kellerräume, Garagen und jeden Schlupfwinkel, wo Staub ungestört liegt. Spritzt man wirksame Insektenbekämpfungsmittel in die Flohritzen, so gehen auch die Larven zugrunde. Mit Seife, Wasser, kräftiger Schrubberei und entsprechenden Präparaten kann man Flöhe dem Hause fernhalten.

Es gibt vielerlei Flohpulver und Sprays, um die Flöhe auf der Katze zu töten, aber man muß das richtige wählen. Die falsche Sorte macht die Katzen krank, reizt ihre Haut oder bringt sie gar um.

Die meisten Flohpulver, die für Hunde empfohlen werden, sind für Katzen ungeeignet. Einige für Katzen bestimmte sind schädlich, wenn die Katze sie aufleckt. Also niemals ein Flohpulver kaufen, ohne die Angaben auf der Packung genau zu lesen! Sogar die gute Sorte, die man im vergangenen Sommer angewendet hat, kann durch eine Prise von diesem oder jenem «verbessert» worden sein, so daß sie nun eine andere Zusammensetzung hat – und die Katze krank macht.

Flohpulver, das man unbeschadet für Katzen verwenden kann, enthält Pyrethrum, Cabaryl, Derris, Rotenon (das Derrisharz) sowie inerte Bindemittel wie Talkpulver oder Maisstärke, *und sonst nichts.*

Wenn irgendwelche andere Bestandteile aufgeführt sind, ganz gleich, welcher Art, kaufe man das betreffende Flohpulver keinesfalls für eine Katze.

Die Wirkung des Flohpulvers hängt in beträchtlichem Maße von der richtigen Anwendung ab. Zuerst streut man eine tüchtige Menge auf den Nacken der Katze. Dann reibt man es durchs Fell hindurch bis auf die Haut, rings um den Hals, über den Kopf und hinab über Backen und Kinn. Man streut ein wenig vor jedes Ohr und reibt das Pulver ins Fell der Ohrmuschel, wobei achtzugeben ist, daß es nicht in den Gehörgang gerät. Auch in Augen und Nase darf kein Pulver kommen.

Nun wird der hintere Teil der Katze ebenso gründlich und sorgfältig eingepudert und überall auch zwischen den Zehen etwas Pulver angebracht. Dann kommen Rücken und Unterseite daran – vor allem der Bauch muß gründlich behandelt werden, weil die Flöhe sich besonders gern hier versammeln. Die letzte Pulvergabe kommt unter den Schwanz.

Wenn die Katze das Pulver nicht ableckt, ist das Werk getan. Aber manche Katzen haben keine Ruhe, bis sie das Pulver vollständig abgeleckt und sich krank gemacht haben. Die Pulverleckerin wickelt man nach dem Einreiben in ein Tuch und hält sie mindestens eine Viertelstunde lang fest, damit sich das Mittel auswirken kann. Dann bürstet man es ebenso sorgfältig heraus, wie man es eingerieben hat, und zwar bürstet man sowohl mit dem Strich als auch dagegen. Die Katze nimmt keinen ernsten Schaden, wenn sie ein geeignetes Mittel ableckt, da Derris und Rotenon, die wirksamen Bestandteile des Pulvers, für Katzen nicht giftig sind, aber es hat ja keinen Sinn, den Liebling auch nur ein bißchen krank werden zu lassen.

Einige Katzen sind gegen jedes Pulver allergisch, und bei ihnen kann man nichts anderes tun als die Flöhe mühsam einen nach dem andern auskämmen. Dabei tut ein Flohkamm nützliche Dienste. Das ist ein besonderer Kamm aus Metall, bei dem die sehr feinen Zinken eng beieinander sitzen. Beim Kämmen soll die Katze auf einer Zeitung stehen, die man hernach verbrennt.

Ein anderes nützliches Hilfsmittel ist ein Flohhalsband für Katzen. Bevor man ein solches Halsband benutzt, das ein besonderes Gas ausströmt, sollte man es nach dem Auspacken drei Stunden lang lüften. Auf diese Weise verdunstet das überflüssige Gas, ehe das Halsband der Katze angelegt wird.

Eine Katze, die in einer Wohnung lebt und nie hinauskommt, hat niemals Flöhe, es sei denn, sie hat sie von früher mitgebracht, oder sie werden eingeschleppt.

Läuse. Läuse sind widerliche kleine, gräuliche oder bräunliche Insekten, die langsam auf der Katze herumkriechen und ihr Fell verderben. Sie sind von den lebhaften Flöhen leicht zu unterscheiden. Sie kleben ihre winzigen Eier, Nissen genannt, an die Haare der Katzen. Gegen Läuse geht man gleich vor wie gegen Flöhe, nur muß man Haut und Fell alle paar Tage untersuchen. Wenn sich immer noch Läuse zeigen, wird die Behandlung wiederholt.

Zecken. Zecken sind Schmarotzer, die das Blut von Mensch und Tier saugen. Die Zecken, die an Katzen gehen, heißen Hundezecken, weil ihnen Hunde am liebsten sind; aber sie geben sich notfalls auch mit einer Katze zufrieden.

Es ist ein Irrtum, anzunehmen, daß nur diejenigen Katzen von Zecken befallen werden, die ins Freie hinauskommen und durch Gebüsch und Gras streifen. Es gibt auch eine Zeckenart, die in Häusern vorkommt, vor allem dort, wo Hunde sind.

Diese Schmarotzermilben bohren sich mit dem Kopf in die Haut ihres Opfers ein und saugen sich voll Blut, bis ihr hervorstehender Leib prall gefüllt ist. Um ihrer Perfidie die Krone aufzusetzen, tragen sie ihr eigenes Anästhetikum mit sich, so daß das Opfer von der Blutsaugerei gar nichts merkt. Erst später setzt ein Juckreiz ein.

Zecken entfernt man einzeln, doch sollte man sie nicht mit bloßen Händen berühren, da sie gewisse Krankheiten auf Menschen übertragen können. Man darf sie nicht gewaltsam herausziehen, sonst wird nur der Leib abgerissen, der Kopf bleibt zurück, und es gibt eine Entzündung. Um Zecken zu entfernen, braucht man eine Pinzette, etwas Alkohol, Äther oder Chloroform zum Betäuben der Zecken und genügend Alkohol, um den Schmarotzern nach der Entfernung den Garaus zu machen. Man träufelt einen Tropfen des Betäubungsmittels auf die Zecke, wartet eine Minute, bis sie bewußtlos ist, und zieht sie dann mit der Pinzette heraus. Man muß die Zecke immer nah am Kopf fassen, der Haut so nahe wie möglich, damit kein Teilchen zurückbleibt. Zecken sind sehr zähe Milben, und unter Umständen ist es notwendig, sie zu zerquetschen, um sie umzubringen. Gewöhnlich bereiten Zecken in einem Haushalt, wo nur Katzen und keine Hunde gehalten werden, keine sonderlichen Schwierigkeiten. Es kann jedoch vorkommen, daß man auf der Katze Tag für Tag Zecken findet, obwohl man sie laufend entfernt. In diesem Falle kann man sicher sein, daß das Haus mit Zecken verseucht ist, und dann bleibt nichts anderes übrig, als einen erfahrenen Kammerjäger zu Hilfe zu rufen.

Hautkrankheiten

Katzen können zahlreiche verschiedene Hautkrankheiten bekommen. Dem ungeübten Auge sehen einige ganz gleich aus. Deshalb wird häufig auf Rat eines wohlmeinenden Mitmenschen eine falsche Behandlung vorgenommen. Die folgenden Beschreibungen der hauptsächlichen Hautkrankheiten sollen der Unterscheidung dienen; grundsätzlich aber sollte man die Miez, wenn sich irgendein Hautleiden zeigt, zwecks richtiger Diagnose und Behandlung unbedingt zum Tierarzt bringen. Sonst kann aus einer harmlosen Störung ein langwieriges, schwieriges Leiden werden.

Akute Dermatitis

Symptome: Rote Stellen auf der Haut. Unter Umständen Juckreiz.

Ursachen: Allergie; Ungeziefer; Verletzung; Verbrennung; übermäßige Sonnenbestrahlung und anderes.

Chronische Dermatitis

Symptome: Hautverdickung, oft dunklere Tönung.

Ursachen: Wie bei akuter Dermatitis.

Nesselfieber (Urticaria)

Symptome: Schwellungen der Haut, an den Lippen und Lidern; Schwielenbildung.

Ursachen: Besondere Empfindlichkeit gegen etwas, das die Katze gefressen, eingeatmet oder berührt hat. Katzen können plötzlich eine Allergie entwickeln, die sie vorher nicht gehabt haben, selbst wenn sie mit dem betreffenden Gegenstand jahrelang in Berührung gekommen sind. Zum Beispiel kann eine zehnjährige Katze unvermittelt Nesselfieber bekommen, weil sie gekochte Leber gefressen hat, die ihr früher immer gut bekommen ist.

Haarausfall

Symptome: Die Haare fallen aus.

Ursachen: Veränderte oder ungenügende Ernährung; vorherige Krankheit; klimatische Veränderung; hormonale Störung; Infektion; Ungeziefer; Medikament; Verbrennung; chemische Präparate und Chemikalien; Geschwülste.

Schuppen

Symptome: Schuppen auf der Haut und an den Haaren.

Ursachen: Trockene Haut; klimatische Veränderung; ungenügende Ernährung; hormonale Störung; Milbenbefall.

Milbenbefall

Symptome: Hautschuppen, später Hautkrusten. Unter Umständen Juckreiz.

Ursachen: Milben.

Ohrräude

Symptome: Stark juckende, krustige Entzündung der Haut, wodurch Haarausfall entsteht. Meistens am Kopf und um die Ohren.

Ursachen: Ohrmilben, die nur mit dem Vergrößerungsglas zu erkennen sind (s. Ohrenkrankheiten S. 133).

Hormonstörungen

Symptome: Unterschiedlich je nach dem Hormon, das den Krankheitszustand hervorruft. Im allgemeinen führen hormonale Funktionsstörungen zu Haarausfall, stumpfem Fell, Schuppen und manchmal zu Hautschwärzung. Die Katze kann auch unter Juckreiz leiden.

Ursachen: Anomalie der Schilddrüse, der Nebennieren- oder Hirnanhang-Drüsen, der Hoden oder Eierstöcke.

Bakterielle Infektion

Symptome: Kleine Eiterpusteln auf der Haut.

Ursachen: Bakterien, meist Staphylokokken.

Furunkulose

Symptome: Bei dieser weitverbreiteten bakteriellen Infektion der

Haut werden die Haarfollikel sehr tief infiziert. Dabei wird oft Gewebe an Pfoten und Lippen zerstört, und es können sich Geschwüre entwickeln.

Ursachen: Virulente Bakterien.

Geschwüre

Symptome: So tiefe Zerstörung der Haut, daß sich ein Loch bildet.

Ursachen: Meistens Bakterien.

Pilze

Symptome: Verschiedene Pilze rufen auf der Haut der Katze verschiedene Schäden hervor. Bei einer Art findet man eine runde Läsion mit rötlichem Rand. Unter Umständen bemerkt man nur trokken aussehende Haut oder schuppige Flecken. Man kann auch rötliche, gelbliche oder gräuliche Hautflecken beobachten, besonders im Gesicht und zwischen den Zehen. Die Haut kann sich körnig anfühlen.

Ursachen: Verschiedene schmarotzende Hautpilze.

So gut wie alle Pilzinfektionen der Katze sind auf den Menschen übertragbar. Darum muß man auf diese Krankheitserscheinung besonders achten und die Katze sofort behandeln lassen, sowie man verdächtige Symptome bemerkt.

Räude

Räude wird durch winzige Milben hervorgerufen. Katzen sind dafür viel weniger anfällig als Hunde, aber sie können sie doch bekommen und verbreiten. Die Räude tritt in zwei Formen auf: als Sarkoptes-Räude und als Follikular-Räude. Die Sarkoptes-Räude sieht schlimmer aus, schlimmer *ist* die Follikular-Räude.

In den Frühstadien ähneln sich die beiden Formen, und beide haben Ähnlichkeit mit Flechten, Ekzemen und den durch Eingeweidewürmer verursachten Hautschäden, weshalb man das Diagnostizieren am besten von Anfang an bleiben läßt. Nur ein erfahrener Tierarzt vermag mit Hilfe des Mikroskops festzustellen, an was für einer Hautkrankheit die Katze leidet und wie sie zu heilen ist. Er schabt an einer kahlen Stelle ein wenig Haut ab, die er unter dem Mikroskop untersucht. Möglich, daß er mehrere Proben nehmen muß, bevor er sicher sein kann.

Die Räude beginnt meistens an den Augen, beim Ansatz der Ohren oder unter den Vorderbeinen nahe beim Leib. Selten fängt sie an einer Stelle an, die das Tier mit der Zunge erreichen kann, wenn es sich wäscht.

Die Sarkoptes-Räude beginnt mit Bläschen, die aufbrechen, eitern und verschorfen. Die Haare fallen aus. Der Schorf wird schuppig. Die Katze kratzt sich, und bald hat sie überall am Körper häßliche räudige Stellen.

Die Follikular-Räude ist heimtückisch. Zuerst entstehen kleine schuppige, entweder gräuliche oder einfach kahle Stellen, die nicht sehr jucken. Die Flecken verbreiten sich schnell, und bald wird die Haut grau oder rötlich und runzlig wie die eines alten Elefanten. Die Haare fallen aus. Die Katze wird abgezehrt und stumpf. Die Follikular-Räude wirkt toxisch auf die Katze und nimmt ihr die Lebenskraft. Wenn man nicht eingreift, kann das Tier daran sterben.

Behandlung und Heilung der Räude gehörten früher zu den langwierigsten und unangenehmsten Aufgaben, die ein Mensch auf sich nehmen kann. Bei der Follikular-Räude rieten die Tierärzte oft, das Tier töten zu lassen, weil die Besitzer die Behandlung einfach nicht bis zum Schluß durchhalten konnten. Heute ist sie viel einfacher, bedarf aber immer noch der Anleitung eines Arztes.

Man erwarte ja nicht, daß eine räudige Katze von jedwedem Tierspital aufgenommen wird. Wenn keine Möglichkeit der Isolierung besteht, kann eine einzige räudige Katze sämtliche Insassen des Tierspitals anstecken. Meistens muß man also die Behandlung selbst vornehmen.

Die Gefahr, daß sich der Mensch an einer Katze mit Räude ansteckt, ist gering, da wir Menschen nicht sehr behaart sind und oft baden. Wenn es doch geschieht, ist die Räude leicht zu heilen.

Geschwülste

Symptome: Mehr oder weniger harte Schwellungen auf oder unter der Haut.

Ursachen: Meistens unbekannt. Manche Tumoren sollen durch Reizungen, Viren, Hautverletzungen hervorgerufen werden.

Ohrenkrankheiten

Ohrräude. Die Milbe, die Ohrräude hervorruft, ist dem Erreger der Sarkoptes-Räude ähnlich, jedoch beschränkt sie sich auf die Ohren und die Haut ringsum. Man kann sie meistens nur mit dem Vergrößerungsglas sehen.

Eine Katze, die an Ohrräude leidet, schüttelt den Kopf, bepfotet die Ohren oder scheuert sie an Bäumen, Möbeln und allem, was sich ihr bietet. Im Gehörgang sieht man mit einem Ohrenspiegel hartes, dunkles Ohrenschmalz. Manchmal ist das ganze Ohr durch die Milben und durchs Kratzen entzündet. Noch nie habe ich von einem Menschen gehört, der sich an einer Katze mit Ohrräude angesteckt hat.

Die Behandlung muß dem Tierarzt überlassen bleiben, weil Katzenohren sehr empfindlich sind und der Laie argen Schaden anrichten kann. Möchte man die Behandlung trotzdem wagen, so riskiert man auf folgende Art am wenigsten: Man befeuchtet ein Wattestäbchen mit dickflüssigem Paraffinöl und wischt damit erst das eine, dann das andere Ohr der Katze behutsam und gründlich aus, wobei man jeder Windung folgt. Wenn die Ohren ganz sauber sind, wird ein wenig Borsäurepulver hineingestreut. Das macht man zwei- bis dreimal in der Woche, bis die Stäbchen überhaupt nicht mehr schmutzig werden. Da sie nach jeder Benutzung mit lebenden Ohrmilben behaftet sind, spült man sie am besten die Toilette hinunter.

Ohrenentzündungen ohne Schmarotzer

Symptome: Die gleichen wie bei Ohrräude.

Ursachen: Verletzung; Infektion; allgemeine Schwäche; Schmutz.

Behandlung: Die Katze muß vom Tierarzt untersucht und behandelt werden.

Eingeweidewürmer und andere innere Schmarotzer

Allgemeines. Kätzchen müssen nicht unbedingt Würmer haben. Wenn die Mutterkatze wurmfrei ist und die Jungen unter hygienischen Bedingungen gehalten werden, haben sie wahrscheinlich keine Würmer. Würmer kommen nur von Würmern, nicht aus Süßigkeiten, Schmutz, rohem Fleisch und ähnlichen Dingen. Aber Katzen können durch rohes oder zu wenig gekochtes Schweinefleisch Trichinose und durch bestimmte rohe Fische Würmer bekommen.

Würmer gehen nicht mit der Zeit von selbst ab, im Gegenteil, sie können zählebiger sein als das Kätzchen. Mit «irgendeinem Wurmmittel» ist es jedoch nicht getan, wenn die Katze Würmer hat; es gibt verschiedene Würmer, und was für die eine Art Gift ist, mag für die andere ein Leckerbissen sein. Aufs Geratewohl angewendete Wurmmittel haben bei Kätzchen schon weitaus mehr Unheil angerichtet als die Würmer selbst.

Die käuflichen Wurmmittel sind sehr verschieden. Sogar die besten, die alle Bestandteile enthalten, die der Tierarzt verschreiben würde, sollte man nur benutzen, wenn er sie selbst verordnet und den Rat gibt, die Katze damit zu Hause zu entwurmen. Er wird nämlich die Dosis der Katze anpassen, und das ist wesentlich.

Nie, nie gebe man einer jungen oder erwachsenen Katze ein Wurmmittel, das für Welpen oder Hunde bestimmt ist.

Niemals gebe man einer Katze Rizinusöl, es sei denn, der Arzt habe es verordnet. Rizinusöl ist an sich kein Mittel für Katzen; sogar eine kleine Dosis kann ihnen gefährlich werden.

Symptome. Es gibt zwar verschiedene Würmer, aber ihre Wirkung ist ungefähr gleich, weil sie der Katze die Nahrung wegnehmen und sie schwächen. Eine verwurmte Katze ist gewöhnlich mager und hat einen aufgetriebenen Bauch; ihr Fell ist glanzlos, und sie verliert viele Haare. Ihr Atem hat gewöhnlich einen besonderen, unangenehm süßlichen Geruch. Die Katze ist sowohl verdrossen als auch nervös. Sie kann den Appetit verlieren oder gefräßig werden; auf jeden Fall verhält sie sich zum Futter anders als sonst. Stark verwurmte Kätzchen können Eingeweidewürmer mit dem Kot ausscheiden oder sie erbrechen. Manche stark oder gering verseuchte Katzen zeigen keine Symptome.

Wenn das Kätzchen oder die Katze von Würmern befallen ist, läßt man das Tier am besten vom Tierarzt entwurmen. Ist man gezwungen, es selbst zu tun, weil kein Veterinär in der Nähe ist, so muß man sich ein ausschließlich für Katzen bestimmtes Wurmmittel besorgen, das genau gegen die Würmer ist, an denen die Katze leidet. Dann befolgt man gewissenhaft die Gebrauchsanweisung. Am besten ist es immer, mehrere Stunden nach Verabreichung des Wurmmittels ein Warmwasser-Klistier zu geben, auch wenn es nicht ausdrücklich auf der Gebrauchsanweisung vermerkt ist. (Was Klistiere betrifft, s. Verstopfung S. 139).

Spulwürmer

Symptome: Aufgetriebener Bauch; Husten; Schluckauf; Lungenentzündung; jämmerlicher Allgemeinzustand; Durchfall; Erbrechen; Hautausschlag. Der ausgewachsene Spulwurm ist sechs bis achtzehn Zentimeter lang und kann durch Husten, Erbrechen oder mit dem Kot ausgeschieden werden.

Zyklus: Die Wurmeier werden entweder von der Katze aufgenommen oder vom Kätzchen im Mutterleib durch den Blutkreislauf des verseuchten Muttertiers. Aus den Eiern werden in den Eingeweiden der Katze Larven, die in den Blut- oder Lymphkreislauf eindringen und in den Lungen landen. Hier entwickeln sie sich zu ausgewachsenen Würmern, die durch Husten ausgeworfen werden. Wenn die Katze sie nicht ausspuckt, sondern verschluckt, werden sie durch die Darmtätigkeit ausgeschieden. In den Eingeweiden der Katze legen sie ihre Eier, und so beginnt der ganze Zyklus erneut. Die Eier werden nämlich wie die ausgewachsenen Würmer durch die Darmtätigkeit ausgeschieden. Dann kommt vielleicht eine andere Katze daher, tritt auf die Eier, leckt sich die Pfoten, um sich zu säubern, und so wird eine weitere Katze verseucht, und der Zyklus beginnt von vorn.

Hakenwürmer

Symptome: Durchfall, oft sehr dunkler Kot; rauhes Fell; schlechter Allgemeinzustand; Husten; Blutarmut. Ein erwachsener Hakenwurm kann der Katze in vierundzwanzig Stunden 0,1 ccm Blut entziehen. Das zeigt, was für eine Menge Blut eine Katze verliert, wenn sie stark mit Hakenwürmern verseucht ist.

Zyklus: Die Katze kann Wurmeier verschlucken, oder die Larven können die Haut durchbohren, oder das Kätzchen wird im Mutterleib verseucht. Gefriertemperatur können die Larven nicht überleben.

Bandwürmer

Symptome: Bandwürmer sind sehr lang, manchmal bestehen sie aus Hunderten von Gliedern, welche die Eier enthalten. Die weißen, rosa oder bräunlichen Glieder werden durch den After ausgeschieden. Jedes Glied ist ungefähr so groß wie ein Reiskorn. Die Glieder trocknen an der Luft, schrumpfen zusammen und werden braun.

Ursachen: Im allgemeinen bekommen Katzen Bandwürmer, wenn sie Flöhe, Läuse, Nagetiere oder Fischc verschlucken, die Bandwurmfinnen enthalten.

Verhütung: Es ist wichtig, daß die Katze nicht mit Flöhen, Läusen und Nagetieren in Berührung kommt. Wenn sie verwurmt ist, sieht man unter Umständen viele Bandwurmglieder im Kot. Wesentlich ist, daß bei der Behandlung der Kopf des Bandwurms mit abgeht, sonst wächst der Schmarotzer nach.

Lungenwurmkrankheit

Symptome: Chronische Atmungsstörungen mit Husten und Röcheln. Die Lungenwurmkrankheit, die gefährlich ist, tritt glücklicherweise nicht häufig auf.

Fadenwürmer

Symptome: Bei Kätzchen unter Umständen Bronchopneumonie; Durchfall (kann blutig sein); schlechter Allgemeinzustand; Augenleiden. Ausgewachsene Katzen haben manchmal gar keine Symptome.

Zyklus: Die Larve des dünnen Fadenwurms, die mit dem Kot ausgeschieden wird, kann von einer Katze verschluckt werden, oder sie dringt durch die Haut ein.

Kokzidiose

Symptome: Meistens werden junge Katzen befallen, die dann an chronischem blutigem Durchfall leiden.

Zyklus: Der Urheber dieser Krankheit ist ein einzelliges Sporentierchen, Coccidium genannt, das nur durchs Vergrößerungsglas zu sehen ist. Im Oozytenstadium lebt dieser Schmarotzer im Boden. Wenn die Katze einen Keim verschluckt, entstehen die Sporen in ihren Eingeweiden, und die Schmarotzer heften sich an die Darmwände. Nach weiterer Entwicklung verlassen sie die Epithelzellen und werden mit dem Kot ausgeschieden. Um eine Verseuchung zu verhüten, sind Sauberkeit und Hygiene erstes Gebot.

Toxoplasmose. Auch diese Krankheit wird durch einen Einzeller hervorgerufen. Sie kommt in verschiedenen Formen meistens bei jungen Katzen vor: Bronchopneumonie, Pankreas- und Leberinfektion, Herzmuskelentzündung u.a.m. Die Augen trüben sich, und die Katze hat immerzu Fieber, was man ihr auch eingeben mag. Überdies ist Toxoplasmose möglicherweise von Katzen auf Menschen übertragbar und vor allem gefürchtet, weil sie Kinder im Mutterleib schwer schädigen kann. Darum muß eine Katze, die eines der genannten Symptome aufweist, sofort vom Tierarzt behandelt werden.

Magen-Darm-Störungen

Freiwilliges Erbrechen. Katzen erbrechen sehr leicht. Was ihrem Magen nicht paßt, das geben sie von sich. Eine Katze kann ihr Futter erbrechen, nur weil es ihr nicht richtig im Magen liegt, ohne im geringsten krank zu sein.

Eine sehr hungrige Katze erbricht manchmal Schaum und ein wenig gelbliche Flüssigkeit. Wenn man die Katze füttert, bevor sie ausgehungert ist, braucht man nicht hinter ihr aufzuputzen.

Es kann vorkommen, daß die Miez etwas Verkehrtes frißt und es nicht sofort wieder hergibt. Das kann zu Ungemach führen, und eine Behandlung ist vonnöten.

Unfreiwilliges Erbrechen. Wenn eine Katze erbricht, geschieht es jämmerlich unter Würgen und Keuchen. Verschiedene Ursachen können schuld daran sein: Haarballen, zu viel Gras oder anderes Grünzeug im Magen, Würmer, Verstopfung, Vergiftung, Enteritis oder manch andere Störung.

Möglicherweise kann man die Diagnose selbst stellen, indem man das Erbrochene untersucht. Ein Haarballen und Grashalme bedingen einen Fastentag; auf keinen Fall darf man ein Abführmittel geben.

Würmer lassen einen Besuch beim Tierarzt dringend angezeigt erscheinen.

Wiederholtes Erbrechen zwingt ebenfalls zum Arztbesuch, zumal wenn das Erbrochene blutige Streifen aufweist, braun oder grünlich gefärbt ist oder irgendwie merkwürdig riecht.

Erbrechen ist nur das äußere Anzeichen einer inneren Störung, weshalb die Diagnose dem Tierarzt überlassen bleiben sollte.

Haarballen. Katzen säubern sich, indem sie ihr Fell ablecken, und dabei verschlucken sie lose Haare. Wenn viele Haare verschluckt werden, verfilzen sie sich im Magen und bilden Haarballen (Bezoare). Vor allem langhaarige Katzen sind der Bezoarbildung unterworfen, und alle Katzen bekommen sie, wenn sie nicht regelmäßig gebürstet werden.

Katzen, die auf dem Lande leben, bürsten sich selbst, indem sie ausgehende Haare am Gebüsch abreiben oder sich im Gras wälzen. Außerdem verhindern die Gräser, die sie knabbern, daß sich die Haare im Magen verfilzen.

Stadtkatzen sind davon abhängig, daß der Mensch sie bürstet. Unterläßt man es, so muß die Katze ihr Fell allein pflegen, und das Ergebnis sind Haarballen.

Manchmal gelangen die Haarballen in den Darm, wo sie dann ein gefährliches Verdauungshindernis bilden. Andere werden als harte Klumpen oder filzartige Streifen erbrochen. Mit jedem Öl oder Fett läßt sich solch ein Haarballen entfernen. Nur Rizinusöl wirkt, wie bereits betont wurde, viel zu drastisch für den Katzendarm und darf deshalb nicht gegeben werden. Chemisch reines Paraffinöl kann angewendet werden; gut und gleichzeitig nahrhaft wirken Oliven-, Mais-, Baumwollsamen-, Erdnuß- und Sojabohnenöl. Butter ist ein gutes Vorbeugungsmittel; man kann sie aber auch anwenden, wenn die Katze das Öl nicht aufschlecken mag. In diesem Fall steckt man ihr ein Stückchen kalte Butter ins Mäulchen – wenn sie schmilzt, nimmt die Katze sie schluckweise zu sich. Margarine, Kochfett und Rindstalg tun ebenfalls gute Dienste, kurz, jedes natürliche, ungesalzene Fett oder Öl. Niemals darf man der Katze gegen Haarballen ein stärkeres Abführmittel geben.

Die Dosis variiert je nach Größe und Alter der Katze. Ein Teelöffelvoll für ein Kätzchen, zwei Teelöffelvoll für eine halbwüchsige Katze und ein Eßlöffelvoll für eine große Katze, das genügt, um Haarballen innerhalb einiger Stunden zu entfernen. Wirkt diese Dosis nicht, so gibt man sie am folgenden Tage noch einmal. Wenn die Katze viele Haarballen hat, kann die dreimalige Verabreichung notwendig werden. Reines Speisefett oder -öl ist für die Katze unschädlich.

Die meisten Katzen lecken das Öl oder Fett gern aus einer Untertasse auf, namentlich das Öl aus einer Sardinenbüchse. Man kann aber auch die Pfoten oder die Lippen damit einschmieren, um das Tier zum Ablecken zu bewegen. Wenn alles mißlingt, muß man der Katze die Dosis eben einflößen.

Sind die Haarballen glücklich entfernt, so sorge man dafür, daß sich keine neuen bilden. Zu diesem Zweck bürstet man die Katze täglich, wenn möglich zweimal am Tag, und gibt ihr jeden Tag einen viertel bis halben Teelöffel Salatöl.

Verstopfung. Verstopfung kann durch Haarballen, irgendwelche andere Verdauungshindernisse, falsche Ernährung oder - seltener - durch mangelnde körperliche Bewegung hervorgerufen werden. Kranke Katzen, die Fieber haben, leiden unter Umständen infolge der austrocknenden Wirkung des Fiebers an Verstopfung.

Oft hält man eine Katze für verstopft, obwohl sie in Wirklichkeit an einer Harnobstruktion leidet. Dann hockt sie sich hin und strengt sich an, aber es geschieht nichts. Die Diagnose entbehrt also nicht der Logik, ist aber leider, leider falsch. Was könnte nach dieser Diagnose näherliegen, als der Katze ein Abführmittel zu geben? Das ist noch schlimmer, denn eine Katze, die an Nierensteinen oder -grieß leidet, darf niemals ein Abführmittel erhalten. Diese Katze braucht ärztliche Pflege, und zwar schleunigst.

Haarballen und unzuträgliche Nahrung sind die hauptsächlichen Ursachen der Verstopfung und am leichtesten zu beheben. Eine Dosis Salatöl oder rohe Leber ändert die Sachlage, und es kommt alles in Ordnung, wenn die Ernährung entsprechend geändert wird.

Wenn die Katze hartnäckig verstopft ist, muß man ihr ein Glyzerinzäpfchen (Größe für Erwachsene) geben, das in den After gesteckt wird (die Öffnung direkt unter der Schwanzwurzel). Man sollte stets einen Vorrat an Glyzerinzäpfchen im Kühlschrank haben. Die Zäpfchen für Erwachsene sehen vielleicht sehr groß aus, sind aber leicht einzuführen, wenn man die Gebrauchsanweisung genau befolgt.

Man schmiert die Spitze des Zäpfchens mit ziemlich viel Vaseline ein. Dann hebt man mit der einen Hand den Schwanz der Katze hoch und steckt das Zäpfchen (mit der Vaselinespitze zuvorderst) so tief wie möglich in den After. Den Schwanz, der nun wieder unten ist, drückt man an der Wurzel gegen den After, damit die Katze das Zäpfchen nicht ausstoßen kann, bevor es geschmolzen ist. Das geschmolzene Glyzerinzäpfchen bewirkt den Stuhlgang.

Unter Umständen sind zwei oder drei Zäpfchen nötig, bis ein befriedigendes Ergebnis eintritt; die Zahl hängt von der Verstopfung und auch vom Eigensinn der Katze ab. Wenn selbst das nichts nützt, läßt man sich vom Tierarzt ein stärkeres Zäpfchen verschreiben.

Wenn keinerlei Zäpfchen die Verstopfung beheben, kann man es mit einem Klistier versuchen. Lauwarmem (nicht heißem) Wasser fügt man ein wenig milde Säuglingsseife bei. Mit der warmen Seifenlösung füllt man eine Ohrenspritze aus Gummi. Man vergewissere sich, daß die Spritze keine Luft enthält. Zu diesem Zweck hält man die Spritze mit der Spitze nach oben und drückt, bis ein paar Tropfen Flüssigkeit kommen; hierauf füllt man sie von neuem und wiederholt das Verfahren, bis keine Luft mehr im Ballon ist. Zum Schluß schmiert man die Spitze der Spritze ausgiebig mit Vaseline ein.

Als nächstes hält man den Schwanz der Katze mit der einen Hand hoch, führt die Spitze der Spritze in den After ein und drückt den Ballon aus, bis der ganze Inhalt ausgepreßt ist. Am besten hält man die Spritze noch eine Weile im After fest, damit die Katze das Seifenwasser nicht zu schnell von sich gibt.

Es hängt hauptsächlich von der Laune der Katze ab, ob sie sich das Klistier gefallen läßt. Man tut gut daran, sich von einer oder zwei Personen helfen zu lassen, die die Katze mit dicken Tüchern oder Decken vorn und in der Mitte festhalten.

Unter Umständen leidet die Katze nicht nur an einer einfachen Verstopfung, bei der der Kot im Mastdarm sitzt, sondern er kann auch näher beim Magen sitzen. Die Katze bemüht sich vergeblich, ihn auszustoßen, weil die flüssigen Bestandteile längst ausgeschieden worden sind, die festen aber zu einer harten Masse zusammengeballt bleiben. Es wäre sehr gefährlich, ein Abführmittel einzugeben (die Därme könnten zerrissen werden), und gewöhnliche Klistiere und Zäpfchen helfen in diesem Falle nicht. Die Katze gehört ganz einfach zum Tierarzt.

Ungefährliche Abführmittel sind Olivenöl, Paraffinöl, Butter, Margarine, Rindstalg oder Kochfett. Niemals darf man der Katze ein für Menschen bestimmtes Abführmittel verabreichen, auch wenn es «so harmlos ist, daß kleine Kinder es einnehmen können». Viele Markenartikel für Menschen enthalten zudem eine winzige Menge Strychnin, gerade genug, dem Menschen Erleichterung zu bringen, genug aber auch, um eine Katze zu töten.

Tierärzte verordnen alten Katzen, bei denen es mit der Verdauung hapert, oft Vitamin B.

Durchfall. Durchfall kann durch plötzlichen Wechsel in der Ernährung hervorgerufen werden: zum Beispiel von gekochter zu roher Leber, von gekochtem Rindfleisch zu Büchsenfleisch, von magerem zu fettem Fleisch. Unterernährte Katzen, die auf einmal vollwertiges Futter erhalten, können Durchfall bekommen, wenigstens eine Zeitlang, nur weil sie die gute Nahrung nicht gewöhnt sind.

Diese einfache Diarrhöe, die nur vom Nahrungswechsel herrührt, kann mit einem harmlosen Stopfmittel aus der Drogerie oder Apotheke behoben werden. Man gibt alle vier Stunden einen Teelöffelvoll davon.

Wenn die Diarrhöe trotz Behandlung am zweiten Tag nicht behoben ist, muß sie eine andere Ursache haben, und die Katze sollte zum Tierarzt gebracht werden.

Fremdkörper. Katzen sind zwar auf unverdauliche Dinge nicht so erpicht wie Hunde, aber sie verschlingen doch unter Umständen Nadeln, kleine Nägel, Hühnerknochen, Fischgräten und alles mögliche, darunter lange Fäden und Schnüre.

Ist der Katze ein Fremdkörper im Hals steckengeblieben, so würgt und hustet sie und bepfotet sich das Mäulchen. Dann muß man, bevor die Katze den Fremdkörper verschlucken kann oder außer sich gerät und sich verletzt, einen Mantel oder eine Decke über sie werfen, damit sie sich nicht zu wehren und nicht zu kratzen vermag. Hierauf drückt man mit Daumen und Zeigefinger auf ihre Kiefergelenke, bis sie den Mund weit öffnet, und schaut ihr in den Hals, wenn möglich mit einer Taschenlampe. Wenn ihr ein stumpfer Knochen im Rachen steckt, kann man ihn wahrscheinlich mit zwei Fingern herausziehen. Handelt es sich aber um einen scharfen Knochen oder sonst einen spitzen Gegenstand, so muß der Tierarzt möglichst rasch zugezogen werden. Man versuche ja nicht, Fischgräten, Hühnerknochen, Nadeln oder Nägel selbst herauszuholen, falls es nicht ganz klar ist, daß man es kann, ohne Schaden anzurichten. Um derartige Fremdkörper zu entfernen, muß der Tierarzt die Katze gewöhnlich betäuben.

Ist im Hals der Katze nichts zu sehen, so läßt man sie los und beobachtet sie einige Minuten. Wenn sie mit ihrem Benehmen fortfährt oder sonstwie Unbehagen zeigt, muß man sie schleunigst zum Tierarzt bringen.

Man darf die Sache aber auch dann nicht auf sich beruhen lassen, wenn die Katze nach der ergebnislosen Untersuchung des Halses ganz unbekümmert und normal erscheint. Sie kann den Fremdkörper ja verschluckt haben. Auf jeden Fall muß man sofort eingreifen, nicht erst einige Stunden später oder am nächsten Tage.

Wenn man die Katze aus irgendwelchen Gründen nicht zum Tierarzt bringen kann, versuche man es mit folgenden Maßnahmen:

Zuerst verfüttert man der Katze möglichst viel breiige, weiche Nahrung: Kartoffeln, in Fleischbrühe eingeweichtes Brot, gekochten entgräteten Fisch, Reis mit Bratensauce oder Ähnliches. Wenn sie keinen Bissen mehr zu sich nehmen will, trichtert man ihr einen halben Teelöffelvoll Salz ein, so daß sie das Genossene erbricht. Dabei kann auch der unverdauliche Fremdkörper zum Vorschein kommen. Selbst wenn man annimmt, daß nun alles in Ordnung sei, behält man die Katze noch mindestens einen Tag lang im Auge. Wenn nichts Ungewöhnliches zum Vorschein kommt, achte man genau darauf, ob

Bauchschwellung, Erbrechen oder Durchfall auftritt. Ist dies der Fall, so muß der Tierarzt die Katze röntgen.

Kätzchen verschlucken oft Fäden oder Schnüre, manchmal meterweise. Wenn keine Nadel dabei ist, wendet man dasselbe Verfahren an wie bei Haarballen (s. S. 138). Bisweilen wird von dem Kätzchen nur ein Teil des Fadens verschluckt, und der Rest hängt ihm zum Mäulchen heraus. Es ist nicht ungefährlich, den Faden herauszuziehen. Man schneidet ihn besser so kurz wie möglich ab, gibt dem Kätzchen genügend Salatöl ein, so daß der Faden gründlich eingefettet wird, und wartet auf sein Erscheinen. Wenn er selbst nach zwei- bis dreimaliger Ölgabe nicht zum Vorschein kommt, muß der Tierarzt eingreifen.

Meistens verschlucken Katzen Fremdkörper rein zufällig. Einige wenige haben einen perversen Appetit und kauen absichtlich an Decken, Badetüchern, Strohhüten und sogar die Streu in ihrem Kistchen.

Entzündung der Afterdrüsen. Bei Katzen können sich die Afterdrüsen entzünden. Sie schwellen dann an und bereiten dem Tier Unbehagen. Die Entzündung muß vom Tierarzt behandelt werden.

Rachitis

Rachitis, eine mangelhafte Verkalkung des Knochengrundgewebes, entsteht bei Kätzchen, die mit ihrer Nahrung nicht genügend Kalzium und Phosphor erhalten oder diese Stoffe nicht verarbeiten können.

Findlingskätzchen haben oft Rachitis. Die Symptome sind ziemlich leicht zu erkennen: Die Vorderbeine des Tierchens sind kurz und krumm, die Fußgelenke verdickt, und an den Verbindungen zwischen den Rippen können knorplige Knoten vorhanden sein, die sich wie kleine Perlen anfühlen. Das Fell der meist mageren, schlaffen Katze ist glanzlos. Heilend wirkt gute Nahrung, der man Kalzium, Phosphor und Vitamine beifügt. Der Tierarzt wird anordnen, wie das Tier zu pflegen ist.

Brüchige Knochen

Brüchige Knochen, vom Fachmann Osteogenesis imperfecta genannt, beruhen wahrscheinlich auf Kalkmangel. Wenn einer Katze nicht genügend Kalzium zugeführt wird, entzieht die Nebenschilddrüse allen Körperteilen Kalzium, vor allem dem Knochenmark. Infolgedessen werden die Knochen brüchig.

So zart werden die Knochen, daß sie leicht brechen. Das kommt meistens bei Kätzchen vor. Die Kätzchen lahmen, sind gleichgültig, entwickeln später Empfindlichkeit gegen Menschenhände, neigen zu Hysterie und Krämpfen. Besonders angegriffen wird das Hinterteil, so daß das Kätzchen unter Umständen nicht zu stehen vermag. Oft kommt es zu Verstopfung, weil sich das Becken verengt. Eine solche Katze sollte niemals Junge tragen, denn möglicherweise können sie nicht durchs Becken treten. Am besten läßt man ihr vom Tierarzt die einschlägigen Injektionen geben und die geeigneten Medikamente verschreiben.

Man beobachtet dieses Leiden oft bei Kätzchen, die ausschließlich mit Fleisch und Wasser ernährt werden. Man tut gut daran, die Kätzchen von Anfang an an knochenbildenden Futterzusatz zu gewöhnen.

Fettgewebsentzündung

Zu Fettgewebsentzündung (Steatitis) kam es früher häufig, gewöhnlich dadurch, daß man den Katzen konservierte Nahrung, besonders Thunfisch aus Büchsen, die sehr wenig Vitamin E und eine Menge hochungesättigte Fettsäuren enthielt, verabreichte. Diese gefährliche Verbindung führte zu Muskelschwäche, Leberschäden, Trächtigkeitsstörungen und bewirkte, daß das Fettgewebe gelb oder sogar braun wurde. Um solche Folgen zu vermeiden, muß man sich überzeugen, daß auf der Büchsennahrung, die man der Katze verfüttert, ausdrücklich vermerkt ist, sie enthalte Vitamin E. Inzwischen hat man nämlich gelernt, wie den ungesättigten Fettsäuren die richtige Menge an Vitamin E beizufügen ist, so daß sie keine Steatitis hervorrufen.

Schwellungen

Abszesse. Abszesse können durch Kratzer oder Bisse von anderen Katzen entstehen, häufiger noch durch Rattenbisse. Sie sind für Katzen sehr gefährlich, und wenn man sie nicht richtig behandelt, kommen sie unter Umständen immer wieder, bis die Katze schließlich eingeht. Der erste Abszeß entwickelt sich an der Infektionsstelle, andere können kettenartig folgen. Durch Bisse verursachte Abszesse erscheinen gewöhnlich im Gesicht und an den Schultern. Manchmal sind sie so groß wie Hühnereier.

Jede plötzliche Anschwellung ist bei der Katze als ernste Erkrankung zu betrachten, und man muß das Tier sofort zum Tierarzt bringen. Vielleicht ist ein Eingriff nötig. Abszesse sind gefährlich und äußerst schmerzhaft und bedürfen sachkundiger Behandlung.

Hier sind nun die Antibiotika ungeheuer wertvoll. Katzen, denen früher langes Leiden oder der Tod drohte, werden durch Injektionen mit Penicillin oder anderen Antibiotika und gegebenenfalls einer Operation schnell geheilt. Ist die Katze von irgendeinem Tier gebissen worden, so ist es am besten, sie auf alle Fälle vom Tierarzt untersuchen zu lassen, weil es möglich ist, daß sich unter der Haut ein Abszeß bildet, ohne daß sich eine Schwellung zeigt.

Blutbeulen. Blutbeulen, vom Fachmann Hämatome genannt, werden durch Quetschungen verursacht, bei denen die Haut unbeschädigt bleibt, darunter aber ein Blutgefäß geplatzt ist. Die meisten Blutbeulen entstehen dadurch, daß sich die Katze am Ohr kratzt, gewöhnlich einer Reizung wegen, die von Milben herrührt. Auch Katzen- oder Hundebisse können zu Blutbeulen führen, oder es bildet sich ein Hämatom, wenn der Katze der Schwanz eingeklemmt wird. Eine Blutbeule ist eine Ansammlung von Blut unter der Haut, mitunter recht groß, immer schmerzhaft. Im allgemeinen erfordert sie chirurgische Behandlung.

Infektionskrankheiten

Katzenseuche. Katzenseuche (Enteritis infectiosa), auch Sucht oder Katzenstaupe genannt, ist eine gefährliche, höchst ansteckende Viruskrankheit. Das Virus ist so stark, daß die erkrankte Katze im Zeitraum von acht Stunden eingehen kann. Darum ist es wesentlich, die Katze vom Tierarzt behandeln zu lassen, sowie man eines oder mehrere der möglichen Symptome beobachtet. Kätzchen sind die leichtesten und häufigsten Opfer. Ein mutmaßliches Symptom ist darin zu sehen, daß das Kätzchen vor dem Wassernapf hockt, einen sehr durstigen Eindruck macht, aber nicht trinkt. Dann wird es gleichgültig, spielt nicht, frißt und trinkt nicht, erbricht unter Umständen gelbes Zeug und bekommt Fieber.

So ansteckend ist die Krankheit, daß sie manchmal verheerend wirkt: In einem Gebiet, wo sie herrscht, gehen nicht nur alle Kätzchen ein, sondern auch ein hoher Prozentsatz ausgewachsener Katzen. Gewöhnlich bricht die Seuche im Frühling oder Herbst aus. Nach Vollendung ihres verheerenden Werkes verschwindet sie eine Weile und erscheint dann wieder. Katzen, die sie überlebt haben, scheinen dagegen immun zu sein, und ihre Besitzer vergessen gern die Gefahr - bis abermals eine Epidemie auftritt. Ich würde raten, sie nicht zu vergessen.

Meistens kann die Katzenseuche durch Impfung verhindert oder doch gemildert werden. Die Schutzimpfung wird mit einem Serum vorgenommen, das sich als sehr wertvoll erwiesen hat. Sie ist nicht hundertprozentig wirksam, immunisiert aber viele Katzen in solchem Maße, daß sie sämtliche Epidemien überleben, ohne auch nur zu niesen. Viele Katzen, die sich bereits angesteckt haben, können vom Tierarzt gerettet werden.

Die Katzenseuche wird übertragen durch erkrankte Katzen, durch Flöhe und jedweden Gegenstand, mit dem kranke Katzen in Berührung gekommen sind, auch durch Hände, Kleider und Schuhsohlen der Menschen. Darum können sich auch Katzen, die nie das Haus verlassen, die Seuche zuziehen, und das ist der Hauptgrund, warum man die Katze impfen lassen sollte.

Eine Katze, die an der Seuche leidet, braucht viel Kraft, um die Krankheit zu überwinden. Sie wird viel mehr Lebenswillen entfalten, wenn man sie zu Hause pflegt. Die Katze muß mehr Futter erhalten, als die Krankheit aufzuzehren vermag, das heißt, sie muß häufig mit hochkonzentrierter, leichtverdaulicher Nahrung gefüttert werden.

Die beste Nahrung ist püriertes Fleisch für Säuglinge, dem man mit warmem Wasser Suppenkonsistenz verleiht, so daß es der Katze leicht zu verfüttern ist. Auf vier Teelöffelvoll Wasser fügt man ungefähr drei Tropfen Kognak hinzu. Wenn die Katze dieses Futter erbricht, läßt man sie etwa eine halbe Stunde lang in Ruhe und füttert sie dann von neuem. Man muß bei dieser Fütterung hartnäckig sein, da sie für die Heilung der Katze wesentlich ist.

Die Katze muß auf ein einziges Zimmer beschränkt bleiben und sowohl warm als auch trocken gehalten werden. Augen, Nase und Hinterteil müssen oft gesäubert werden; das geschieht am besten mit einem Lappen oder einem Papiertaschentuch und Wattestäbchen, die man mit Oliven- oder Paraffinöl leicht befeuchtet. Das Lager muß gewechselt werden, sobald es beschmutzt worden ist, unter Umständen häufig, weil die Diarrhöe manchmal extrem ist. Die beschmutzte Unterlage sollte verbrannt werden.

Auf jeden Fall soll man nur diejenigen Mittel anwenden, die der Tierarzt verordnet; alle Hausmittel, etwa zum Augenwaschen oder Inhalieren, sind zu vermeiden.

Man muß darauf achten, daß sich die Katze nicht in einen dunklen Winkel verkriecht, weil sie dann den Lebenskampf aufgibt und stirbt. Andrerseits darf sie nicht grellem Licht ausgesetzt werden, das den Augen schadet und etwaige Kopfschmerzen verschlimmert.

Wer eine seuchenkranke Katze pflegt, muß sich von andern Katzen fernhalten. Ob das Tier die Krankheit übersteht oder nicht, die Berührung mit andern Katzen muß mindestens einen Monat lang unterbleiben. Nach Beendigung der Krankheit sollte wenigstens einen Monat lang keine neue Katze ins Haus gebracht werden, sofern sie nicht geimpft ist, und selbst dann sollte man die Sache nicht überstürzen.

Alles, was die kranke Katze berührt hat, muß verbrannt oder

sonstwie beseitigt werden, so daß andere Katzen nicht damit in Berührung kommen und sich anstecken können. Da es schließlich nicht angeht, ein ganzes Haus oder auch nur ein Zimmer zu verbrennen, muß man das Quartier der Katze mit einem starken Desinfektionsmittel reinigen und ungeimpfte Katzen mindestens einen Monat lang fernhalten. Ratsam ist ein keimtötendes Sprühmittel.

Infektiöse Anämie. Diese Krankheit wird durch einen mikroskopisch kleinen Schmarotzer verursacht, der die roten Blutkörperchen der Katze zerstört. Infolgedessen wird die Katze mißgestimmt, bekommt Fieber, verliert den Appetit, verrät Anzeichen fortgeschrittener Blutarmut (hellere Farbtönung von Zahnfleisch und Zunge), wird allmählich abgezehrt und kann Gelbsucht entwickeln (gelbliche Färbung von Haut, Gaumen usw.). Die Art der Übertragung ist nicht erwiesen, aber die meisten Fachleute glauben, daß die Anämie durch Flohstiche und Katzenbisse übertragen wird. Es scheint auch, daß Kätzchen schon im Mutterleib angesteckt werden können. Die letzten Phasen dieser Krankheit ähneln der Katzenseuche. Nur der Tierarzt vermag die Diagnose zu stellen und die richtige Behandlung anzuraten. Unter Umständen dauert die Behandlung wochenlang, und oft ist wie bei der Katzenseuche Zwangsfütterung notwendig.

Manche Katzen übertragen diese Krankheit auch dann noch, wenn sie einen vollständig geheilten Eindruck machen. Deshalb muß die geheilte Katze mindestens ein Jahr lang nach der Wiederherstellung alle zwei bis drei Monate einer Blutuntersuchung unterzogen werden. Der Besitzer einer solchen Katze sollte stets auf der Hut sein und auf Anzeichen eines Rückfalls achten, namentlich auf Blässe der Zunge, des Zahnfleisches, der Nase und der Ballen. Bis jetzt gibt es noch keinen Impfstoff gegen infektiöse Anämie.

Tollwut. Menschen, die Katzen halten, brauchen sich wegen der Tollwut nicht sehr zu sorgen. Diese Krankheit kann nicht plötzlich von selbst kommen, sondern wird nur durch Tiere über eine Haut- oder Schleimhautverletzung übertragen. Fast jeder Warmblütler – Hund, Fuchs, Wolf, Kaninchen, Eichhörnchen, Fledermaus, Rind, Pferd – ist für Tollwut empfänglich. Aber nur ein tollwütiges Tier kann eine Katze anstecken.

Es gibt eine Schutzimpfung gegen Tollwut für Katzen. Aber wenn die Katze im Hause lebt und nie mit andern Tieren in Berührung kommt, kann sie keine Tollwut bekommen, und die Impfung ist überflüssig. Wenn man mit der Katze auf Reisen geht, oder wenn sie im Freien herumstreift, ist es ratsam, sie impfen zu lassen; bei Auslandsreisen ist es meist erforderlich.

Tollwut ist nur zu identifizieren, wenn man Versuchstiere mit Hirnsubstanz des verdächtigen Tieres impft oder durch postmortale mikroskopische Untersuchung, was jedoch nicht immer zuverlässig ist. Diagnosen, die sich auf andere Symptome stützen, bieten gar keine Gewähr. Krampfanfälle dürfen nicht mit Tollwut verwechselt werden. Durch Schock, Angst, Hysterie, Leibschmerzen, Verletzungen und Würmer können bei jedem Tier viel eher Krampfanfälle hervorgerufen werden als durch Tollwut. Krämpfe sind übrigens nicht ansteckend.

Symptome der Katzentollwut: Manche Katzen gebärden sich bei Ausbruch der Krankheit noch ganz zutraulich, aber die meisten haben von Anfang an Wutausbrüche. Sie beißen und kratzen ungestüm. Es gibt aber auch eine andere Form der Tollwut: Dabei wird die Katze immer stiller und matter, versucht nicht, zu beißen oder zu kratzen, und zeigt sich überhaupt nicht reizbar.

Infektiöse Bindehautentzündung. Die infektiöse Bindehautentzündung wird durch einen virusartigen Krankheitserreger verursacht. Sie kann akut oder chronisch sein. Bei der akuten Form ist nur ein Auge infiziert. Dieses Auge ist dann lichtempfindlich; die rote und geschwollene Bindehaut sondert Eiter ab. Wenn das Auge nicht behandelt wird, verbreitet sich die Infektion gewöhnlich im Verlauf von sieben Tagen auf das andere Auge.

Bei der chronischen Form sind beide Augen in Mitleidenschaft gezogen, aber sie eitern weniger. Doch ist die Bindehaut noch stärker geschwollen und entzündet.

Bei infizierten Katzen entwickelt sich manchmal eine Art Schnupfen.

Leidet eine Mutterkatze an der Krankheit, so zeigen die Augen ihrer Jungen, wenn sie sich nach etwa zehn Tagen öffnen, oft die gleichen Symptome. Das kann auch der Fall sein, wenn die Mutterkatze allem Anschein nach geheilt ist.

Es braucht wohl nicht betont zu werden, daß diese Krankheit sofortige Behandlung erfordert. Antibiotika, lokal und innerlich angewendet, haben sich als sehr nützlich erwiesen. In manchen Fällen hat man Cortisonpräparate mit Erfolg benützt.

Bauchfellentzündung. Die genaue Ursache ist nicht bekannt, aber man glaubt, es sei ein Virus. Die hauptsächlichen Symptome sind Appetitlosigkeit, Gleichgültigkeit, Fieber und eine Bauchschwellung infolge der Bildung einer zähen, infektiösen Flüssigkeit in der Bauchhöhle. Gewöhnlich erkranken Katzen im Alter von dreieinhalb Monaten bis zu drei Jahren; sie können dann erbrechen, an Durchfall und Atemnot leiden und einen gelben Gaumen haben.

Krankheiten der Atemwege

Auf diesem Gebiet ist schon viel geforscht worden, aber noch sind längst nicht alle Fragen gelöst. Bisher hat man über zwanzig Viren isoliert, die bei Katzen Krankheiten der Atemwege hervorrufen können.

Symptome: Schnupfen, Husten, tränende Augen, Kopfschmerzen, Mißgestimmtheit, Appetitlosigkeit. Manche Krankheiten sind ernster als andere. Wenn eine Katze irgendeines dieser Symptome zeigt, sollte man sie sofort vom Tierarzt untersuchen und behandeln lassen.

Die beiden häufigsten Viren rufen Lungenentzündung und Luftröhrenkatarrh hervor. Lungenentzündung, die Katzen in jedem Alter bekommen können, ist milder und viel seltener tödlich. Bei wiederhergestellten Katzen folgt oft eine schwere Sinusinfektion, so daß sie einen chronischen Nasenausfluß haben und unter Kopfschmerzen leiden. In diesem Fall wird der Tierarzt entscheiden, ob man irgendwelche Nasentropfen anwenden soll. Häufig verliert die Katze vorübergehend den Geruchssinn; dann muß man sie wie bei der Seuche zwangsfüttern.

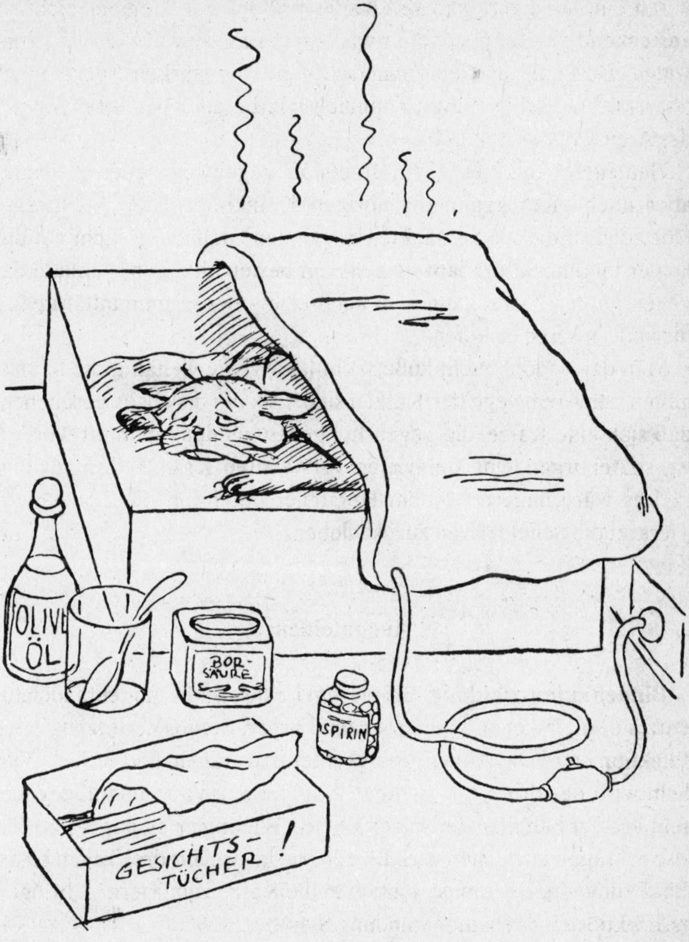

Nur eine kleine Erkältung

Ähnlich wie der Nasen-Luftröhren-Katarrh tritt die ebenfalls durch ein Virus verursachte «Katzengrippe» auf, die aber nicht so ansteckend ist. Bei Grippe entwickeln die meisten Katzen Lungenleiden, Durchfall und eine wunde Zunge, die starken Speichelfluß bewirkt. Die Behandlung ist ähnlich wie bei anderen Krankheiten der Atemwege.

Heutzutage gibt es einen Impfstoff gegen Lungenentzündung, aber noch nicht gegen die übrigen Krankheiten der Atemwege. Übrigens ist die Katze nach einer Lungenentzündung nicht auf die Dauer immun, darum läßt man sie am besten alle sechs Monate dagegen impfen. Dann kann man auch eine gewisse Immunität gegen die andern Viren erhoffen.

Man darf jedoch nicht außer acht lassen, wie vielfältig die Krankheiten der Atemwege der Katzen sind. Es kann durchaus geschehen, daß sich eine Katze, die gegen Lungenentzündung geimpft worden ist, später irgendeine der vielen verwandten Krankheiten zuzieht, und es wäre ungerecht, dem Hersteller des Impfstoffes oder dem Tierarzt die Schuld daran zuzuschieben.

Augenleiden

Bindehautentzündung. Bei diesem Leiden ist die Augenbindehaut entzündet; Ursachen können Fremdkörper, Staub, Verletzung oder Infektion sein. Die Augen sind gerötet und tränen, und in den Winkeln wird das dritte Lid sichtbar. Mit steriler Watte und abgekochtem Wasser hält man die Augen sauber. Wichtig ist es, der Katze den Pappekragen anzulegen (s. S. 120). Wenn in zwei bis drei Tagen keine Besserung eingetreten ist, muß man die Katze zum Tierarzt bringen (s. infektiöse Bindehautentzündung S. 149).

Hornhautentzündung. Hornhautentzündung entsteht durch zufällige Verletzungen (Stadtkatzen verletzen sich manchmal die Augen an Gräsern und Sträuchern, wenn sie zum erstenmal aufs Land kommen), Kampfwunden oder Infektionen, die von anderen Organen übertragen worden sind. Der Augapfel sieht dann blauweiß und wolkig getrübt aus. Das Leiden muß tierärztlich behandelt werden.

Hornhautgeschwür. Im allgemeinen ist die Ursache eine Verletzung, die sich entzündet hat. Das Geschwür kann aber auch durch eine Geschwulst oder einen Schnitt am Lid, durch ein eingeklapptes Lid oder durch eingerollte Härchen am Lid hervorgerufen werden.

Der Verdacht auf Hornhautgeschwür liegt nahe, wenn die Katze immerzu blinzelt, lichtempfindlich ist und eine Verletzung am Augapfel aufweist. Die Verletzung kann anfangs so geringfügig sein, daß man nichts Ernstes argwöhnt. Aber wenn man nicht eingreift, wird der Augapfel oft so sehr geschädigt, daß die spätere Behandlung nichts mehr nützt. Das Geschwür beginnt vielleicht als leichter Kratzer, der nur bei starkem Licht zu sehen ist. Im weiteren Verlauf geht die Läsion tiefer in den Augapfel, und schließlich bildet sich an der Stelle ein Loch. Darum ist es am besten, die Katze zum Tierarzt zu bringen, sobald sich ein Augenleiden zeigt.

Star. Der graue Star befällt am häufigsten alte Katzen. Aber auch junge Katzen können ihn bekommen, und manche Kätzchen werden damit geboren. Star fällt weniger auf als Hornhautentzündung; aber er ist viel ernster. Es ist eine Trübung der Linsen. Die Ursache ist noch nicht eindeutig geklärt. Heilung durch Medikamente scheint nicht möglich; hingegen können die undurchlässigen Linsen operativ entfernt werden. Auch das ist erst ratsam, wenn der Star reif (d.h. die Trübung vollständig) und die Katze noch ziemlich jung ist. Oft beginnt der Star erst, wenn die Katze acht bis zehn Jahre alt ist, und gewöhnlich stirbt sie an Altersschwäche oder aus einem anderen Grunde, bevor sie infolge des Stars vollständig erblindet. Deshalb soll man wegen dieses Leidens nicht in Aufregung geraten, sondern in aller Ruhe die Alternativen abwägen, ehe man etwas Radikales unternimmt.

Mund und Lippen

Zahnbeschwerden. Kätzchen haben beim Zahnen selten Beschwerden. Gutgenährte Kätzchen sollten davon überhaupt nichts merken. Bei ihnen zeigt sich auch selten der Nagetrieb, von dem zahnende Welpen besessen sind. Wenn ein anscheinend gesundes Kätzchen nicht recht gedeiht, tut man klug daran, ungefähr jede Woche seine Zähne zu untersuchen und sich zu vergewissern, daß sie sich normal entwickeln.

Ältere Katzen sind Zahnschmerzen unterworfen, weil ihre Zähne (wie leider auch unsere) schlecht werden und ausfallen. Gewöhnlich fallen zuerst die kleinen Schneidezähne aus, und zwar verschwinden sie, ohne daß es die Katze zu stören scheint. Andere Zähne können eitern und beträchtliche Störungen hervorrufen.

Man sollte die Zähne der Katze mindestens einmal im Monat untersuchen - ihr ganzes Leben lang. Wenn sie einen gelblichen oder grünlichen Belag haben, namentlich beim Zahnfleisch, läßt man die Zähne abkratzen. Meistens braucht die Katze dabei nicht betäubt zu werden, sofern man sie behutsam behandelt. Wenn der Belag bleibt, lockern sich die Zähne, und es kommt zur Entzündung des Zahnfleisches. Das tut der Katze sehr weh, auch wenn sie es nicht zeigt. Ein Eiterzahn kann mit richtiger Behandlung manchmal gerettet werden. Sonst muß man ihn ziehen lassen, um zu verhüten, daß andere Zähne angesteckt werden, wodurch die Katze, sogar in jungen Jahren, alle Zähne verlieren kann. Mit gewissenhaften Untersuchungen und richtiger Pflege ist das zu verhindern.

Wundes Zahnfleisch. Es kommt bei Katzen oft vor, daß nahe beim Zahn eine dunkelrote Linie zu sehen ist. Meistens wird das nicht weiter beachtet. Aber es ist als ein Anzeichen für mangelhafte Ernährung, Infektion (lokal oder allgemein), Vitaminmangel, Blutarmut, schlechte Zähne oder alles zusammen anzusehen. Vitaminzufuhr, Antibiotika, tägliche Zahnfleischmassage und richtige Zahnpflege schaffen Abhilfe.

Lippengeschwür. Wenn eine Lippenwunde vernachlässigt wird und nicht heilt, kommt es zu einem Geschwür, das sich immer mehr hineinfrißt, bis das Gewebe zerstört ist und Zahnfleisch und Zähne entblößt sind. Lippengeschwüre müssen vom Arzt behandelt werden. Je nach der Schwere des Falles wird er medikamentöse Behandlung, Ätzung, Röntgenstrahlen anwenden oder operieren.

Zungengeschwür. Zum sogenannten Zungengeschwür kann es durch Infektion, Vitaminmangel, schlechte Zähne oder durch dies alles gleichzeitig kommen. Das Leiden muß vom Tierarzt behandelt werden.

Zungenzyste. Wenn der Katze die Nahrungsaufnahme schwerfällt und an der Unterseite der Zunge eine weiche, blasenartige Schwellung zu sehen ist, leidet sie an einer Zyste, die im allgemeinen operativ entfernt werden muß.

Kieferschwellung. In diesem Fall ist eine ärztliche Untersuchung geboten. Die Schwellung kann von einer Zyste, einem Tumor, von Knochenmarkentzündung oder von einem Abszeß herrühren. In den meisten Fällen muß operiert werden.

Geschlechtsorgane

Brunst. In den Lehrbüchern steht zwar, daß Katzen zum erstenmal mit acht Monaten rollig werden, und daß sich die Brunst danach alle drei Monate wiederholt. In Wirklichkeit sind die Katzen ganz verschieden. Manche sind schon mit vier Monaten zum erstenmal rollig. Andere haben ungefähr jede Woche eine Periode, die vielleicht nur einen Tag dauert.

Während der Brunst «ruft» die Katze, hebt beim Niederhocken die Hinterbeine, rollt sich viel und reibt sich noch mehr als sonst an Menschen und Gegenständen. Das «Rufen» kann sehr laut und unaufhörlich ertönen, namentlich nachts, wenn vernünftige Leute schlafen wollen. Dem Besitzer bleiben dann mehrere Möglichkeiten: Er kann der Katze ein Beruhigungsmittel geben (und selbst eins nehmen); er kann die Katze sterilisieren lassen; er kann ihr vom Tierarzt Hormoninjektionen machen lassen. Im letztgenannten Falle sollte man über die Risiken solcher Spritzen Bescheid wissen.

Gebärmutterentzündung. Bei Gebärmutterentzündung sammelt sich in der Gebärmutter Eiter an, so daß sie schwillt. Die genaue Ursache läßt sich nicht immer ermitteln; zu den Faktoren gehören hormonale Anomalität, Infektion von andern Organen her und Infektion von außerhalb durch die Vagina.

Anfangs zeigen sich vielleicht kaum Symptome. Die Katze mag ein bißchen gleichgültig sein, etwas mehr Durst als sonst haben, weniger essen, erbrechen, unter Umständen ist der Bauch geschwollen. Außerdem kann sie einen gelben, braunen oder roten Ausfluß haben, und die Harnwege können in Mitleidenschaft gezogen werden. Durch richtige Behandlung können die Symptome für unbestimmte Zeit verschwinden, aber im allgemeinen ist die Gebärmutterentzündung nur endgültig zu heilen, wenn man die Katze sterilisiert.

Nieren- und Blasensteine

Bei Katzen handelt es sich fast immer um Steine, die sich in der Blase gebildet haben; einige können ihren Anfang zwar in der Niere genommen haben und sind dann in die Blase gewandert, wo sie den Urinfluß unterbinden, indem sie den Durchgang versperren. Manche sind eher käsige Pfropfen als Steine. Der Typus ist von Fall zu Fall verschieden; die einen haben Steine, die andern Grieß, und wieder andere haben käsige Pfropfen, die sich am leichtesten entfernen lassen, weil sie ja nicht hart sind.

Blasensteine befallen Katzen jeden Alters. Das unangenehme daran ist, daß es sich dabei um einen schleichenden Zustand handelt, dessen Symptome nicht bemerkt werden, bis die Katze an Urämie leidet, und dann ist es zu spät. Wird das Leiden im Frühstadium erkannt, so kann man es derartig in Schach halten, daß die Katze erst an Altersschwäche stirbt. Um es beizeiten zu erkennen, muß man über die Symptome Bescheid wissen und mit der Beobachtung schon beginnen, wenn die Katze noch verhältnismäßig jung ist.

Das erste Symptom, das man beachten muß, ist Unruhe. Weiß man nicht ganz genau, warum die Katze ruhelos ist, so tut man gut daran, sie zum Tierarzt zu bringen. Denn wenn es sich tatsächlich um Steine handelt, würde Vernachlässigung zu einem sehr ernsten Leiden führen; im Anfangsstadium ist es hingegen noch durchaus milde.

Von der Blase gelangt der Urin durch die Harnröhre nach außen. Die Harnröhre kann besonders bei Katern durch einen Stein verstopft werden, so daß das Tier nur schwer oder gar nicht zu urinieren vermag. (Bei der Katze ist die Harnröhre viel weiter als beim Kater. Folglich können Steine, die beim Kater die Harnröhre verstopfen würden, von der Katze ohne weiteres ausgeschieden werden.) Unter Umständen fällt eine Bauchschwellung auf. Dann soll man ja nicht annehmen, das Tier sei überfettet oder leide an Verstopfung. Viele Leute geben in diesem Stadium Abführmittel ein, anstatt den Tierarzt aufzusuchen, um die Diagnose stellen und die richtige Behandlung verordnen zu lassen.

Wenn man beobachtet, daß der Urin nicht in gleichmäßigem Strom fließt, sondern nur tropfenweise, während sich die Katze anstrengt, um überhaupt Wasser lösen zu können, leidet sie so gut wie sicher an Steinen; und wenn der Urin gar blutig ist, kann man ziemlich sicher sein, daß die Blase bereits verletzt ist. Unter Umständen schreit die Katze vor Schmerzen beim Urinieren, und es kann auch sein, daß sie nicht mehr stubenrein ist. Manche Katzen werden durch das Leiden sehr durstig, andere neigen zu Erbrechen.

Die eigentliche Ursache der Steine kennt man noch immer nicht. Alle möglichen Faktoren sind schon genannt worden: Futter, Wasser, Chemikalien, Angst,Wohnungswechsel, Infektion. Die neuesten Forschungen weisen auf ein Virus als Ursache hin.

Krämpfe

Schrecken, Angst, sogenannte Hysterie, Leibschmerzen, Verletzungen, Würmer, ein Knochen im Hals oder im Magen, Vergiftung, Erschöpfung, kaltes Futter und Hitze sind einige der Ursachen, die bei Katzen Krämpfe hervorrufen können.

Die Krämpfe können allmählich oder plötzlich auftreten. Ob das Tier unter Zuckungen zusammenbricht, ob es schreit oder stumm bleibt, ob es Schaum vor dem Mund hat oder nicht, Hauptsache ist, daß der Mensch nicht auch den Kopf verliert, wenn die Katze nicht mehr bei Sinnen ist.

Eine Katze, die einen solchen Anfall erleidet, kratzt und beißt vielleicht, ohne es selbst zu wissen. Sie beabsichtigt gewiß nichts Böses, und die Kratzer und Bisse sind nicht schlimmer als diejenigen, die man beim Spiel mit der Katze abbekommen kann. Katzen sind nicht giftig oder tollwütig, nur weil sie Krämpfe haben.

Als erstes muß man der Katze, die einen Krampfanfall hat, einen dicken Mantel oder eine schwere Decke überwerfen, sie darin einwickeln und abwarten, bis sie sich beruhigt hat.

Wenn man ganz sicher ist, daß Sonnenhitze die Ursache sein muß, nimmt man das Kätzchen oder die Katze sofort aus der Sonne und macht ihr kalte Kopfumschläge. Dann ruft man den Tierarzt. Vielleicht ist es sogar nötig, die Katze bis zum Hals in kühles - nicht in kaltes - Wasser zu stecken, bis sie sich beruhigt hat. Wenn man diese Maßnahme ergreift, muß man die Katze hernach gründlich abtrocknen.

Hitzschlag

Bei alten und fetten Katzen ist das Risiko eines Hitzschlags besonders groß. Gesunde Katzen suchen gewöhnlich ein kühles Plätzchen auf, wo sie sich niedertun, halten sich aus der Sonne, überanstrengen sich nicht und nehmen durch Hitze keinen Schaden. Kätzchen erleiden selten einen Hitzschlag, wenn sie nicht zu lange an der Sonne spielen.

Der Hitzschlag ist wörtlich zu nehmen: Die Katze bricht wie erschlagen zusammen und ist entweder bewußtlos oder halb bewußtlos. Es besteht keine Gefahr, daß sie einen Krampfanfall erleidet, und sie braucht nicht besonders behutsam behandelt oder eingesperrt zu werden. Hingegen benötigt sie sofort den Tierarzt. Bis die Katze beim Tierarzt ist, massiert man ihr sehr vorsichtig die Brust.

Vergiftungen

Allgemeines. Hegt man den Verdacht, daß eine Katze vergiftet sein könnte, so muß man auf alle Fälle *sofort* den Tierarzt beiziehen.

Wenn das nicht möglich ist, versuche man es zunächst mit der folgenden Ersten Hilfe.

Die Erste Hilfe richtet sich nach der Art der Vergiftung. Bei den meisten (nicht bei allen) Vergiftungen auf oralem Wege bringt man die Katze zum Erbrechen, wenn sie 1. nicht schon erbrochen hat, 2. bei Bewußtsein ist, 3. sich das Gift erst vor kurzer Zeit einverleibt hat. Zu diesem Zweck streut man ihr einen Teelöffelvoll reines Tafelsalz hinten auf die Zunge. Wenn das nichts nützt, löst man zwei Teelöffelvoll Salz in 180 g warmem Wasser auf und flößt ihr die Lösung ein (s. S. 123 f.).

Eine Mischung, die als Universalmittel gegen verschiedene Vergiftungen angewendet werden kann, besteht aus einem Eßlöffelvoll starkem Tee, einem Teelöffelvoll Magnesiamilch und zwei Teelöffelvoll pulverisiertem verbranntem Toast. Zu diesem Hilfsmittel greift man nur, wenn kein Tierarzt verfügbar ist. Im übrigen muß man stets erst versuchen, die Katze zum Erbrechen zu bringen, bevor man diese Mischung anwendet.

Nach neuesten Forschungen soll kondensierte Milch die Absorption durch Magen und Darm verhindern. Darum gibt man nach Verabreichung der Mischung etwas kondensierte Milch ein.

Häufig ist ein Beruhigungsmittel erforderlich. Man tut also gut daran, es jederzeit zur Hand zu haben. Man bittet den Tierarzt bei Gelegenheit um ein Rezept und läßt sich die Dosierung angeben.

Wenn die Haut der Katze mit Gift in Berührung gekommen ist, wäscht man die betreffende Stelle mit viel warmem Wasser und Seife. Ist das Gift eingeatmet worden, so muß man dafür sorgen, daß die Katze möglichst viel frische Luft bekommt.

Arsenvergiftung. Arsen wird in Mitteln zur Wanzen-, Mäuse- und Rattenvertilgung benutzt. Einige Medikamente für Menschen können kleine Arsenmengen enthalten. Katzen geraten daran, wenn sie arsenvergiftete Mäuse oder für die Mäuse ausgelegte vergiftete Köder verzehren.

Die Symptome der Arsenvergiftung sind: Magenkrämpfe, übermäßiger Durst, Erbrechen, blutiger Durchfall, rasches flaches Atmen, Erschöpfung und vollständiger Zusammenbruch.

Arsenvergiftung hält man manchmal irrtümlicherweise für Magen-Darm-Entzündung und umgekehrt. In jedem Falle muß man den Tierarzt so schnell wie irgend möglich rufen.

Wenn man weiß, daß die Katze zu Arsen Zugang gehabt hat, streut man ihr einen Teelöffelvoll Salz hinten auf die Zunge, um sie zum Erbrechen zu bringen. Nach dem Erbrechen gibt man ihr Luminaletten und Lactoferment ein, um die Magenschmerzen zu lindern, bis der Arzt kommt.

Wenn die Katze bewußtlos ist, unterläßt man alle Versuche, ihr etwas einzugeben; man wartet nur auf den Tierarzt und hofft das Beste.

Aspirinvergiftung. Man hüte sich, einer Katze Aspirin einzugeben. Schon kleine Dosen führen zu Mißgestimmtheit, Appetitlosigkeit, Erbrechen und manchmal zu Krämpfen. Eine ganze Tablette kann Leber und Magen schwerstens schädigen und die Zahl der roten Blutkörperchen vermindern. Man gibt also vernünftigerweise einer Katze nur dann Aspirin, wenn es vom Tierarzt verordnet worden ist.

Bleivergiftung. Katzen können sich eine Bleivergiftung zuziehen, wenn sie sich bleihaltige Farbe vom Fell lecken, aus alten Farbkübeln trinken oder in einem frisch gestrichenen Raum die Ausdünstung der Farbe einatmen.

Wenn man sicher ist, daß die Bleivergiftung nur vom Einatmen herrührt, setzt man die Katze unverzüglich der frischen Luft aus. Man muß sie scharf beobachten, und wenn sie in einer Stunde nicht wieder normal ist, oder wenn sie Farbe abgeleckt hat, bringt man sie zum Tierarzt.

Die Symptome der Bleivergiftung sind dieselben wie bei Arsenvergiftung.

Man gibt der Katze zwei Teelöffelvoll Bittersalz in etwas warmem Wasser. Man schlage ein Eiweiß in Milch und füttere sie damit.

Wenn die Katze sehr geschwächt ist, hilft ihr vielleicht ein wenig abgekühlter starker schwarzer Kaffee.

Chlordanvergiftung. Chlordan ist ein Insektizid, das für Katzen ebenso giftig ist wie für Flöhe. Wenn die Katze an einer Chlordan-

Bin ich nicht schön? (Phot. Meerkämper, Davos) ▷

vergiftung leidet, hat sie übermäßigen Speichelfluß, Durchfall und Krämpfe. Ist es unmöglich, sofort den Tierarzt beizuziehen, so muß man zunächst alles daran setzen, die Katze zu beruhigen. Dann wäscht man sie mit warmem Seifenwasser, spült gründlich und trocknet das Tier gut ab.

Gasvergiftung. Kochgas, Kohlengas und Kohlenmonoxyd sind für Katzen ebenso tödliche Gifte wie für Menschen. Man sollte eine Katze nie allein in einem Raum lassen, wo sich ein ungesicherter Gashahn befindet. Eine Katze, die um einen Gasofen oder Gasherd herumstreicht, kann ein ganzes Haus zur Explosion bringen, wenn der Haupthahn nicht geschlossen ist.

Die Katze, die an Gasvergiftung leidet, ringt nach Atem und zittert. Zahnfleisch und Augäpfel sind bläulich; die Körpertemperatur liegt unter dem normalen Wert, und die Katze kann auch Krämpfe haben.

Die Behandlung besteht darin, daß man die Katze sofort an die frische Luft bringt und künstliche Atmung anwendet. Man legt sie auf eine alte Decke oder sonst etwas Weiches, und zwar so, daß der Leib höher liegt als der Kopf. Den Kopf dreht man auf die Seite, damit das Tier atmen kann. Dann kniet man hinter die Katze, legt beide Hände auf die unteren Rippen und drückt langsam, aber fest kopfwärts. Man zählt bis acht und hört mit dem Druck auf. Man wiederholt das Verfahren und zählt abermals bis acht. Das setzt man fort, bis die Katze zu atmen beginnt. Wenn die Katze nicht im Verlauf von zwei Minuten reagiert, läßt man den Tierarzt kommen. Alle paar Minuten hält man ihr Salmiakgeist oder sonst ein Riechsalz an die Nase, bis sie das Bewußtsein wiedererlangt. Mindestens eine halbe Stunde lang soll man die Hoffnung nicht aufgeben.

An dieser Stelle möchte ich den Rat anbringen, stets einen kleinen Sauerstoffapparat im Hause zu haben. Er ist nicht kostspielig und kann sich als Lebensretter nicht nur für Katzen, sondern auch für Menschen erweisen. Jedenfalls wird er der Katze dienlich sein, wenn sie eine Gasvergiftung erlitten hat oder wegen einer Erkrankung – beispielsweise Lungenentzündung oder Herzanfall – Sauerstoff benötigt. Ein solcher Sauerstoffapparat ist ganz leicht zu handhaben.

◁ Was ist denn da unten los? (Phot. Meerkämper, Davos)

Dazu gehört eine Maske, und man braucht gewissermaßen nur auf einen Knopf zu drücken, um dem kranken Tier Sauerstoff zu verabfolgen.

Pflanzengift. Es gibt Pflanzen, die für Katzen sehr giftig sind. Dazu gehören Philodendron, Efeu, Lorbeerrose und Breitblättrige Kalmie. Symptome einer Pflanzenvergiftung sind: Gleichgültigkeit, Schwäche, übermäßiger Speichelfluß, tränende Augen, Lähmungserscheinungen. Der Schaden richtet sich nach der Menge, die das Tier von der Giftpflanze zu sich genommen hat, und nach der Stärke des Giftes in den Pflanzen. Um das Bedürfnis nach Grünfutter zu befriedigen, soll man für die Hauskatze Gras oder Hafer in einen Topf säen.

Phenolvergiftung. Gegen Phenolvergiftung sind Katzen sehr empfindlich. Viele gehen daran zugrunde, weil die meisten Menschen nicht wissen, welche Präparate Phenol (Karbolsäure) enthalten.

Phenol entsteht bei zahlreichen chemischen Prozessen, unter anderm bei der Destillation der Steinkohle. Viele Desinfektionsmittel, die im Haushalt gebraucht werden, enthalten Karbolsäure, die sogar in stark verdünnter Form für Katzen tödlich ist.

Die Symptome einer Phenolvergiftung sind ähnlich wie bei Blei- und Arsenvergiftung, nur mit dem Unterschied, daß der Atem der Katze wahrscheinlich nach Karbolsäure, Lysol oder sonst einem Phenolpräparat riechen wird. Erbrechen, Durchfall, Keuchen und Zittern sind kennzeichnend.

Man gibt der Katze so viel Magnesiamilch ein, wie sie sich einverleiben läßt; ein Eßlöffelvoll und sogar mehr kann unter den gegebenen Umständen nicht schaden. Man muß nur achtgeben, daß die Katze nicht daran erstickt. Magnesiamilch ist in diesem Fall ein echtes Gegenmittel und wirkt nicht nur abführend.

Wenn die Katze sehr schwach, aber bei Bewußtsein ist, gibt man ihr ein wenig abgekühlten starken scharzen Kaffee.

Alles übrige muß dem Arzt überlassen bleiben.

Phosphorvergiftung. Phosphor ist der tödliche Bestandteil mancher Giftarten, die gegen Kakerlaken angewendet werden. Katzen verzehren das Gift selten, aber sie können hineintreten, und wenn sie sich nachher die Pfoten ablecken, läuft es aufs gleiche hinaus.

Die Phosphorvergiftung wirkt sich langsam aus. Nach der Einverleibung können mehrere Tage vergehen, ehe die Katze ernstlich krank wird. Die Symptome sind: grünlichbraunes Erbrechen, Unruhe, Magenkrämpfe, Schwäche. Die Zunge schwillt an; Zahnfleisch und Augäpfel sind gelblich, als ob das Tier Gelbsucht hätte. Der Atem riecht gewöhnlich nach Phosphor.

Man gibt der Katze zwei Teelöffelvoll oder zwei Tabletten Magnesiamilch oder Bittersalz ein.

Niemals darf die Katze irgendein Öl oder Futter erhalten, wenn Verdacht auf Phosphorvergiftung besteht.

Man mischt einen Teelöffelvoll Mehl mit einer gleichen Menge Wasser und gibt den Brei der Katze ein, weil er vielleicht einen Teil des phosphorhaltigen Präparats absorbieren wird.

Schlangengift. Schlangenbisse gehören zu den Unfällen, die örtlich bedingt sind. Alle Menschen, die in einer von Giftschlangen besiedelten Gegend wohnen, sollten das einschlägige Serum stets zur Hand haben. Man kann ja nie wissen, wer es vielleicht brauchen wird. Man muß sich natürlich vergewissern, wieviel Serum ein Haustier benötigt, und wie dieses Quantum verabfolgt wird. Katzen haben sich um die Ausrottung der jeweils vorkommenden Giftschlangen schon sehr verdient gemacht, und wenigstens sollte der Mensch darauf vorbereitet sein, seiner Katze zu helfen, falls sie von einer Schlange gebissen wird.

Katzen werden meistens ins Gesicht oder in die Vorderbeine gebissen, wenn sie eine Schlange zu töten versuchen. Die ersten Symptome sind zwei kleine, von den Zähnen der Schlange verursachte Punkturen. Die Katze erbricht, atmet sehr mühsam und ist außerordentlich geschwächt.

Als erstes injiziert man – wenn möglich mit Hilfe einer zweiten Person, die das Tier in einer dicken Decke festhält – das einschlägige Serum nach Gebrauchsanweisung. Dann ruft man den Tierarzt. Mit einem Messer oder einer Rasierklinge schneidet man mehrmals tief in die Schwellung an der Bißstelle und drückt möglichst viel Gift aus. Man muß die Schnitte erbarmungslos anbringen, und man braucht sich vor dem Gift nicht zu fürchten, das ja nur schädlich ist, wenn es ins Blut eindringt, also durch eine Hautwunde. Sicherheitshalber zieht man sich Gummihandschuhe an.

Ist die Katze am Bein gebissen worden, so bindet man das Bein zwischen der Bißstelle und dem Herzen fest ab (s. S. 165). Wenn es sich machen läßt, hält man die Katze so, daß dauernd lauwarmes Wasser über die Wunde läuft und das Gift auswäscht.

Strychninvergiftung. Strychnin ist ein schnell wirkendes, verheerendes Gift. Sehr wenige Katzen überleben die geringste Spur dieses Giftes. Es kann vorkommen, daß Menschen ihre eigene Katze töten, indem sie ihr Abführmittel eingeben, die kleine Strychninmengen enthalten und nicht für Kleintiere gedacht sind. Auch manche Mittel zur Vertilgung von Ungeziefer enthalten Strychnin. Wenn eine Katze in ein solches Pulver tritt und sich hernach die Pfoten ableckt, kann sie sterben.

Die Symptome treten rasch auf und sind verheerend. Zuerst beginnt die Katze zu zittern und zu zucken. Sofort muß der Tierarzt gerufen werden. Wenn er nicht sogleich erreichbar ist, versucht man, die Katze zum Erbrechen zu bringen (s. Fremdkörper S. 141 ff.), und sowie sie erbrochen hat, verabreicht man ihr nochmals eine Dosis.

Wenn die Zuckungen nicht im Verlauf von zehn Minuten wesentlich nachgelassen haben, gibt man der Katze ein Beruhigungsmittel ein. Die Tablette wird zerstoßen, in Wasser aufgelöst und der Katze mit einem Teelöffel oder einer Pipette eingeflößt. Wenn die Zuckungen zunehmen und krampfhaft werden, gibt man der Katze noch mehr Beruhigungsmittel ein, um Krampfanfälle zu verhüten.

Man glaube nicht, daß alles verloren sei, wenn die Katze teilweise oder ganz gelähmt ist. Es kann sein, daß die Augen hervorquellen, daß sich die Kiefer zusammenkrampfen (deshalb müssen Erbrechen und Medizinschlucken schnell vor sich gehen), und daß sich Kopf und Schwanz auf beängstigende Weise verdrehen. All das vermag eine Katze zu überstehen. Man erschrecke auch nicht, wenn sie das Bewußtsein verliert. Am besten hält man eine Decke bereit, die man der Katze überwirft, wenn sie vor der Ankunft des Arztes in Krämpfe fällt. Notwendig ist es, die Katze warm zu halten und zu beruhigen, weil unaufhörliche Krämpfe unweigerlich zum Tod führen würden.

Thalliumvergiftung. Auch der giftige chemische Grundstoff Thallium wird zur Vertilgung von Mäusen und Ratten benutzt. Thalliumvergiftung ruft bei der Katze Hautrötung und Schorf hervor, besonders bei den Körperöffnungen; danach fallen die Haare aus. Andere Symptome sind: Durst, Durchfall, Erbrechen, Teilnahmslosigkeit, Schwäche und manchmal Krampfanfälle. Die meisten Katzen sterben zehn bis vierzehn Tage nach der Vergiftung. Da es kein wirksames Gegenmittel gibt, überläßt man die Behandlung am besten dem Tierarzt. Wenn das nicht möglich ist, nimmt man kondensierte Milch und Säuglingsnahrung zur Zwangsfütterung der Katze.

Erste Hilfe bei Verletzungen

Schnittwunden. Leichte Schnittwunden werden gut mit Wasser und Seife ausgewaschen, und man läßt sie bluten; danach werden sie von selbst heilen. Wenn sie sich aber entzünden, macht man jede Stunde einen heißen, nassen Umschlag, bis sich die Wunde öffnet, hernach mehrmals am Tage. Eine leichte Schnittwunde ist im allgemeinen bedeutungslos.

Beim mitteltiefen Schnitt schneidet man die Haare ringsherum weg und wäscht die Wunde gründlich aus. Dann bringt man die Katze zum Tierarzt.

Bei einem stark blutenden, tiefen Schnitt gibt man sich nicht mit Wasser und Seife ab, sondern legt schnell eine dicke Gazeschicht auf die Wunde, darüber einen Wattebausch und befestigt den Verband gut, damit die Blutung gelindert wird, und eilt zum Tierarzt. Wenn die Wunde am Bein oder an der Pfote ist, wird sie abgebunden, ehe man zum Tierarzt eilt. Zum Abbinden kann man jeden Lappen, auch eine Krawatte, benutzen, der um das Bein - zwischen der Wunde und dem Herzen - gewickelt und doppelt verknotet wird. Durch den Knoten steckt man einen Bleistift oder etwas Ähnliches und dreht ihn fest herum. Wenn die Abbindung längere Zeit beibehalten werden muß, lockert man den Druck alle zehn Minuten für ein paar Sekunden; blutet die Wunde immer noch, so bindet man wieder ab.

Hundebisse. Hunde richten Katzen manchmal sehr übel zu. Man behandelt die gebissene Katze auf die gleiche Weise wie ein Tier, das sich geschnitten hat. Wegen Tollwut braucht man sich nur Sorgen zu machen, wenn die Katze von einem streunenden oder gar tollwutverdächtigen Hund gebissen worden ist; in diesem Falle macht man den Tierarzt darauf aufmerksam.

Katzenbisse und -kratzer. Bisse und Kratzer sind das unvermeidliche Ergebnis der Kämpfe, die Katzen miteinander auszufechten pflegen. Leichte Kratzer bedürfen keiner Behandlung, zumal wenn die Katze sie sauberlecken kann. Ernste Verletzungen muss man auf dieselbe Weise behandeln wie Schnittwunden.

Wenn eine Katze vom Kriegspfad zurückkehrt, sollte man sie auf Wunden hin untersuchen, und jede Verletzung, die durch die Haut geht, muß gründlich mit Wasser und Seife gereinigt werden.

Die gebissene Katze behält man wenigstens eine Woche lang scharf im Auge. Es kann sich nämlich unter der Haut ein Abszeß bilden, von dem äußerlich nicht viel zu merken ist.

Rattenbisse. Rattenbisse sind gefährlich; denn die Bißwunden, die sie den Katzen zufügen, infizieren sich leicht, weil sie tief gehen. Eine solche tiefe Wunde ist oft klein, hat aber die Neigung, zuerst außen zu heilen, so daß Schmutz, Katzenhaare und andere Infektionserreger abgekapselt werden und sich ein Abszeß bilden kann. Derartige Abszesse sind gefährliche Infektionen, denen die Katze manchmal erliegt. Durch sofortiges Eingreifen läßt sich das verhindern.

Die Katze wird von der Ratte, die sich zu befreien sucht, fast immer ins Gesicht gebissen. Jeder viereckige, meißelförmige Schnitt im Gesicht, an Hals oder Schultern sollte als Rattenbiß betrachtet und dementsprechend behandelt werden.

Am besten schneidet man die Haare rings um die Wunde ab, die dann mit Wasser und Seife gründlich gereinigt wird. Danach bespült man die Wunde mit heißem Wasser. Sie darf nicht verbunden werden. Man behält die Katze drei, vier Tage im Hause und wäscht die Wunde zweimal am Tag mit heißem Wasser. Man muß sich vergewissern, daß die Wunde von innen her heilt. Wenn sich trotz der Pflege eine Schwellung bildet, wird die Miez zum Tierarzt gebracht.

Knochenbrüche. All ihrer Gewandtheit und Wendigkeit zum Trotz fallen Katzen aus dem Fenster, verfangen sich mit den Pfoten oder klemmen sich den Schwanz ein. Viele Katzen brechen deshalb den Schwanz, weil sie es unter ihrer Würde finden oder zu träge sind, schneller durch eine Tür zu gehen, als sie von achtlosen Menschen geschlossen wird.

Der gebrochene Schwanz muß geschient werden. Wenn der Schwanz nur geklemmt ist, kann man die Sache auf sich beruhen lassen; die Katze wird sich ihrer schon annehmen. Ist die Haut verletzt, so muß die Stelle wie eine Schnittwunde behandelt werden.

Andere Knochenbrüche sind ernster. Sie müssen vom Tierarzt geschient werden; darum ist es besser, wenn er sie auch diagnostiziert. Eine Katze mit gebrochenem Knochen rührt sich entweder überhaupt nicht oder hinkt jämmerlich. Hat man Grund zu dem Verdacht, daß ein Knochen gebrochen ist, so setzt man die Katze in ihren Reisekorb, wobei man sie möglichst wenig bewegt, und bringt sie zum Tierarzt.

Sturzfolgen. Es ist nicht wahr, daß Katzen immer auf ihre vier Füße fallen. Die Sturzhöhe kann so gering sein, daß dem Tier keine Zeit bleibt, sich in der Luft zu drehen, oder es kann während des Falls durch ein Hindernis beim Drehen gestört werden. Außerdem ist es möglich, daß die Katze vor dem Sturz betäubt ist und sich deshalb nicht auszurichten vermag. Schließlich kann sie aus solcher Höhe abstürzen, daß es ihr nicht viel nützt, auf allen vieren zu landen. Sie kann drei Stockwerke tief fallen und sich kaum weh tun. Sie kann von einem Stuhl hinunterfallen und sich einen oder mehrere Knochen brechen.

Abgesehen von Knochenbrüchen kann sich die Katze durch den Sturz innere Verletzungen zuziehen. Einen Knochenbruch erkennt die Katze selbst. Innere Verletzungen treten aber vielleicht erst nach Stunden zutage.

Zeigen sich nach einem Sturz keine Symptome, sollte man die Katze drei Tage lang im Hause behalten, vorzugsweise immer im selben Zimmer. In dieser Zeit läßt man sie in Ruhe und ermuntert sie nicht etwa zum Spielen. In den ersten vierundzwanzig Stunden bekommt sie nichts zu fressen. Wenn sie danach keinen Hunger hat, sollte man den Tierarzt zu Rate ziehen. Hat sie nach vierundzwanzigstündigem Fasten Hunger, so gibt man ihr nur eine kleine Futterportion aufs Mal. Während der weiteren Beobachtung setzt man die Katze auf halbe Ration.

Autounfälle. Wird eine Katze überfahren und dabei nicht auf der Stelle getötet, so ist sie in den meisten Fällen schwer verletzt, auch wenn es nicht danach aussehen mag. Vielleicht hat sie innere Verletzungen erlitten. Deshalb soll sie auf alle Fälle sofort zum Tierarzt gebracht werden.

Verbrennungen. Es mag wahr sein, daß eine Katze, die einmal auf einen heißen Herd gesprungen ist, nie mehr auf einen Herd springt; aber einmal springen viele Katzen darauf. Außerdem gibt es noch andere Möglichkeiten, sich zu verbrennen.

Niemals darf man eine Katze mit einem Mittel gegen Brandwunden behandeln, wenn man nicht genau weiß, daß es für sie ungefährlich ist. Viele Brandsalben enthalten kleine Mengen Karbolsäure (Phenol), die genügen, eine Katze zu töten.

Hat sich die Katze nur leicht verbrannt, so macht man ihr einen Umschlag mit ganz starkem Tee oder mit doppeltkohlensaurem Natron (eine Handvoll auf eine halbe Tasse warmes Wasser). Später lindert man die Schmerzen mit weißem Vaselin.

Ist die Brandwunde sehr groß, so muß das Tier zum Arzt gebracht werden. Aber zuerst bedeckt man die Wunde vollständig mit Vaselin.

Die neuen antibiotischen Salben verhüten eine Infektion der Brandwunde. Jede gute Vitamin-A- und -D-Salbe beschleunigt die Heilung.

Operative Eingriffe

Manche Menschen wissen nicht recht, ob sie ihre Katze oder ihren Kater unfruchtbar machen lassen sollen. Es ist wichtig, über die Zusammenhänge Bescheid zu wissen, so daß man entscheiden kann, was im gegebenen Fall am besten ist.

Sterilisierung der Katze. Katzen haben im allgemeinen keine regelmäßigen Brunstzeiten, obwohl oft immer noch behauptet wird, sie seien dreimal im Jahr rollig. Unserer Erfahrung nach sind über sieben Monate alte Katzen so gut wie immer empfänglich, wenn auch die äußere Schwellung der Vulva zeitweise weniger deutlich ist und die Katze nicht «ruft».

Wenn die Katze sterilisiert werden soll, läßt man den Eingriff am besten mit ungefähr vier Monaten vornehmen. Dann übersteht sie ihn gut und beginnt ein bis zwei Tage nach der Operation wieder zu fressen. Vielen Leuten ist es jedoch lieber, wenn die Katze geschlechtsreif ist, also sechs bis sieben Monate alt, bevor sie sterilisiert wird. Wenn man mit dem Eingriff noch länger wartet, mache man sich auf schlaflose Nächte und gereizte Nachbarn gefaßt, besonders wenn man in der Stadt wohnt. Die Schreie einer Katze, die ihre höchste Brunst erreicht hat, sind laut und durchdringend, namentlich bei Siamesen.

Mag sein, daß man die Katze nach der Geschlechtsreife sterilisieren lassen möchte, weil sie immerzu rollig ist. Zu diesem Zeitpunkt ist der Eingriff gefährlicher als bei der Jungkatze. Darum soll man den Tierarzt ersuchen, ihr eine Hormoninjektion zu geben, die die Hitze mindestens einen Monat lang verhindert. Dann können sich die geschwollenen Organe zurückbilden, und die Sterilisierung ist weniger gefährlich. Immerhin sollte man sich darüber klar sein, daß auch die Hormoninjektion ein gewisses Wagnis bedeutet, und daß die Katze danach unbedingt sterilisiert werden muß.

Wenn die Katze nicht unfruchtbar gemacht wird, sorge man dafür, daß sie während ihrer ersten sechs Lebensjahre mehrmals wirft. Sonst ist sie später Zitzen- und Gebärmutterleiden eher ausgesetzt.

Kastration des Katers. Dieser Eingriff war von jeher eine strittige Frage und ist es immer noch. Es hängt von den persönlichen Umständen ab, ob man ihn vornehmen lassen will.

Der Kater in der Stadtwohnung sollte im allgemeinen kastriert werden. Wenn der Kater vollkommen stubenrein ist und sich niemals «irrt», und wenn der Katzenhalter gewillt ist, das Kistchen so oft wie notwendig zu säubern, so kann die Operation unterbleiben. Die meisten Kater spritzen jedoch und verpesten die Wohnung; sie verschonen weder Möbel noch sonstige Gegenstände, so daß es fast unmöglich ist, den starken unangenehmen Geruch loszuwerden. Wenn man selbst unempfindlich dagegen ist, wird man von den Freunden und Bekannten sehr bald eines Besseren belehrt werden.

Natürlich wittert auch der Stadtkater rollige Katzen, und dann kommt es oft zu einem schönen Jaulkonzert, oder aber der Kater springt aus dem Fenster, um sich eine Frau zu holen. Das führt häufig zu Verletzungen, mitunter sogar zum Tod. Darum müssen alle Fenster stets geschlossen oder eng vergittert sein.

Anders ist es beim Landkater. Er streunt herum und genießt Landluft, Gras und Bäume. Dabei ist er allerdings ständig Gefahren ausgesetzt. Er kann von einem Auto überfahren werden, vom Baum fallen, von Kindern und Erwachsenen geplagt und von anderen Katern oder freilebenden Tieren gebissen werden. Bisse führen oft zu Abszessen, die recht gefährlich werden, wenn man sie nicht beizeiten richtig behandelt.

Alle diese Dinge muß man sorgsam überlegen, bevor man die Entscheidung trifft, ob der Kater kastriert werden soll oder nicht.

Viele kastrierte Kater werden träge und fett, aber das muß nicht unbedingt sein. Viel hängt vom Katzenhalter ab. Man muß dem Tier Futter mit geringerem Kalorienwert vorsetzen. Zweifellos hat ein kastrierter Kater einen anderen Grundumsatz als ein unkastriertes Tier - sein Körper verwertet die Nahrung besser. Jedenfalls kann man ihm weniger Kalorien verabfolgen und die Gewichtszunahme verhindern; dann kommt es nicht zu der unerwünschten Trägheit.

Es wird auch behauptet, kastrierte Kater neigten eher zu Blasensteinen und Harnobstruktion. Nach neuesten Forschungen stimmt das nicht. Demnach besteht kein Zusammenhang zwischen dem Auftreten derartiger Erkrankungen und dem Zeitpunkt der Kastration, und die Zahl der kastrierten Kater, die von Harnobstruktion befallen werden, hält derjenigen der normalen Kater die Waage. Außerdem haben andere Forschungen bewiesen, daß Kastration keineswegs zu Verengung des Harnleiters führt. Deshalb sind wir der Ansicht, daß ein Kater vor der Geschlechtsreife kastriert werden sollte.

Entfernung der Krallen. Noch vor zehn Jahren war dieses Thema tabu. Man sprach kaum darüber, von der Ausführung der Operation ganz zu schweigen. Heute weiß man, daß die Katze in den meisten Fällen nicht sehr leidet, wenn die Operation richtig ausgeführt wird. Am besten läßt man sie früh vornehmen, im Alter von ungefähr drei Monaten. In diesem Alter ist die Katze nur ein bis sieben Tage behindert. Aber man kann die Krallen in jedem Alter entfernen; sogar bei zwölfjährigen Katzen hat man die Operation mit gutem Ergebnis ausgeführt. Wenn die Pfoten verheilt sind, kann das Tier sie normal gebrauchen und klettern wie vorher. Allerdings sollte die Operation niemals an einer Katze vorgenommen werden, die auf dem Lande lebt, ins Freie kann oder sich aus irgendwelchen anderen Gründen verteidigen können muß.

Altersleiden

Gutgepflegte Katzen können sehr alt werden, manche wurden gar fünfundzwanzig Jahre. Meistens werden Katzen zwölf bis fünfzehn Jahre alt. Moderne Ernährung hält sie gesund und munter; es gibt Medikamente, die Nierenfunktion, Herztätigkeit und Blutkreislauf anregen; Vitamin-B-Zufuhr bewirkt eine gute Verdauung; Geschlechtshormone verjüngen.

Man muß die Alterssymptome nach und nach gemäß ihrem Auftreten behandeln. Es ist ratsam, die ältere Katze einmal im Jahr gründlich untersuchen zu lassen, weil der Tierarzt die Altersbeschwerden schon erkennt, bevor sie sich deutlich bemerkbar machen.

Wenn die Katze die Zähne verloren hat, wird man ihr das Fleisch schaben oder ihr Säuglingsnahrung füttern. Die Nahrungsmenge darf man nur vermindern, wenn die Katze zu fett ist. Auch dann sollte man bedenken, ob die Miez lieber glücklich sterben oder es vorziehen würde, weiterzuleben und dabei Hunger zu leiden.

Alte Katzen können vom Schlag getroffen werden, von einem endgültigen oder von mehreren leichten Schlägen, die ihnen mehr und mehr zusetzen. Bei der alten Katze kann es auch geschehen, daß sie eines Morgens nach dem Erwachen ihre Beine nicht richtig zu gebrauchen vermag, so daß sie strauchelt oder umfällt und größte Mühe hat, auf einen Stuhl zu springen. Das rührt gewöhnlich von Muskelschwund her, der altersbedingt ist.

Krankheiten, die von der Katze auf den Menschen oder vom Menschen auf die Katze übertragbar sind

Sehr wenige Katzenkrankheiten sind auf den Menschen übertragbar, aber man muß sie kennen, mag es auch nur selten zu einer Ansteckung kommen. Die Katzenräude ist theoretisch auf Menschen übertragbar, doch die Ansteckung scheint nicht oft zu erfolgen.

Grindflechte ist nach beiden Seiten ansteckend. Der Mensch kann sich an der Katze und die Katze am Menschen anstecken. Alle Pilzkrankheiten sind beiderseits ansteckend.

Es besteht eine entfernte Möglichkeit, sich durch eine Katze einen Hundebandwurm (Dipylidium caninum) zuzuziehen. Die Finne dieses Bandwurms lebt in Läusen oder Flöhen. Junge Hundeflöhe, die die feinschmeckerische Ausschließlichkeit ihrer Eltern noch nicht kennen, wenden sich manchmal Katzen zu. Wenn ein junger Hundefloh, der Bandwurmfinnen beherbergt, an Katzen geht, und wenn der Mensch zufällig diesen Floh verzehrt, kann er den Bandwurm bekommen. Ich glaube, deshalb wird sich niemand beunruhigen!

Katzenflöhe gehen manchmal an Menschen, aber Katzen schmecken ihnen besser. Die Flöhe verbergen sich in dunklen Winkeln des Hauses und springen die Menschen an, wenn ihnen keine Katze zur Verfügung steht.

Wenn eine Katze von einem tollwütigen Hund gebissen wird und wenn sie ebenfalls tollwütig wird, was nicht unbedingt zu geschehen braucht, kann der Mensch durch den Biß der Katze angesteckt werden.

Lungenentzündung, Brustfellentzündung, Tuberkulose, gewöhnliche Erkältungen, Diphtherie, Masern, Scharlach, Keuchhusten,

Mumps und andere menschliche Krankheiten kann man sich bei Katzen nicht holen.

Was zu tun ist, wenn uns eine Katze kratzt oder beißt

Katzenbisse und Kratzer sind nicht mehr und nicht weniger gefährlich als ähnliche Verletzungen, die man sich auf andere Weise zuzieht. Wenn Zähne und Krallen der Katze sauber sind, hat man eben einen Kratzer, und damit basta. Wenn sie schmutzig sind, kommt es zu einer Entzündung oder auch nicht. Manche Menschen bekommen von einem Nadelstich eine Infektion; andere werden gebissen, gekratzt, getreten und gestoßen, ohne mehr zu erleiden als einen vorübergehenden Schmerz und einen Wutanfall.

Wie man dem Kampf zwischen Katzen ein Ende macht

Einem Katzenkampf macht man am besten ein Ende, indem man die streitenden Tiere mit Wasser begießt, und zwar mit viel kaltem Wasser. Kaltes Wasser läßt es auch den Nachbarshund bereuen, daß er sich in einen Kampf eingelassen hat. Man greife ja nicht ein und stehe von dem Versuch ab, die geliebte Miez aus den Klauen des Feindes zu befreien; sonst wird man wahrscheinlich nicht nur gebissen oder gekratzt, sondern man verwirrt auch die eigene Katze und gibt dem Gegner einen Vorteil. Wer seine Katze unbedingt retten muß, der werfe einen Mantel oder eine Decke über sie, bevor er sie wegzutragen versucht.

Was man nicht tun darf

Man betätige sich ja nicht als Diagnostiker, nur weil man bei der Katze einmal eine Krankheit richtig erkannt hat. Jeder kann einmal richtig raten. Aber wenn man sich einmal irrt, hat man unter Umständen bald keine rätselhafte Katze mehr.

Spiele nicht mit den Tieren im Wartezimmer des Tierarztes
Was glaubst du, weshalb die Tiere dort sind – um sich Dauerwellen machen zu lassen?

Man glaube nicht, daß das Medikament, das für den Hund verschrieben wurde, auch die Katze heilen wird. Hunde vertragen manche Medikamente, die für Katzen tödlich sind. Auch wenn es sich um ein harmloses Mittel handelt, ist zu bedenken, daß die Dosierung für Hunde und Katzen verschieden ist.

Man gebe der Katze auf keinen Fall das Abführmittel, das bei Tante Gertrud Wunder gewirkt hat. Viele für Menschen bestimmte Abführmittel enthalten eine Spur Strychnin, und die kleinste Strychninmenge ist für Katzen tödlich.

Katzen dürfen kein Rizinusöl bekommen. Es wirkt zu drastisch und kann ihnen deshalb schaden. Es ist schon schlimm genug, eine kranke Katze zu sein, ohne auch noch Rizinusöl im Leib zu haben.

Man verwende niemals Phenol (Karbolsäure) oder eine Phenolverbindung oder irgendein Steinkohlenteer-Desinfektionsmittel in der Nähe einer Katze oder gar für die Katze selbst.

Die Katze darf nicht mit Medizinalseife gewaschen werden.

Die Katze darf nur mit Jod behandelt werden, wenn der Arzt es ausdrücklich verordnet.

Jodpräparate dürfen höchstens an Stellen angewendet werden, die das Tier nicht belecken kann. Muß es aber doch sein, so hält man die Katze fest, bis das Brennen aufgehört hat und das Jodpräparat ganz trocken ist. Es gibt außer Jod andere Antiseptika, zum Beispiel Wasserstoffsuperoxyd und das gute alte Seifenwasser.

Niemals darf man DDT, Chlordan oder ein anderes von den neueren Insektiziden für eine Katze oder in ihrer Nähe benutzen, auch nicht in den Räumen, zu denen sie Zugang haben könnte. Es sind vielleicht großartige Ungeziefervertilger, aber sie vertilgen je nach den Umständen und der Dosis auch anderes Getier. Es ist sogar gefährlich, eine Katze in ein Zimmer zu lassen, das vor Monaten mit DDT bespritzt worden ist, weil Reste an den Wänden und Gegenständen zurückbleiben – dagegen hilft nur gründliches Abschrubben –, und wenn die Katze eine mit DDT bedeckte Oberfläche streift und sich dann das Fell leckt, kann es sein, daß sie sich zum letztenmal geleckt hat.

Man hüte sich

- mit fremden kranken Katzen in Berührung zu kommen;
- andere Katzen anzurühren, wenn die eigene krank ist;
- mit den Tieren im Wartezimmer des Veterinärs zu spielen;
- den Kopf der Katze zurückzulehnen, wenn man ihr Medizin einflößt, sonst kann sie ersticken;
- die Katze aufs Geratewohl oder mit irgendwelchen alten Speiseresten zu füttern; man kann nicht erwarten, daß sie dann gesund bleibt!

Niemals darf man ein Kätzchen oder eine Katze am Nacken aufheben. Der Mensch ist keine Mutterkatze, sondern er hat grobe, große Hände. Die Mutterkatze weiß genau, wo und wie fest sie ihre Jungen packen darf; der Mensch weiß es nicht. Katzen, die über einen Monat alt sind, können durch unsachgemäßes Hochheben innere Verletzungen davontragen. Und wer dabei gekratzt wird, dem geschieht es ganz recht.

Siamkatze (Phot. Beringer & Pampaluchi, Zürich) ▷

Elftes Kapitel

Die verflixte Liebestollheit

Wenn die Archäologen eines fernen Zeitalters die Ruinen unserer Städte ausgraben, werden sie zu ihrer Überraschung feststellen, daß unsere Hinterhöfe zu zehn Prozent aus Erde und zu neunzig Prozent aus zerbrochenen Flaschen, zertrümmerten elektrischen Birnen, leeren Blechbüchsen, rostigen Sprungfedern, alten Töpfen und zerrissenen Schuhen bestehen. Als Endergebnis dieser Entdeckung wird man das zwanzigste Jahrhundert wahrscheinlich als «die Juxperiode des Maschinenzeitalters» bezeichnen, und gelehrte Abhandlungen werden geschrieben werden, in denen man beweist, daß wir Menschen des Maschinenzeitalters ein kindliches Gemüt hatten und uns bei Musikbegleitung damit vergnügten, mit allem möglichen Kram auf alte Flaschen und dergleichen zu zielen. Man wird nicht ahnen, daß wir unsere Nächte mit dem Versuch verbrachten, mit diesen Wurfgeschossen liebestolle Katzen zu vertreiben, die sich nicht darum kümmerten und weiterhin liebestoll waren. Ebensowenig wird man glauben, daß sich in dieser Ära ruhmreicher technischer Erfindungen nüchterne Geschäftsleute und unbescholtene Matronen über die Lautäußerungen liebestoller Katzen aufregten. Wie können diese zukünftigen Wissenschafter aber auch begreifen, daß die Menschen einer Zeit, die große Naturforscher hervorbrachte, die Kakophonie des Jazz dem ehrlichen Miauen vorzogen, das kleine Kätzchen zum Ergebnis hat?

Die Wahrheit ist, daß wir neidisch sind. Unser eigenes Liebesleben ist neurotisch und verkrampft; doch wir sagen uns, daß wir uns gefallen, wie wir sind, und mißbilligen die Katzen, weil ihr Geschlechtsleben normal und ungehemmt ist. Wenn der Mond voll ist, wollen die Katzen ihr natürliches Recht. In der übrigen Zeit wollen sie lieber Leber. Das ist, vom Katzenstandpunkt aus gesehen, so, wie es sein sollte. Es führt zu Kätzchen und immer mehr Kätzchen. Die Katzen werden früh geschlechtsreif und bleiben es lange. Eine mir bekannte

◁ Langhaarige Katze (Phot. Beringer & Pampaluchi, Zürich)

Katze in Ohio brachte im Laufe ihres Lebens dreihundert Sprößlinge zur Welt, und Katzen mit hundertfünfzig bis zweihundert Nachkommen sind durchaus nichts Außergewöhnliches.

Die Menschen, die ein vernünftiges Landleben führen, kümmern sich nicht um das Geschlechtsleben der Katzen. Landkatzen machen sich auf und lassen sich befruchten, werfen in einem Heuschober, und ihren Besitzern macht es Freude, Kätzchen aufzuziehen.

Stadtbewohner, die ihre Katzen hinauslassen, quälen sich ihretwegen. Stadtkatzen, die nicht hinausgelassen werden, leiden selbst Qualen, sooft sie sich zum andern Geschlecht hingezogen fühlen.

Die Kater in der Stadt und auf dem Lande machen keine Schwierigkeiten, wenn sie ihr Geschäft draußen erledigen können. Ein Kater im Hause ist so anständig und züchtig wie eine Katze ohne Geschlechtsleben - offenbar betrachtet er sein Privatleben als seine eigene Angelegenheit. Er wird erst ein Problem, wie man zu sagen pflegt, wenn er im Hause «ein Örtchen» benutzen muß. Wenn ein Kater geschlechtsreif wird, entwickelt sein Urin jenen durchdringenden Geruch, den man gewöhnlich «Katzengestank» nennt. Der Kater selbst stinkt nicht im geringsten, nur sein Urin, und der leider gründlich. Dieser Geruch läßt sich mit gar keinem Mittel vertreiben. Er setzt sich an allem fest, und nach einer Weile stinkt das ganze Haus, unsere Kleider stinken, wir selbst stinken.

Dieser Geruch ist gewissermaßen eine Ankündigung, eine Reklame, die älteste der Welt. Er sagt offener als alle Worte, von denen Reklameberater träumen mögen, daß die Mondnacht geheimnisvollen Zauber und unübertreffliche Freuden birgt, kurz, der Katzengestank ist für die Katzen das gleiche wie für uns Chanel Nummer 5.

Wenn der Kater erpicht darauf ist, ein Weibchen zu finden, verspritzt er allenthalben sein Parfüm, in der Hoffnung, ein liebesempfängliches Weibchen zu seinem Mondscheinlager zu locken. Kann er nicht hinaus, so verspritzt er es an Fenstern und Türen. Die Weibchen tun das auch; aber ihr Urin riecht nicht so stark, und man merkt nichts davon. Dafür leidet man, wenn sie rollig sind, unter ihrem nervenzermürbenden Geschrei.

Es gibt Möglichkeiten, auch einen Kater, der in einer hochgelege-

Alle Katzen sind dem Wesen nach Straßenkatzen

nen Wohnung haust, Toilette und Liebesleben draußen erledigen zu lassen. Ein mir bekannter Kater besitzt einen Korb mit Glocke und angebundenem Seil. Wenn er hinaus will, springt er in den Korb und läutet so lange mit den Pfoten die Glocke, bis seine Leute ihn samt seinem Korb an dem Seil die drei Stockwerke in den Garten hinunterlassen. Wenn er wieder ins Haus will, springt er unten in den Korb, läutet und wird hochgezogen. Ein anderer Kater löste das Katzenabort-Problem, indem er die Toilette benutzte und an der Kette zog. Die Durchschnittskatzen und -Menschen sind weniger erfindungsreich; deshalb werden die meisten Kater, die in Wohnungen hausen, kastriert.

Wie ich schon sagte, sind manche Katzen nur einmal im Jahr rollig, einige alle zwei bis drei Monate, manche alle vier Wochen. Die Katzen mit dem Vier-Wochen-Rhythmus bieten natürlich das größte Problem.

Die Possen, die eine rollige Katze treibt, sind für unsere Augen so außergewöhnlich, daß manche Leute den Tierarzt befragen und höchst verwirrt sind, wenn er sie aufklärt. Die hitzige Katze hat einen besonderen Gang, die Vorderbeine gebeugt, die Hinterbeine hochgereckt, und sie stößt herzzerreißende Schreie aus, die mit einem Jammerton enden. Manchmal frißt sie, manchmal nicht. Manchmal ist sie besonders liebevoll, manchmal beachtet sie die Menschen gar nicht. Sie miaut immerzu. Wenn sich irgendwo im Meilenrund ein Kater befindet, kommt er herbei und miaut ebenfalls. Sein Miauen ist anders; es ist das Gebrüll eines Löwen von Katzengröße. Das geht so fort drei bis vier Tage lang.

Die eine Lösung ist, daß man die Katze Junge haben läßt. Aber wohin mit den vielen Kätzchen? Die andere Lösung ist Kastration oder Sterilisation.

Der Gedanke, ein Haustier zu kastrieren, ist für den normalen Menschen widersinnig; nur mit größter Mühe ließ ich mich überzeugen, daß es für manche Katzen besser ist, wenn sie kastriert werden. Nicht für alle, nur für manche. Einige werden nach der Kastration fett, träge und langweilig. Einige scheinen unverändert. Ich kannte einen Kater, dem es überhaupt nicht klar wurde, daß er kastriert war, und der den Weibchen den Hof machte und um sie kämpfte, als ob nichts geschehen wäre. Bei manchen Katzen scheint sich die Energie, die sie fürs Liebesleben verwendet hätten, in tiefe Anhänglichkeit an die Menschen umzuwandeln, die ihnen ihre natürliche Bestimmung vorenthalten haben. Ich könnte viele kastrierte Katzen aufzählen, die kluge, lebhafte, liebevolle, reizende Gefährten sind.

Die meisten amerikanischen Tierärzte empfehlen, Katzen - ob männlich oder weiblich - kastrieren zu lassen, bevor sie sechs Monate alt sind. Das ideale Alter sei zwischen vier und fünf Monaten, je nach Größe der Katze. Der Eingriff ist ungefährlich, bei Weibchen allerdings etwas schwieriger, weil Eierstöcke und Gebärmutter entfernt werden. Sehr selten verläuft die Operation tödlich.

Die Sterilisation - das Unterbinden der Eileiter - ist ein Eingriff, der selten vorgenommen wird. Es hat nur einen Sinn, wenn die Katze ihre Freiheit hat. Sie bekommt dann keine Jungen mehr; aber im übrigen wird sie rollig wie jedes fruchtbare Tier und stellt alle üblichen Dummheiten an - ohne aber ihrem Muttertrieb frönen zu können.

Gewissenlose Menschen geben den Katzen Mittel ein, um sie zu beruhigen. Auf diese Weise bringen sie die Tiere um.

Übrigens ist es ein Vergnügen, Kätzchen zu haben. Sie tollen und spielen, sie sind entzückend und begeisternd. Das Aufziehen von Kätzchen erhält den Menschen jung, es gibt ihm die verlorene Jugend zurück und hält ihn in Atem. Ich wünschte, ich hätte einen Wurf Kätzchen im Haus, die gerade jetzt auf meiner Schreibmaschine herumturnen würden - der beste Vorwand, die Arbeit zu unterbrechen.

Zwölftes Kapitel

Schuld und Sühne

Katzen achten und befolgen Gesetze, die sie sinnvoll finden. Bürokratismus und nörgelige Einschränkungen verachten sie.

Die Katze hat ihren eigenen Willen, beschließt etwas und geht geradeswegs auf ihr Ziel zu. Erleidet sie einen Fehlschlag, so setzt sie sich hin, wartet ab, bis sich wieder eine Möglichkeit bietet, und versucht es noch einmal. Diese Aufrichtigkeit, dieser Eigensinn stößt Menschen ab, die nur glücklich sind, wenn sie anderen Geschöpfen befehlen können. Mit der ichbezüglichen Logik der Tyrannen sagen sie, Katzen seien falsch. Ausgerechnet falsch! Dabei sind Katzen die aufrichtigsten, geradesten Geschöpfe auf der Welt. Aus diesem Grund kennen sie kein Schuldgefühl, und deshalb ist Bestrafung ziemlich vergeblich.

Durch Klapse, Schläge oder gar Prügel kann man Katzen nicht von Missetaten abhalten. Sie sind dann nur beleidigt und werden störrisch. Reue und Sühneverlangen sind ihnen fremd.

Ich habe herausgefunden, daß man die Katze am besten bestraft, wenn man ihr mit einer zusammengerollten Zeitung laut, aber ohne Gewaltanwendung eins aufs Hinterteil klatscht. Nur darf diese Züchtigung nicht allzuoft angewendet werden. Wenn die Katze erst einmal merkt, daß man sie nicht töten wird, kann nur noch eine Sintflut sie davon abhalten, weiterzusündigen.

Der wichtigste Faktor bei der Bestrafung ist, daß man die Katze auf frischer Tat ertappt. Wenn man beim Betreten des Zimmers verschüttete Milch auf dem Boden findet und die Katze sie aufschleckt, dann ist es der richtige Zeitpunkt zur Bestrafung. Aber wenn die Katze nicht gerade schleckt, sondern die vergossene Milch nur betrachtet, hat die Bestrafung gar keinen erzieherischen Wert, selbst wenn die Schnurrhaare der Katze weiß von Rahm sind. Die Katze würde den Zusammenhang nicht begreifen.

Mit Schelten und Nörgeln erreicht man gar nichts. Schläge oder

Anschreien bewirken nur, daß die Katze das Haus verläßt. Katzen lassen das Sündigen bloß sein, wenn es sich für sie nicht lohnt. Es gibt keine folgsame Katze. Wenn eine Katze tut, worum sie gebeten wird, so erweist sie eine Gnade.

Mein und Dein

Die Katze hat von Mein und Dein einen anderen Begriff als wir. Sie hat einen starken Besitzertrieb und nicht viel Sinn für Eigentumsrecht. Eine Katze mit einer Maus im Maul ist der verkörperte Besitz; aber das Mauseloch ist öffentliches Gebiet. Katzen erheben Anspruch auf ihre Jagdgründe und vertreiben Eindringlinge, wenn die Jagd flau ist - sonst könnten sie sich nicht erhalten und unabhängig bleiben. Sie wenden sich gegen fremde Katzen und Hunde, die in ihren Garten oder ihr Haus kommen, weil sie in ihrem Territorium allein Herrscher sein möchten. Nicht daß Katzen Einsiedler wären, sie schätzen nur keine Konkurrenz innerhalb ihrer Jagdgründe. So hat die Katze gern ihr eigenes Lager, und wenn der Geselligkeitstrieb der Jugend überwunden ist, mag sie es nicht mehr mit ihren Geschwistern teilen. Mein Unband hat ein eigenes Schloß, den unteren Teil eines Lampentisches, wo er sitzt und nachsinnt, und von wo er Ma und Charlie regelmäßig verscheucht. Kurz gesagt, Katzen sind heute noch Raubritter, denen ihre Unabhängigkeit über alles geht, und die sich deshalb wenig um Vorschriften, dafür aber um so ausgiebiger um ihre eigenen Angelegenheiten kümmern.

Katzen holen sich ihre Nahrung, wo sie sie finden. Sie stibitzen das Futter von jedermanns Teller, und wer sie daran zu verhindern vermag, der ist tüchtig. Ich vermag es nicht. In meinem ganzen Leben habe ich nur zwei Katzen kennengelernt, die kein Futter «stahlen», und ich bezweifle, ob sie so ehrbar geblieben wären, wenn sie jemals eine Mahlzeit versäumt hätten. Ich glaube nicht, daß die Katzen diese Art der Ernährung als Diebstahl betrachten. Ein Mensch mit Engelsgeduld mag es übernehmen, eine Katze dazu zu bewegen, von dieser Lebensweise zu lassen.

Katzen und Möbel

Katzen können das Eigentum der Menschen achten lernen. Auf alle Fälle wird eine Katze, die ihr eigenes weiches Kissen hat, sich selten in unserem Sessel breitmachen.

Schwieriger ist es, die Katze davon abzuhalten, daß sie an den Sesseln herumkratzt. Katzen, die im Hause leben, müssen ihre Krallen im Hause schärfen, und vernünftigerweise ziehen sie für diesen Zweck die Polstermöbel den Türpfosten und Heizungskörpern vor. Bestrafung nützt hier nichts, weil das Krallenschärfen für die Katze notwendig ist, was sie recht gut weiß. Die einzige Lösung des Problems ist, der Katze zum Krallenschärfen einen geeigneten Gegenstand zu geben, zum Beispiel ein fest stehendes Holzbrett mit Rinde, ein ausrangiertes Möbelstück oder einen Kratzpfosten für Katzen aus der Zoohandlung. Eine Freundin von mir, die alle diese Dinge für Katzen nicht reizvoll genug fand, polsterte ein dickes Stück Holz passend zu ihrem Sofa im Wohnzimmer, und ihre Katzen waren begeistert. Wenn alles nichts nützt, kann man es ja mit dem Präparat versuchen, das angeblich die Katzen von den Möbeln fernhält und manchmal tatsächlich wirkt.

Katzen, die ins Freie können, verhalten sich den Möbeln gegenüber meistens neutral, weil sie lebendige Baumstämme vorziehen. Ein paar Klatscher mit der zusammengerollten Zeitung sollten jede Katze, die ins Freie kann, von der Maniküre mittels Polstermöbeln abhalten.

Es hat keinen Sinn, der Katze die Krallen zu schneiden, außer wenn sie mit einem Hund Bekanntschaft schließen soll. Katzen mit geschnittenen Krallen hören deshalb nicht auf, an den Möbeln zu kratzen, im Gegenteil, sie kratzen noch heftiger, um die Stümpfe wieder zu schärfen. Ohne Krallen kann eine Katze fallen, wohingegen sie sonst nur gerutscht wäre und sich festgehalten hätte.

Katzen und Katzenhasser

Wenn in Katzen der Geltungstrieb erwacht, sind sie schwer zu behandeln. Sie erregen gar kein Ärgernis, bis Besuch kommt, und dann benehmen sie sich, ungezogenen Kindern gleich, so schlecht, wie es ihnen nur möglich ist. Die Katze findet nämlich schnell heraus, daß Vergehen nicht gesühnt werden, wenn Gäste da sind. Ist ein Katzenhasser unter den Gästen – um so besser. Oft dünkt es mich, daß Ma, Unband und Charlie nachts wach liegen und sich ausdenken, wie sie Katzenhasser in ihrer Abneigung bestärken könnten. Sooft ein Katzenhasser uns besucht, springen sie auf die Tische, stibitzen Nahrungsmittel, streichen mir um die Beine und bringen mich zu Fall, miauen, winseln und fauchen einander an. Das schlimmste ist, daß sie dem Katzenhasser heftig den Hof machen. Die meisten Katzenhasser, die ich kenne, sind harmlose Leute; sie wollen von den Katzen nur in Ruhe gelassen werden. Statt dessen werden sie verfolgt, geküßt, mit den Pfoten gestreichelt, mit Katzenhaaren bedeckt und gekratzt, daß sie Fallmaschen in die Strümpfe bekommen. Dagegen gibt es meines Wissens nur ein Mittel: Man muß die Katzen aussperren.

Manche Katzen belästigen die Katzenhasser, indem sie sie stundenlang anstarren, unentwegt und geflissentlich, als ob der Katzenhasser ein Mauseloch wäre, und der Ärmste wird vor Grauen wie gelähmt. Andere Katzen schleichen hinter den Katzenhassern her und pirschen sich an. Sooft ich das beobachte, fällt mir der Glaube der Orientalen ein, daß Menschen, die Katzen nicht mögen, in einem früheren Leben Ratten waren.

Ein Kater, den ich kenne, spielt mit den Anschlußschnüren elektrischer Geräte, wenn Gäste da sind, obwohl er längst weiß, daß er das nicht darf und es auch sonst nicht tut. Eine andere Katze zerrt Bücher von den Borden. Unband pflegte dauernd hereinzukommen und hinauszugehen, sooft ihm jemand die Türe aufmachte, bis ich befahl, ihn draußen zu lassen. Danach stellte er andere Dinge an, die alle auf dem einfachen Grundsatz beruhten, daß es besser sei, einen Klaps zu bekommen, als nicht beachtet zu werden.

Die Orientalen glauben, daß Menschen, die Katzen nicht lieben, in einem früheren Leben Ratten waren

Das Spiel mit der Maus

Von unserem Standpunkt aus besteht das schlimmste Verbrechen der Katzen darin, daß sie die von ihnen gefangenen Geschöpfe quälen. Vom Katzenstandpunkt aus ist das Spiel mit der Maus ein normales Verhalten, so normal wie der Stierkampf für den Spanier. Die Kätzchen in der Wiege lernen das Jagen, indem sie die Mäuse fangen, die von der Mutter heimgebracht und leicht verkrüppelt werden, damit sie für die Kätzchen ein Spielzeug abgeben. Wir können kaum erwarten, daß Katzen, die uns mit der Vertilgung schädlicher Nager einen großen Dienst erweisen, ihr eigenes Tötungsverfahren verkehrt finden. Bestraft man eine Katze, weil sie mit Mäusen spielt, so hört sie unter Umständen auf, Mäuse zu fangen, und das ist nicht der Zweck der Übung. Wenn eine meiner Katzen eine Maus oder Ratte herbeibringt, schlage ich dem gefangenen Tier mit dem Hammer auf den Kopf, schaudere, werfe es in den Abfallkübel und lobe die Katze. Um sicherzugehen, daß sie mich versteht, gebe ich ihr etwas zu fressen, das sie besonders gern hat. Auf diese Weise lernen meine Katzen ihre Beute anständig und schnell töten.

Die Katzen und unsere gefiederten Freunde

Auf der ganzen Welt wissen die Katzen der Bauern, daß die Hühner nicht für sie bestimmt sind. Die dümmste Hauskatze kann den Kanarienvogel achten lernen. Katzen begreifen sogar den Unterschied zwischen wilden und zahmen Vögeln derselben Gattung; ich kannte eine Katze, die sich an den Staren in der Scheune gütlich tat und aus einer Schüssel mit dem Star fraß, der im Hause lebte. Die Katze kann lernen, daß sie im Hause keinen Vogel fangen darf, daß sie auf dem Hühnerhof nicht jagen darf, oder daß sie überhaupt keine Vögel fangen darf. Ich halte es jedoch nicht für möglich, ihr beizubringen, daß Spatzen und Amseln gefressen werden dürfen, Rotkehlchen und Zaunkönige hingegen tabu sind. Eine solche Regelung würde der Katze sinnlos erscheinen. Sie ist nicht imstande, zwischen guten und schlechten, nützlichen und schädlichen Vögeln zu unterscheiden. Aber sie kann lernen, daß der Vogelfang an einem bestimmten Ort oder im allgemeinen mehr Ungemach heraufbeschwört, als er wert ist, so daß sie die Vögel aus diesem Grunde in Ruhe läßt.

Katzen, die mit Hühnern zusammen aufwachsen, betrachten das Federvieh nicht als Beute, und jedes irrende Kätzchen, das von Kükenbraten zu träumen beginnt, bekommt auf der Stelle von der Glucke eine gesunde Tracht Prügel.

Katzen, die im Hause zusammen mit Vögeln aufwachsen, brauchen unter Umständen eine oder zwei Lehren. Bestimmt aber muß die Katze belehrt werden, wenn die Vögel plötzlich ins Haus kommen.

Die Lehre ist einfach: Man beschafft sich eine Wasserpistole oder eine Knallbüchse und getrocknete Bohnen. Mit einer Wasserpistole oder einer Bohnenbüchse kann man der Katze kein Leid antun. Man gibt sich den Anschein, als ob man keine Waffe hätte und nicht wüßte, daß ein Kanarienvogel vorhanden ist. Dabei beobachtet man die Katze scharf. Man wartet, bis die Katze den Vogel wahrnimmt und sich zum Sprunge duckt. Dann läßt man das Wasser oder die Bohnen auf sie los. Zornige Vorwürfe sind zu unterlassen; man kann eine Katze nicht überzeugen, daß es ein moralisches Vergehen sei, einen Vogel fressen zu wollen. Man schelte sie also nicht und verscheuche sie nicht. Die Katze soll nämlich glauben, daß der Vogel ihr eins auf den Pelz gebrannt hat. Wenn die Katze merkt, daß der Mensch es getan hat, wartet sie nur, bis er das Zimmer verlassen hat, und geht dann auf den Vogel los. Nachdem man die Katze einmal aufgehalten hat, gibt man sich weiterhin den Anschein, als ob man unbewaffnet und teilnahmslos wäre; aber man beobachtet sie weiter. Wenn die Katze wieder Interesse an dem Vogel zeigt, wiederholt man die Prozedur. Man greife jedoch erst ein, wenn man sicher ist, daß die Katze zum Sprung ansetzt.

Um die Katze vom Allgemeininteresse an Vögeln zu heilen, verlegt man das Verfahren ins Freie. Dazu braucht man aber viel Zeit und Geduld; denn draußen ist der Raum weit, und es gibt hier viele Vögel. Zwei bis drei Duschen entmutigen fast jede Katze.

Katzen fangen viel weniger Vögel, als man gewöhnlich annimmt. Ein gesunder Vogel läßt sich nicht so leicht überwältigen. Katzen können ja auch nicht fliegen, und sie sind keine besonders hervorragenden Kletterer. Ein einziges Eichhörnchen vernichtet im Jahr mehr Vogeleier und junge Vögel als zwei Dutzend Katzen. Die Vögel, die von Katzen gefangen werden, sind meistens krank oder durch Unwetter aus dem Nest gefallen. Nach einem schweren Schneefall grub ich in einem Umkreis von weniger als tausend Quadratmeter über siebzig Vögel aus dem Schnee. Durch die Körperwärme der Vögel war der Schnee geschmolzen, so daß sie in kleinen tiefen Löchern versunken waren, aus denen sie sich nicht hinausarbeiten konnten; infolgedessen wären sie für jede vorbeikommende Katze, für Hunde, Nerze, Wiesel oder andere Vogelfresser eine leichte Beute gewesen. Auch starker Regen wirft viele Vögel zu Boden. Starke Kälte lähmt sie, so daß sie herunterfallen. Zugvögel stürzen vor Erschöpfung ab. Kranke Vögel suchen den Boden auf, um zu sterben. Das sind die Vögel, die von Katzen gefressen werden.

Eine Katze, die von der Jagd lebt, fängt, was sie am leichtesten erwischt, und von allen Geschöpfen, die Katzen als Nahrung schätzen, sind Vögel am schwersten zu fangen. Ma, die früher eine streunende Katze war, hat nie Raubtier-Interesse an Vögeln gezeigt, wohingegen Unband, der die Wälder verließ, bevor er die Augen öffnete, belehrt werden mußte, daß Vögel verboten sind, und sein Bruder Ben, dem das nicht beigebracht worden ist, fängt Vögel, wenn er kann.

Wenn die Katze einen Vogel fängt, soll man sich nicht allzusehr aufregen. Wir essen doch auch Federvieh, nicht wahr? Man bedenke einmal, daß der Mensch, der von Gemüse leben könnte, was Katzen nicht können, Vögel züchtet und sorgsam aufzieht, damit sie ihm als Nahrung dienen! Ich finde es nicht gerade sportlich, wenn ein Mann mit Hund und Flinte einen im Schutzgebiet aufgewachsenen Fasan anpirscht. Durch die gesetzlich geregelte Jagd, heißt es, soll der Pioniergeist wachgehalten und das Interesse an der Bewahrung der Naturschönheiten gefördert werden. Sie gibt auch den Munitionsfabriken zwischen den Kriegen zu tun.

In vielen Gegenden sind die Vögel nicht durch Katzen, sondern durch Menschen ausgerottet worden. Und solange wir mit Wohlbehagen Backhühnchen, gebratene Tauben, Wildenten und Schnepfen verzehren, haben wir kein Recht, uns über die vogelfressende Katze aufzuregen, die nur ihrem natürlichen Triebe folgt. Noch im Jahre 1910 war Rotkehlchen-Pastete im Süden Amerikas ein beliebtes Gericht, und ich selbst habe in einem Kochbuch das betreffende Rezept gefunden! Deshalb sind im Süden Amerikas noch heute selten Rotkehlchen anzutreffen.

Schmutzfinken der Vogelwelt

Ägypten hingegen, wo die Katze jahrhundertelang angebetet wurde und noch heute verehrt wird, ist ein Paradies für Vögel. Und die Stadt Jacksonville in Florida, die man als Vogelheiligtum bezeichnen kann – nirgends habe ich so viele Vögel gesehen wie dort –, beherbergt unzählige Katzen, so daß kein Zweifel darüber besteht, daß Katzen und Vögel zusammenleben können.

Nein, wir haben den Katzen nichts vorzuwerfen. Wir haben Wälder abgeholzt, haben Sümpfe trockengelegt und Teiche mit DDT bespritzt, um die Stechmücken auszurotten. Unsere Singvögel aber leben hauptsächlich von Mücken und anderen Insekten - sie können von Brotkrumen ebensowenig leben wie Katzen von Haferbrei -, und wenn wir die Insekten vergiften, berauben wir die Vögel ihrer Nahrung. Weil die Vögel von Insekten leben, brauchen sie auch einen weit ausgedehnten Jagdgrund. Nur Tauben, Stare, Amseln und Spatzen ertragen die Enge und den Schmutz, in denen Ratten und Menschen gedeihen, und nur diese Vögel behelfen sich mit uns. Alles in allem steht uns moralische Entrüstung über eine Katze, die einen kranken Vogel im Maul hat, nicht gut an.

Dreizehntes Kapitel

Die Fähigkeiten der Katze

Kein Mensch weiß mit Sicherheit, was in einer Katze vorgeht. Wir vermögen nur innerhalb der Grenzen unseres Verstehens zu beobachten und zu deuten, beeinträchtigt durch die Tatsache, daß wir Menschen und die Katzen Katzen sind, und daß uns immer eine unüberbrückbare Kluft trennen wird.

Wir möchten gern alles wissen. Wir knabbern an jedem Apfel vom Baume der Erkenntnis auf endloser Suche nach Vollkommenheit. Die Katze tut das nicht - der Katze genügen die Mäuse.

Wir sind auch stolz auf unsere Fähigkeiten und brüsten uns damit. Wir stehen aufrecht - wie lange brauchtest du, das zu lernen, kleiner Mensch, und wie oft fielst du hin? -, wir erfanden das Lesen - und wir lesen Schundromane -, das Schreiben - die Hälfte von uns kann ihr eigenes Gekritzel nicht entziffern - und das Rechnen - da haben wir etwas; und wir stellen Kriegswaffen her.

Ja, wir sind gescheit; aber wir sind nicht die einzigen wunderbaren Wesen. Kannst du zehnmal höher springen, als du groß bist; kannst du nachlässig über einen Zaun spazieren; kannst du im Dunkeln schnell deinen Weg finden; kannst du mit den Zähnen eine Maus fangen? Nein, das kannst du nicht! Nun, dann sieh auf die Katzen nicht hinab. Katzen rotten sich nicht zusammen, um sich gegenseitig zu vernichten. Katzen wollen nicht die Welt erobern - obwohl die Welt vielleicht besser wäre, wenn die Katzen sie beherrschten. Zumindest wissen die Katzen, was sie wollen.

Bevor wir zu beurteilen versuchen, was für Fähigkeiten die Katze hat, müssen wir erst feststellen, welche Möglichkeiten zur Erkenntnis ihrer Umwelt ihr zur Verfügung stehen; denn das Verhalten der Menschen und der Tiere beruht zu einem großen Teil auf den empfangenen Sinneseindrücken. Vielleicht wissen die Katzen von manchen Dingen, auch von uns, mehr als wir; denn ihre Sinnesorgane sind feiner und schärfer als die unsern.

Die Sinne

Sehvermögen. Katzen sehen bei trübem Licht, in der Dämmerung und des Nachts besser als wir; sie sehen auch bei hellem Tageslicht recht gut. In völliger Dunkelheit können aber auch Katzen nichts sehen.

Einmal beobachtete ich Unband, wie er vier Meter weit durch einen dunklen Flur sprang, scheinbar nach nichts. Als ich hinging, mich bückte und spähte, merkte ich, daß er einen Zuckergast gefangen hatte. Ich hätte das kleine Insekt, das in Büchern und alten Häusern vorkommt, auf diese Entfernung nicht wahrnehmen können.

Im Sommer jagt Unband Schmetterlinge, und er zielt vorzüglich im hellsten Sonnenschein.

Als wir in einem fünfstöckigen Hause im obersten Stock wohnten, pflegten Ma und Unband auf dem Fensterbrett zu sitzen und nach mir auszuschauen, wenn ich Besorgungen machte. Sowie ich um die Straßenecke bog, standen sie auf, rieben sich aneinander, gingen hin und her und wedelten, und wenn ich an der Wohnungstür anlangte, warteten sie dort auf mich. Manchmal schlüpfte ich in den Laden an der Ecke und beobachtete sie, wie sie auf dem Fensterbrett auf zufriedene Katzenart dösten, anscheinend ohne den Straßenverkehr zu beobachten. Doch kaum trat ich aus der Ladentüre, so waren sie schweifwedelnd auf den Beinen. Für einen Menschen ist es natürlich keine große Sehleistung, eine Person auf hundert Meter und fünf Stockwerke tief zu erkennen; aber es bedeutet auch keinen schlechten Gesichtssinn.

Offenbar lassen die Augen der Katzen wie die unseren mit dem Alter nach, denn Madame ist in letzter Zeit weitsichtig geworden. Sie schiebt jeden fremdartigen Gegenstand mit den Pfoten weg, legt den Kopf zurück und blinzelt auf das Ding hinunter wie ein alter Hagestolz, der im Restaurant die Speisekarte beäugt.

Unband und Charlie sehen sowohl auf kurze wie auf weite Distanzen gut; Unband hat zwar schärfere Augen für kleine Dinge. Beide scheinen ungefähr einen Katzensprung weit am besten zu sehen, wie es wahrscheinlich von der Natur gewollt ist.

Farben-Wahrnehmung. Noch vor kurzem waren die Gelehrten der Ansicht, Katzen seien wie alle Säuger unter dem Status der Affen farbenblind. Mir kam das unwahrscheinlich vor, und ich sprach es auch aus, allerdings nicht im Kreise von Gelehrten. Man kann sich also meine Freude vorstellen, als verkündet wurde, Experimente, die unter Leitung von Dr. N.R. Brewer in der Universität von Chicago vorgenommen worden waren, hätten ergeben, daß Katzen Farben unterscheiden können. Den Katzen wurde nämlich beigebracht, daß sie ihr Futter erhielten, wenn sie auf einen roten Knopf drückten. Nachdem sie das begriffen hatten, suchten sie aus einer Reihe vielfarbiger Knöpfe unweigerlich den roten heraus. Hunde werden von den Wissenschaftlern immer noch für farbenblind gehalten.

Viele Geschichten habe ich gehört von Katzen, die nur auf gelben Kissen schlafen, nur von roten Tellern fressen oder nur mit grünen Bällen spielen wollten. Ich selbst habe nichts beobachtet, das die Wahrheit dieser Geschichten bekräftigt. Manche Katzen mögen tatsächlich eine Vorliebe für die Farbe ihres Kissens oder Spielzeugs haben; aber ich müßte es erst selbst erleben, um es zu glauben.

Ich weiß zwar, daß Katzen Farben unterscheiden können, aber ich glaube nicht, daß sie sich an Farben erfreuen wie wir Menschen. Wenn eine Katze mit untergeschlagenen Pfoten und halbgeschlossenen Augen den Sonnenuntergang betrachtet, genießt sie die Wärme und die reichhaltigen Gerüche des Abends und schert sich keinen Pfifferling darum, ob die Wolken rosenrot oder erbsengrün sind – Wolken kann sie nicht verzehren.

Eine Katze sieht sich im Spiegel. Es besteht der weitverbreitete Glaube, Katzen könnten sich nicht im Spiegel erkennen. Ich ließ das ohne jeden Zweifel gelten, bis wir in eine Wohnung zogen, in der sich ein großer Schneiderspiegel befand. Auf ihrer ersten Inspektionsrunde gewahrte Ma die Katze im Spiegel, duckte sich, sträubte die Schnurrhaare, fauchte und griff sie an. Sie konnte es offenbar nicht glauben, daß diese mitgenommene alte Schlampe sie selbst war.

Danach bewachte sie den Spiegel. Den ganzen Tag lag sie im Hinterhalt und wartete auf das Hervorkommen und den Angriff der Katze. Nachts schlief sie in einem Winkel, um Rücken und Seiten vor einem Überfall zu schützen. Sie versuchte Unband zum Kampf mit der Katze im Spiegel anzustacheln, was Unband verwirrte und bestürzte, weil er ja die Katze nicht sehen konnte.

Dann hatten die Hunde in der Wohnung über mir eines Tages einen Streit. Ma hörte es und lief zu dem Spiegel. Der Hundekampf oben war nichts im Vergleich zu Mas Spiegelkampf. Schließlich ließ die Erschöpfung sie nachgeben. Wund und blutig, aber ungebeugt wich sie zurück und musterte ihren Gegner. Die Katze im Spiegel sah ebenso schlimm aus. Ma wich noch mehr zurück, in sichere Entfernung, setzte sich und leckte ihre blutenden Pfoten, wischte sich das zerschundene Gesicht ab, alle paar Sekunden ängstlich zu dem Spiegel schauend. Ihre Blicke wurden immer länger. Sie stand auf und näherte sich vorsichtig mit gesträubtem Fell. Zweiflerisch betrachtete sie die Katze im Spiegel. Sie leckte sich die Pfote und wischte sich das Gesicht ab, immerzu die Katze beobachtend. Dann fuhr sie mit der Pfote über das Spiegelglas. Dann leckte sie an dem Spiegel. Sie setzte sich und sann nach.

Nach langer Zeit ging sie Unband holen und führte ihn zu dem Spiegel. Sie sah Unband an und sah sein Spiegelbild an. Sie betrachtete ihn von vorn und im Profil. Sich selbst im Auge behaltend, leckte sie Unbands Ohr und bepfotete das Spiegelglas, wie um ihm sein Spiegelbild zu zeigen.

Nach einer Weile sah sich auch Unband im Spiegel. Er gaffte sein Bild an und starrte mit runden Augen auf Ma. Den Rest des Tages verbrachten sie damit, sich selbst und ihr Spiegelbild eingehend zu betrachten.

Mit der Zeit lernten sie den Spiegel benutzen, wie manche Frauen die sogenannten Spione benutzen, durch die sie vom Fenster aus die Nachbarn beobachten, ohne selbst gesehen zu werden. Ma und Unband setzten sich ein bis zwei Meter seitlich vor den Spiegel, so daß sie das ganze Zimmer überblicken und jede Bewegung der Menschen verfolgen konnten. Sie erfanden ein Ballspiel, das darin bestand, den Ball vom Spiegel fortzuschlagen, worauf sie sich schnell umdrehten, um im Spiegel seinen Lauf zu verfolgen. Das ist ihr Lieblingsspiel geblieben, das sie auch Charlie beibrachten. Unband wird es nie müde, sich darüber zu wundern, daß er am Hinterkopf Augen hat.

In einem Spiegel, der genau senkrecht in gutem Licht steht und bis zum Boden reicht, können sich meiner Meinung nach die meisten Katzen sehen. Manche Katzen haben jedoch, wie auch manche Menschen, schlechte Augen.

Es ist mir nie gelungen, eine Katze so zu zeichnen, daß sie von Katzen erkannt wurde. Das tut mir leid; denn ich kannte einmal einen Sittich, der sich Vogelbilder so eifrig wie ein Kind anschaute und vor Freude schnarrte, wenn er auf seine eigene Gattung stieß. Vielleicht sind meine Katzenzeichnungen nicht so klar wie jene Vogeldrucke.

Vor einigen Jahren schenkte mir jemand eine Keramikkatze, eine Kopie der Hidari-Jingora-Statue, die seit dem sechzehnten Jahrhundert von japanischen Seidenraupenzüchtern benützt worden ist, um Ratten zu verscheuchen. Ich setzte die Keramikkatze, die ungefähr Charlies Größe hatte und schwarz war, auf die Gartentreppe und harrte der Dinge, die da kommen würden. Die Katzen entdeckten sie gleichzeitig, als sie zum Nachtmahl hereinkamen. Sie fauchten und griffen sie gemeinsam an. Die Katze rührte sich nicht, und es folgte die berühmte lange Stille. Charlie brach sie, indem er die Katze ansprang, die mit einem leblosen Bums umfiel. Ma und Unband bedachten Charlie mit einem langen, kalten Blick und stolzierten an den Trümmern vorbei ins Haus. Charlie folgte ihnen beschämt.

Gehör. Katzen vernehmen das leise Huschen der Mäuse, das nahezu unhörbare Gleiten der Schlangen und tausend kleine Knister- und Raschelgeräusche, die unser Ohr gar nicht wahrnimmt.

Die Katze vernimmt auch das Getöse des Straßenverkehrs, das Dröhnen der Hämmer und das Donnern der Maschinen; sie hört das seltsame Gewimmer, das wir Musik nennen, und das endlose Schnattern menschlicher Zungen. Katzen filtrieren diese Geräusche auf irgendeine Art und Weise, über die nur sie selbst Bescheid wissen, und mißachten alle Laute, die sie nichts angehen. Das ist eine Kunst. Wie herrlich wäre es, wenn wir Menschen gleichfalls die Möglichkeit hätten, alle Laute, die uns nichts angehen, einfach zu überhören.

Weil die Katzen sich den Kopf nicht mit unserem Spektakel vollbrummen lassen, halten manche Leute sie für stocktaub. Außer den blauäugigen weißen Katzen - die, wie gesagt, fast immer taub geboren werden - hören die Katzen viel besser als wir. Die Grenzen, innerhalb deren das Ohr Schallschwingungen aufzunehmen imstande ist, sind bei ihnen weiter gesteckt als bei uns; deshalb sind ihre Ohren schärfer. Daß die Katzen sich nichts aus dem machen, was wir Musik nennen, ist eine Sache des Geschmacks. Es bedeutet nicht, daß sie taub sind, sondern nur, daß sie andere Interessen haben.

Unband und Charlie erkannten in einer lauten Stadt immer die Schritte ihrer Freunde fünf Stockwerke weiter unten auf der Treppe und gingen ihnen zur Türe entgegen, ehe ich überhaupt merkte, daß jemand kam.

Wenn die Türe des Kühlschranks zufällt, eilen Unband und Charlie von der Straße herbei. Oft knalle ich die Türe absichtlich zu, um sie zum Nachtessen zu rufen. Ich habe auch andere Türen zugeknallt, um festzustellen, ob sie darauf reagieren würden; aber dann kamen sie nicht.

Trotzdem lassen sie sich täuschen. Als Charlie zum erstenmal im Radio einen Vogel hörte, geriet er ganz außer sich. Ein andermal hatten wir eine Spottdrossel im Garten. In kürzester Zeit lauschte sie mir den einfachen Pfiff ab, mit dem ich die Katzen zu rufen pflegte. Sie lockte die Katzen vom Hause fort. Sie rief sie nach Hause, wenn sie gar nicht erwünscht waren. Wenn ich sie brauchte, pfiff der verflixte Vogel erst von einer Stelle aus, dann von einer andern, bis die Katzen und ich hoffnungslos erbittert waren.

Ungefähr um die Zeit, wo ich Charlie fand, setzte sich Ma auf den Altenteil. Sie gewöhnte es sich an, beim Feuer zu dösen, und wurde allmählich taub.

Jetzt ist sie vollkommen taub; aber wie schwerhörige Menschen versucht sie sich den Anschein zu geben, als ob alles in Ordnung wäre. Wenn sie zur Abendbrotzeit schläft, muß ich sie anschreien, um sie zu wecken. Dann blinzelt sie, streckt sich und wirft mir einen bösen Blick zu, der deutlich sagt: «Du brauchst nicht so zu schreien, ich habe dich sofort gehört.»

Geruch. Außer uns Menschen haben vor allem Affen und Katzen Vergnügen an angenehmen Gerüchen. Die Katzen sind in ihrer Freude am Geruch zivilisierter als wir. Auf unsere ungeschickte Art benutzen wir angenehme Düfte, um unangenehme zu überdecken, aber nur selten um des Duftes selbst willen. Wir entschuldigen uns damit, daß unsere Geruchsnerven degeneriert seien, was sie zweifellos auch sind. Wir haben sie durch Rauch, Ruß, Kohlengas, warme Nahrung, Alkohol, unhygienisches Wohnen und andere Annehmlichkeiten der Zivilisation verdorben. Wenn wir einen so guten Geruchssinn hätten wie die Katzen, könnten wir uns wahrscheinlich selbst nicht riechen. Viele «saubere» chemische Parfüms, mit denen wir unsere «Düfte» zu verkleiden trachten, stoßen die Katzen gründlich ab; aber mit bewundernswerter Nachsicht bemühen sie sich, unsern Geruch nicht zu beachten, und genießen um so mehr jeden Wohlgeruch, dem sie begegnen.

Unband und Ben lebten als Kätzchen im Sommer auf dem Lande, und jeden Morgen und jeden Abend strichen sie im Garten umher und schienen die verschiedenen Wohlgerüche zu genießen. Wenn Unband zum süßen Steinkraut kam, legte er sich platt auf den Bauch und berauschte sich an dessen Duft. Ben bevorzugte niedere Rosen, an zweiter Stelle Petunien. Mit den Petunien und den Kuckucksblumen spielten sie, sie schlugen die Blüten hin und her, ohne jemals eine abzubrechen. Niemals beobachtete ich, daß einer von ihnen eine Blume absichtlich zerstörte. Charlie holt sich manchmal eine Blume aus einer Vase und nimmt sie mit zu Bett.

Ma liebt starkduftende Blumen, vielleicht weil ihre Sinne infolge des Alters nachzulassen beginnen. Sie liebt auch starkes, aufdringliches Parfüm. Einmal kaufte ich schlechtes Flohpulver, das sie brannte, so daß sie nach der ersten Anwendung davonlief, sowie ich mit der Dose erschien. Ich besorgte gutes Flohpulver; aber sie wollte es auch nicht haben. Die Flöhe marterten sie, und es mußte etwas geschehen; also kaufte ich einen stark parfümierten Gesichtspuder, schrecklich aufdringliches Zeug, das ich mit dem guten Flohpulver mischte und dann wie zufällig verschüttete. Ma roch daran, schnurrte und wälzte sich darin. Sie war begeistert, und für den Rest der

Sie ist stolz, weil sie duftet wie eine femme fatale

Flohsaison ging Madame wie eine *femme fatale* duftend umher und war ungeheuer stolz auf sich.

Eine meiner Freundinnen, die jahrelang von bewundernden Katzen belästigt wurde, stellte vor kurzem fest, daß ihr Parfüm den Duft wilder Thymianblüten hatte, wodurch sie auf die Katzen eine große Anziehungskraft ausübte.

Der Duft des Katzenbaldrians (Valeriana officinalis) bedeutet für die Katze den höchsten Riechgenuß. Wir Menschen haben nichts, das sich damit vergleichen läßt. Die Katzenbaldrian-Ekstase steht über allen sinnlichen Wonnen, welche die Menschen entdeckt haben. Katzenbaldrian berauscht, ohne betrunken zu machen. Katzenbaldrian ist Absinth ohne Reue, Champagner ohne Folgen. Unter dem Einfluß des Katzenbaldrians werden junge Katzen kühn, und alte gewinnen ihre Jugend zurück.

Das Riechen ist aber nicht nur eitel Wonne und Parfümgenuß, sondern die Katze wendet ihren ausgeprägten Geruchssinn auch praktisch an. Sie erschnüffelt bewohnte Mauselöcher und Schlangennester, wittert nahende Feinde, macht Vorratsschränke ausfindig und bildet sich mittels des Geruchssinns eine Meinung über die Menschen.

Wenn Katzenhasser und Leute mit scheuen kleinen Hunden zu uns kommen, sperre ich die Katzen aus. Es ist belustigend, nach dem Fortgang der Besucher zu beobachten, wie die Katzen die Wohnung Zoll um Zoll inspizieren und der Fährte von der Türe zum Stuhl folgen. Die Bartschnurren zucken und tasten; das Rückenfell sträubt sich, schwankt oder liegt flach an, je nachdem ob sie die entschwundenen Besucher abstoßend, zweifelhaft oder liebenswert finden.

Bei der ersten Begegnung mit einem Fremden stehen sie auf und schnuppern an ihm; dann schließen sie mit ihm Freundschaft oder nicht, wie es ihre Nase vorschreibt. Da sie weder laut noch sichtbar schnüffeln, merken die Fremden selten, daß sie abgeschnuppert werden. Ich glaube, Katzen beurteilen die Menschen größtenteils nach dem Geruch; denn anders kann ich mir ihre Vorlieben nicht erklären. Meine Katzen suchten sich mit Leuten anzufreunden, die Katzen nicht ausstehen konnten, mit andern, welche die Katzen unbeirrt übersahen, bis alle drei auf ihrem Schoß saßen, und sogar mit Menschen, die sie verscheuchten und anknurrten. Andererseits lehnten sie es ab, sich netten Leuten zu nähern, die Katzen wirklich gern hatten. Damit läßt es sich wohl erklären, wieso manche Katzenfreunde nicht imstande sind, die Zuneigung der Katzen zu erwecken. Die Katze liebt den Menschen nur, wenn sein Geruch ihr behagt. Trotzdem ist die Katze nicht in dem Maße ein Nasentier wie beispielsweise der Hund; denn sie orientiert sich in ihrer Umwelt in erster Linie mit Hilfe von Augen, Ohren und Tastsinn und benutzt den Geruchssinn nur zur Ergänzung und genauen Abklärung einer bestimmten Situation.

Geschmack. Der Geschmackssinn hängt eng mit dem Geruchssinn zusammen, und auch in dieser Beziehung sind die Katzen sehr anspruchsvoll.

Niemand bestreitet, daß Katzen Feinschmecker sind, weil sie Hühnerbraten, Rahm und andere Delikatessen lieben, die auch wir zu schätzen wissen. Manche Katzen ziehen Leckerbissen grober

Nahrung vor, obwohl grobe Nahrung besser für sie ist, und diese klar ersichtliche vornehme Einstellung verleitet die Menschen oft, die Katze zu verwöhnen und zu überfüttern. Andere Katzen haben gern kräftiges Futter, und sie sind ebenfalls Feinschmecker. Ma frißt alles, was Knoblauch enthält, ob es nun Katzenfutter ist oder nicht. Unband ist Kenner auf dem Gebiet reifen Käses. Charlie, der Unersättliche, verabscheut Knoblauch und Käse, würde aber für einen Hühnerkopf seine Seele verkaufen. Alle Katzen, die ich kennenlernte, waren wählerisch und heikel. Mäuse müssen auf jeden Fall köstlich sein – in einigen Ländern gelten sie übrigens sogar bei den Menschen als Delikatesse.

Tastsinn. Wir haben nur eine nebelhafte Vorstellung von den Dingen, die Katzen durch ihre Tasthaare, ihre Pfoten und ihr Fell wahrnehmen.

Die langen Schnurrhaare an der beweglichen Oberlippe und die kräftigen Tasthaare am Kinn, den Backen, über den Augen und an der Innenseite der vorderen Fußwurzel sind hochempfindliche Tastwerkzeuge und dienen als eine Art Fühler, um das Wesen fremder Gegenstände zu ergründen. Es stimmt nicht, daß die Schnurrhaare die genaue Breite der Katze bezeichnen und nur als Maßstab für die Zugangsmöglichkeit einer Öffnung benutzt werden. Wenn dem so wäre, würden die Katzen niemals in Kaminen, in Löchern und Rohren steckenbleiben. Manche Katzen haben kurze, kleine Schnurrhaare, nicht annähernd so breit wie sie selbst, und vielleicht sind das diejenigen, die steckenbleiben, obzwar ich eher zur Ansicht neige, daß dumme Katzen steckenbleiben und gescheite nicht. Einige Kater haben wirklich dekorative Bartschnurren, die sie ebenso liebevoll pflegen wie manche Männer ihren Schnurrbart. Bei Kätzchen, die voller Abenteuergeist sind und über wenig Erfahrung und Urteilsfähigkeit verfügen, fangen die Schnurrhaare erst zu wachsen an, und gerade sie brauchten sie mehr als gesetzte alte Katzen, wenn die Schnurrhaare wirklich nur die Rolle eines Maßstabes zu spielen hätten.

Erwachsene Katzen benutzen die Bartschnurren als eigentliche Fühler. Wenn die Katze einen fremden Gegenstand untersucht, bewegen sich die Schnurrhaare nach vorn und erforschen die Oberfläche, indem sie zart und gründlich darüber streichen. Auf irgendeine Weise, die uns unverständlich bleibt, erfährt die Katze dadurch mehr, als Augen, Ohren und Nase ihr vermitteln können. Ich glaube, daß manche Menschen (nicht alle) eine ähnliche Wahrnehmungsmöglichkeit durch den Gebrauch der Hände erlangen. Wir wissen mehr von schönen Dingen, mag es ein Apfel, ein Schmuckstück, ein Buch oder ein kleines Kind sein, wenn wir es in der Hand gehalten und befühlt haben - wir wissen dann, ob es gut oder schlecht ist, echt oder wertlos, ohne eine Ahnung zu haben, woher wir das wissen; es fühlt sich eben richtig oder falsch an. Die Tasthaare sagen den Katzen wahrscheinlich noch viel mehr.

Die Behauptung, daß die Katzen ihre Schnurrhaare als Ausgleich für ein schlechtes Sehvermögen benutzen, stammt von kleinlichen Seelen, die nicht wahrhaben wollen, daß die Katze uns etwas voraus hat. In Wirklichkeit besitzt die Katze in ihren Tasthaaren Sinnesorgane, die uns Menschen fehlen. Entsprechende Experimente haben gezeigt, daß die Tasthaare der Katze eigentliche Ferntastorgane darstellen, mit denen die Katze bei völliger Dunkelheit, und selbst wenn sie blind ist, feste Gegenstände, die ihr im Wege stehen, schon auf eine gewisse Distanz wahrnehmen kann, so daß sie vor unerwünschten Zusammenstößen bewahrt bleibt.

Die neugierige Katze streckt zwecks Erforschung und Untersuchung ihrer Umgebung die Schnurrhaare nach vorn, die zufriedenglückliche legt sie zurück und streicht sie mit innigem Wohlgefallen nach hinten. Katzen zeigen ihre Zuneigung zueinander, indem sie die Gesichter von der Nasenspitze zu den Ohren aneinander reiben und sich bei jeder Bewegung die Bartschnurren streichen. Die Katze reibt sich mit dem Körper an jedem freundlichen Menschen, der ihr Nahrung oder Wärme vermitteln könnte, aber mit den Schnurrhaaren streichelt sie nur diejenigen, die sie wirklich liebt. Charlie fährt mir mit dem Köpfchen über die Wange, als ob auch ich eine Katze wäre. Ma und Unband stoßen gern mit der Nase in meine Hand und streichen sich dabei die Bartschnurren zurück.

Die Wahrnehmungsfähigkeit der Schnurrhaare scheint sich mit

dem Alter nicht zu vermindern. Seit Mas übrige Sinne nachgelassen haben, betastet sie jeden fremden Gegenstand mit den Bartschnurren und den Pfoten, ehe sie ihn als harmlos gelten läßt.

Die Pfoten werden von der Katze geschickt als Tast- und Greifwerkzeuge benutzt. Als Charlie noch klein war, tauchte er immer zuerst eine Pfote ins Futter und leckte sie ab, bevor er fraß. Manchmal setzt er sich auf wie ein Eichhörnchen, einen Bissen in den Pfoten haltend, und verzehrt ihn so. Wenn er liebevoll gestimmt ist, bepfotet er mein Gesicht, zwischendurch die Schnurrhaare streichend, und das Gefühl, das ihm dadurch vermittelt wird, gefällt ihm offenbar ebenso gut, wie es mir Genuß bereitet, sein Fell zu streicheln.

Alle Katzen massieren ihre Freunde mit den Pfoten, und zwar um so eifriger, je glücklicher sie sind. Diese Gewohnheit scheint ein Relikt aus der frühen Jugend darzustellen; pflegen doch alle Kätzchen instinktiv das Gesäuge der Mutter zu kneten und zu massieren, um den Milchfluß anzuregen. Später drücken sie damit offenbar ihr Wohlbehagen aus.

Die Begeisterung, mit der die Katze eine von ihr angenehm empfundene Oberfläche befühlt, ist geradezu sprichwörtlich. Alles Weiche, Mollige erregt ihr Entzücken. Vielleicht ist das auch einer der Gründe, warum sie ihr eigenes weiches Fell so sorgfältig pflegt.

Lern- und Kombinationsfähigkeit

Katzen können und wissen vieles schon von vornherein, was wir erst mühsam erlernen müssen; denn ihre angeborenen Lebenstriebe und die geheimnisvollen Weisungen ihrer Instinkte sagen ihnen von ihrer frühesten Jugend an, was ihnen nützt und was ihnen schadet, und wie sie sich in einer bestimmten Situation zu verhalten haben, damit sie selbst und ihre Art für alle Zukunft gesichert sind. Voraussetzung bleibt allerdings, daß die Aufgabe, die eine Katze zu lösen hat, und die Situation, vor die sie sich gestellt sieht, dem biologischen Lebensraum, auf den ihre Triebe und Instinkte eingespielt sind, einigermaßen entsprechen. Dann aber pflegt sich jede Katze mit jener nachtwandlerischen Sicherheit und Zielstrebigkeit zu bewegen, die in uns immer wieder den Eindruck eines überlegten, vernünftigen Handelns erweckt und bei oberflächlicher Betrachtung leicht als Ausdruck besonderer Klugheit gewertet wird. Daß dieses trieb- und instinktmäßige Handeln der Katze in Wirklichkeit jedoch nichts mit unserer auf logischen Denkvorgängen aufgebauten menschlichen Klugheit gemein hat, beweist das häufige Versagen und die oft geradezu bemitleidenswerte Hilflosigkeit der Katze, wenn sie sich einer Situation gegenüber sieht, zu der ihre von den Stammeltern übernommenen Triebe und Instinkte nicht passen. Ein Kätzchen, das sich auf dem glatten Parkettboden abmüht, sein Häufchen zu verscharren, oder eine säugende Katzenmutter, die sich anstelle ihrer eigenen Jungen junge Ratten ansetzen läßt, die man vorher mit den Geruchsstoffen ihrer Kätzchen imprägniert hat, die ihre Rattenkinder gegen andere Katzen verteidigt, selbst aber weiter auf die Rattenjagd geht, zeigt, daß dieses Verhalten nichts mit vernünftigen Überlegungen und einem klaren Erfassen der wirklichen Sachlage, dagegen sehr viel mit Trieben und Instinkten zu tun hat.

Nun leben unsere Hauskatzen aber in einem weitgehend unbiologischen Milieu, in der ihnen völlig fremden Welt des Menschen, die sie heute täglich vor neue Probleme stellt, zu deren Lösung sie im ererbten Schatz ihrer Triebe und Instinkte keinen passenden Schlüssel finden. Trotzdem ist es ihnen, wie wir aus dem täglichen Umgang mit Katzen wissen, in geradezu verblüffender Weise gelungen, sich auf das so gänzlich andere Leben im Schatten von uns Menschen um- und einzustellen und ihr Verhalten beispielsweise den keineswegs artgemäßen Umweltbedingungen einer im fünften Stockwerk gelegenen Stadtwohnung behelfsmäßig anzupassen.

Dies alles wäre unseren Katzen nie gelungen, wenn sie in ihrem Handeln, wie etwa behauptet wird, nur von Trieben und Instinkten geleitet würden. Wie alle höheren Tiere hat nämlich auch die Katze ein sehr gutes Gedächtnis für angenehme und unangenehme Empfindungen, ein feines Erinnerungsvermögen für lustvolle und unlustvolle Erlebnisse. Mit seiner Hilfe sammelt sie Erfahrungen, zieht sie ihre Lehren. Da die meisten Katzen zudem eine recht gute Kombinationsbegabung haben und auch einfachere Kausalzusammenhänge (zum Beispiel zwischen ihrem Verhalten und Belohnung oder Strafe) zu erfassen vermögen, brachten sie schließlich das immer wieder erstaunliche Kunststück fertig, sich einerseits recht geschickt an den Menschen und seine Welt anzuschließen, ohne andererseits aber ihr Eigenleben, ihre Selbständigkeit und Unabhängigkeit aufzugeben.

Lern- und Kombinationsfähigkeit sind allerdings von Katze zu Katze sehr verschieden ausgeprägt und tragen erheblich dazu bei, die individuellen Wesensunterschiede des einzelnen Tieres zu charakterisieren. Je größer das Lernvermögen und je ausgesprochener die Kombinationsbegabung, um so besser wird sich eine Katze im menschlichen Milieu zurechtfinden und ihre Welt in die Welt des Menschen einzubauen verstehen, um so aufgeweckter, origineller und anpassungsfähiger wird sie uns erscheinen. Das sind dann jeweils auch jene Tiere, die wir landläufig, aber nicht sehr exakt, als klug, gescheit oder intelligent zu bezeichnen pflegen.

Katzen lernen alles aus Erfahrung. Ihr erster Jugendunterricht ist beendet, wenn die Mutter sie nicht mehr nährt; danach sind sie auf sich selbst angewiesen; die Beobachtung ersetzt bei ihnen die Bücher, die Erfahrung ist ihr Lehrer.

Einmal wohnte ich mit Ma und Unband zwischen Kiefern, die zehn bis fünfzehn Meter hoch aufstrebten und ein Gewirr von Zweigen und Nadeln bildeten. Diese Bäume bezauberten Ma und Unband, und binnen kurzem hatte Unband eine Kiefer erstiegen und saß fest. Ich versuchte ihn herunterzuholen; aber es gelang mir nicht. Die Nachbarn bemühten sich ebenfalls vergeblich. Die Feuerwehr interessierte sich für den Fall nicht. Die Nacht brach an, und immer noch wippte Unband auf einem dünnen Zweiglein; wie eine Hexenkatze hob er sich vom monderhellten Himmel ab, und er miaute jämmerlich. Schließlich kletterte ich in meiner Verzweiflung auf eine Leiter und fegte ihn mit einer langen Stange herunter. Der Boden war weich, so daß er sich nicht weh tat. Wie Mark Twains Katze, die nur einmal auf einen heißen Ofen sprang, hielt Unband sich danach von allen Bäumen fern.

Dann blieb Ma stecken. Sie hatte den höchsten Baum erklommen, wo ich sie auch mit der Stange nicht zu erreichen vermochte. Deshalb setzte ich mich mit einem Teller Fleisch unter den Baum und rief sie. Sie stöhnte und fauchte und jammerte; dann saß sie still und «dachte nach» (oder was Katzen tun mögen, wenn sie still sitzen). Nach langer Zeit klammerte sie sich mit den Vorderpfoten am Baumstamm fest, schwang die Hinterbeine herum, so weit es ging, und hielt sich damit fest. Als nächstes ließ sie sich mit einem kleinen Seitwärtsschwung ein Stückchen herunter. Lose Rinde bröckelte ab, und ich dachte, das Tier müßte jeden Augenblick fallen. In einer Spirale arbeitete sich Ma langsam und vorsichtig herab, rutschend, sich ankrallend und knurrend, bis sie weit genug unten war, um abzuspringen. Ich liebkoste sie und sagte: «Na, du alte Närrin, jetzt wirst du wohl so verständig sein und die Bäume meiden.» Weit gefehlt! Nachdem sie das Problem des Abstiegs einmal gelöst hatte, erkletterte sie jeden Baum in der Gegend um des Vergnügens willen, das ihr der Abstieg bereitete.

Jede Katze, der sich die Gelegenheit bietet, fängt eine einzige Kröte. Keine Katze, die ihre fünf Sinne beisammen hat, fängt eine zweite Kröte. Unband fing seine Kröte und wurde von deren Hautabsonderungen, die die einzige Waffe einer Kröte bilden, arg verätzt. Zwei Tage schwelgte er in Selbstbedauern; doch als sein Mund geheilt war, verzog er immer noch das Gesicht beim Anblick einer Kröte. Er mied sogar auch Frösche, obwohl sich Ma mit Wonne gütlich an ihnen tat. Wenn Ma einen Frosch fing, lief Unband davon und wehrte sie von sich ab. Mißlang das, weil Ma ihm nachlief, so saß er in ängstlicher Verwirrung da und sah ihr bei dem Schmaus zu. Sie schmatzte behaglich und leckte sich die Lippen, also kundtuend, daß Frösche gut schmecken. Kröten verschmähte sie jedoch. Tagelang schaute Unband diesem Treiben besorgt zu, doch mit der Zeit lernte er, daß Frösche etwas anderes sind und gut schmecken.

Was sich in Unbands Kopf abspielte, ist ziemlich klar. Nach dem primitiven Lehrsatz, daß alles, was sich bewegt, genießbar sei, fing er eine Kröte. Die Kröte verätzte ihm den Mund und bewies damit, daß dieser althergebrachte Lehrsatz zu allgemein formuliert und infolgedessen ergänzungsbedürftig sei. Das führte Unband zur Überzeugung, daß alle hüpfenden Lebewesen gefährlich seien. Er beharrte bei seinem Glauben, bis Ma ihm zeigte, daß Frösche gut schmecken, und er lernte auch, daß sogar Kröten harmlos sind, solange man sie nicht beißt. Mehr brauchte er über froschartige Tiere nicht zu erfahren.

Ma glaubt, daß alles, was für Menschen taugt, auch für Katzen tauge, und manchmal hat sie damit recht. Einmal waren wir beide gleichzeitig erkältet. Unsere Augen strömten über, unsere Nasen strömten über, und Ma sabberte. Als sie mir, Mitgefühl heischend, auf den Schoß kletterte, beschmierte sie mich, und ich wischte ihr daraufhin die Nase mit einem Papiertaschentuch ab. Danach ging sie, wenn ihre Nase tropfte, zu der Schachtel mit den Papiertaschentüchern, zog eine Pfote voll heraus, schleppte sie zu mir und hielt den Kopf in die Höhe.

Ma ist ein richtiger Schlauberger. Als sie aus den Wäldern zu mir kam, hatte ich einen alten, blinden Kanarienvogel, den sie in den ersten Tagen gar nicht zu beachten schien, bis sie einmal zwischen zwei Mahlzeiten um Futter bettelte. Sie war damals so ausgehungert, daß ich ihr zu fressen gab, sooft sie wollte; aber diesmal sagte ich ihr, sie müsse noch warten. Sie jammerte, und ich mahnte sie, zu schweigen. Wütend stolzierte sie ins Eßzimmer, setzte sich unter den Käfig des Kanarienvogels und starrte finster zu ihm empor. Da fütterte ich sie schnell. Als sie das nächstemal hungrig war, bedrohte sie wieder den Kanarienvogel. Das war die unverschämteste Erpressung, die ich jemals erlebt habe. Als ihre Jungen größer waren, brachte sie ihnen bei, den Kanarienvogel zu bedrohen. Doch als Ben unternehmungsvoll Miene machte, den Kanarienvogel zu verspeisen, versetzte sie ihm tüchtige Ohrfeigen. Der Kanarienvogel hatte für sie mehr Wert als die berühmte Gans, die goldene Eier legt, und sie bedrohte ihn zärtlich, bis er an Altersschwäche starb. Mas Überlegungen und Kombinationen bedürfen keiner weiteren Erklärungen. Die Geschicklichkeit, mit der sie ihre Erpressungen ausführte, läßt mich immer wieder lächeln – und auch staunen –, sooft ich an das Bild denke, wie Ma mit ihren vier molligen Kätzchen in einer Reihe unter dem Vogelkäfig saß.

Ben Britton, Mas Sohn, ist ebenso schlau und gescheit wie seine Mutter, das heißt, ungefähr so gescheit, wie eine Katze überhaupt sein kann. Im vorigen Sommer reisten Bens Leute übers Wochenende fort und baten mich, ihn zu füttern. Fenster und Türen sollten während ihrer Abwesenheit geschlossen bleiben, und deshalb wurde mir ans Herz gelegt, Ben nicht hinauszulassen. Ich versuchte es – doch niemand vermag Ben im Hause zu halten, wenn er hinaus will. Er rannte durch den Garten, verschwand hinter dem Zaun – und fort war er. Zur Abendbrotzeit pfiff ich ihm, worauf Ben draußen am Zaun entlangsprang, durch das drei Meter hohe Drahtgeflecht äugte, das seinen Garten vor andern Katzen sichern sollte, und mir mitteilte, daß er nicht hereinkönne. Ich wußte, daß er es konnte; aber ich wußte nicht, wie. Ich stieg auf einen Stuhl, streckte die Arme in die Höhe und forderte ihn auf, zu springen. Ben überlegte sich's eine Weile, schüttelte den Schwanz, lief ein Stück weiter und kratzte am Tor. Ich ließ ihn herein und dachte nicht mehr an den Vorfall, bis seine Leute zurückkehrten. Da berichtete ich ihnen, daß Ben doch draußen gewesen war, und rein gesprächshalber schilderte ich seine Heimkunft. Sie waren erstaunt. Sieben Jahre lang war Ben immer durch ein Loch oben im Drahtzaun entschlüpft und nie auf einem andern Weg in seinen Garten zurückgekehrt. Sooft es möglich war, hatte er jemand veranlaßt, unter dem Loch zu stehen und ihn aufzufangen. Ich hatte ihm angeboten, ihn aufzufangen, aber nicht an der richtigen Stelle gestanden, und deshalb hatte Ben mir die Sache erleichtert.

Als Ben eines Morgens seinen Spaziergang unternahm, kam ein kleiner Spaniel wild bellend aus dem Nachbarhaus gerannt und jagte Ben den Zaun hinauf. Ben saß auf dem Zaun und sann nach, wahrscheinlich beschämt und sichtlich verwirrt. Ben hatte nämlich Hunde gern. Er lebte mit einem Hund zusammen, der doppelt so groß war wie der Cockerspaniel, der ihn nun so beschimpfte. Schließlich begab sich Ben nach Hause. Am nächsten Tage jagte der Spaniel ihn wieder, auch am übernächsten und so fort. Dann ging Ben eines Nachts zu dem Hause des kleinen Hundes, wo er ihn in seinem bändergeschmückten Körbchen schlafend fand, und verprügelte ihn. Er kämpfte nicht eigentlich mit ihm und verletzte ihn auch nicht, sondern verabreichte ihm einfach eine gehörige Tracht Prügel. Danach durchwanderte Ben jeden Tag langsam den Hof des Spaniels, und der Hund bellte nicht. Einige Zeit später sonnten sie sich Seite an Seite.

Katzen weichen in ihrer Fähigkeit, ein Problem mit Hilfe von sogenannten Überlegungen und Kombinationen zu lösen, voneinander ab, wie sie in allen Dingen verschieden sind; und da es sich für die Katze nur darum handelt, sich zu behaupten und sich am Leben zu erhalten, kommen viele infolge ihrer Lebensumstände durch, ohne viel «Intelligenz» entwickeln zu müssen. Aber jede Katze, die sich allein durchsetzen muß, lernt aus Erfahrung und nimmt bestimmte Gewohnheiten an, um mit neuen Lagen fertig zu werden. Um ihre Art am Leben zu erhalten, übertragen die Katzen ihr erworbenes Wissen auf andere; so bringt die Mutterkatze ihren Jungen aus Erziehungsgründen Mäuse, und aus diesem Grunde zeigte Ma dem unwissenden Unband auch den Unterschied zwischen Fröschen und Kröten. Katzen passen sich einer veränderten Umwelt besser an als manche andere Geschöpfe; nur sie können verwildern und dann wieder zahm werden. Katzen erzielen Erfolge, mit uns oder ohne uns, indem sie ihre Kombinationsfähigkeiten anwenden und schärfen. Vielleicht werden sie sogar mit der Zeit in dieser oder jener Hinsicht gewisse Fortschritte machen. Aber auch die fortschrittlichste Katze wird nie auf die Idee kommen, daß hundert Franken etwa einem guten Mauseloch vorzuziehen wären. Denn Katzen sind im Grunde genommen konservativ, und das ist eigentlich ihre Stärke.

Begabte Katzen

Die meisten Katzen zeigen irgendeine Begabung, wenn die Menschen sich nur die Mühe nehmen, sie zu entwickeln. Hauskatzen können sich durch große Geschicklichkeit auszeichnen, was oft unangenehm werden kann. Ma pflegte zum Beispiel den Kühlschrank zu öffnen und sich mit dem, was ihr zusagte, selbst zu bedienen. Als sie auch Unband beibrachte, wie der Überfall auf den Kühlschrank zu bewerkstelligen war, warf ich die Flinte ins Korn und zog um. Sie versuchen weiterhin jeden neuen Kühlschrank zu öffnen, weshalb ich nur noch Wohnungen miete, wo der Türgriff des Kühlschranks schön hoch angebracht ist.

Alle drei Katzen öffnen Türen, die nicht ins Schloß gefallen sind. Sie ziehen immer nach der Seite hin, nach der die Türe aufgemacht wird, auch in einer neuen Wohnung. Unband hat gelernt, daß er, wenn er eine Tür nicht selbst öffnen kann, nur hartnäckig kratzen und laut jammern muß, damit jemand herbeikommt und ihm aufmacht. Charlie richtet sich auf und bepfotet die Türklinke; aber zum Glück ist es ihm bis jetzt noch nicht gelungen, eine Türe aufzubekommen, die ins Schloß gefallen ist. Manche Katzen können auch verschlossene Türen öffnen.

Einmal sperrte ich Charlie absichtlich in einen Schrank ein. Es war in einem sehr alten Hause, und die Schranktür wurde mittels eines hölzernen Bolzens geschlossen, der aber einen Spalt frei ließ. Ich wollte Charlie gerade herauslassen, als ich seine Pfote - genauer gesagt, zwei Krallen - durch den Spalt kommen sah; er drückte den Bolzen hinunter und sprang heraus! Das dünkte mich allzu erfinderisch, um Absicht zu sein, und ein paar Tage später sperrte ich Charlie nochmals in den Schrank ein. In weniger als zwei Minuten war er draußen. Wir machten daraus eine Zeitlang ein Spiel, bis Charlie eine solche Geschicklichkeit entwickelte, daß es uns beide langweilte.

Zwei Tage nach dem Einzug in mein jetziges Haus ließ ich die Katzen auf den Hinterhof hinaus, und da das Wetter schön war, holte ich sie nicht herein. Ma und Unband miauten und kratzten an der Hintertür. Charlie verschwand. Einige Zeit später stolzierte er über die Straße und kratzte an der Vordertür. Die Straße ist mit einer langen, zusammenhängenden Häuserzeile gesäumt, und zuerst konnte ich mir nicht vorstellen, wie er vom Garten aus auf die Straße gelangt war. Später entdeckte ich, daß er folgenden Weg gefunden hatte: Er überquerte zwei Hinterhöfe, schlüpfte in den Keller eines Miethauses, folgte einem verwickelten System von Korridoren und Durchgängen in eine obere Halle, lief die Vordertreppe hinunter und wartete, bis jemand die Haustür öffnete, so daß er sich nach Hause begeben konnte. Durch seine eigene Haustür war er damals erst einmal gegangen, und wie er sie gefunden und wiedererkannt hat, ist mir rätselhaft.

Landkatzen haben Gelegenheit, besondere Begabungen zu entwickeln, die Stadtkatzen unbekannt bleiben. Viele Landkatzen gehen zum Beispiel fischen, wohingegen nur wenige Stadtkatzen von diesem Sport jemals etwas hören. Die berühmte «Rue du chat qui pêche» in Paris war früher buchstäblich die Straße der fischenden Katze; denn wenn die Seine hoch ging, drang sie hier in die Keller ein; dann aber baute man Kais, und der Name der kleinen Straße wurde ein wunderlicher Anachronismus.

Die Landkatzen in wasserreichen Gegenden haben große Freude am Fischen; manche lernen sogar nach Fischen und Wasserratten tauchen. Ma pflegte sich ihre amphibische Nahrung auf einfache Weise zu holen. Am Fuße unseres Berges gab es einen Sumpf. Der Mann, dem dieser Sumpf gehörte, bewohnte am Rande eine Pfahlhütte und besaß ein Kanu, das er zum Fröschefang benutzte, um auf dem Markt Froschschenkel zu verkaufen. Bald kam Ma mit Froschleibern nach Hause, die der Mann ihr wohl, wie ich annahm, zugeworfen hatte, weil sie für ihn keinen Wert hatten. Dann aber brachte sie sauber abgetrennte Froschschenkel. Ich suchte den Mann auf und sagte zu ihm, hoffentlich belästige ihn meine Katze nicht. Er antwortete, nein, wirklich nicht, er habe sie gern, und er gebe ihr immer alle überflüssigen Froschreste. Ich sagte: «Ich fürchte, sie stiehlt bei Ihnen Froschschenkel.» Er aber lachte und entgegnete, keine Katze könne an seine Froschschenkel gelangen, er bewahre sie gut verschlossen auf. Doch Ma brachte weiterhin so viele Froschschenkel, daß wir alle davon hätten satt werden können, wenn ich nicht nochmals zu dem Mann gegangen wäre.

Die meisten Katzen sind in bezug auf ihre Beute sehr großzügig. Eine begabte Katze in Massachusetts brachte immer vollerwachsene Hühner nach Hause – ohne sie zu verletzen, wohlgemerkt –, zur Verlegenheit ihrer Leute und zur Entrüstung der Nachbarn. Derartige Diebstähle sind natürlich tadelnswert und dürfen nicht geduldet werden; aber Begabung geht nicht immer mit Tugend Hand in Hand.

Kunststücke

Die meisten Katzen halten Kunststücke für unter ihrer Würde. Diejenigen, die aus Geltungsbedürfnis oder zu Erwerbszwecken Kunststücke erlernen, finden sie herrlich und erfinden sie selbst, wenn sie mit phantasielosen Menschen zusammenleben.

Fast jede Katze kann «Männchen» machen und die ihr zugeworfenen Bissen auffangen; aber es wäre nicht diplomatisch, dieses Verhalten in Hörweite einer Katze als «Betteln» zu bezeichnen. Die meisten Katzen legen sich auf den Rücken, sobald man sie dazu auffordert, wenn sie wissen, daß ihnen dann der Bauch gestreichelt wird. Das tun sie, weil sie sich auf den Rücken zu legen pflegen, wenn sie glücklich sind, und es gefällt ihnen, am Bauch gestreichelt zu werden. Andere Katzen setzen sich auf und boxen, wobei sie die Krallen brav einziehen. Alle diese Dinge bringen sich die Katzen selbst bei, weil sie ihnen Spaß machen, und die Menschen brauchen dabei nur wenig zu helfen.

Francie, ein schwarzweißer Kater, den ich kannte, erfand ein nettes Kunststück. Er führte es nur vor, wenn Gäste anwesend waren, hauptsächlich vor Fremden, weil das Kunststück sie erschreckte, und gerade das genoß Francie. Er begann damit, um die Hausfrau herumzuspazieren, wobei er mit dem Schwanz zuckte und knurrte. Das tat er, bis jedes Gespräch verstummt war und die Gäste ihn anschauten. Dann hob die Hausfrau den Arm, worauf er zusprang, immer noch wie ein Tiger knurrend. Er umklammerte ihren Arm mit allen vieren, hing dort knurrend und fauchend und gab sich den Anschein, als ob er den Arm zerfleischte, bis sie müde wurde und ihn absetzte. In seinem ganzen achtjährigen Leben hat Francie nie einen Menschen auch nur gekratzt.

Ich machte kaum je den Versuch, einer Katze ein Kunststück beizubringen; nur einmal hatte ich den Ehrgeiz, Charlie das Seiltanzen zu lehren; aber das Seil war in Fetzen, ehe Charlie wesentliche Fortschritte gemacht hatte. Eine Freundin von mir, die sich auf Katzen versteht und ihnen schon alles mögliche beigebracht hat, faßt ihre Erfahrungen auf diesem Gebiet in folgenden Lehrsätzen zusammen:

Erstens muß die Katze, die Kunststücke erlernen soll, in Stimmung sein, Freude daran haben und ihren Lehrmeister an dem bestimmten Tage und zu der bestimmten Stunde lieben.

Zweitens sollte die Katze mindestens drei Monate alt sein, am besten sogar viel älter.

Drittens darf man die Katze niemals strafen, wenn sie das Kunststück nicht machen will, oder wenn sie dabei nicht aufpaßt. Sie schätzt Kunststücke überhaupt nicht, ausgenommen in seltenen Fällen, und deshalb müssen Studium und Vorführung von Lob, Schmeicheleien und sofortigen Belohnungen begleitet sein.

Die Stunde der Tagesmahlzeit ist die beste Lernzeit, nicht der Abend, weil die Katze abends andere Dinge im Kopf hat.

Man muß immerzu dasselbe sagen, zum Beispiel: «Sitz!» Sehr freundlich zeigt man der Katze, was man von ihr will, und gibt ihr einen Bissen. Das wiederholt man fünf bis zehn Minuten – länger nicht –, Tag für Tag, bis das Kunststück eine feststehende Gewohnheit ist und die Katze sich setzt, ohne sich beim Anhören des Wortes zu fragen, ob sie Lust dazu hat oder nicht.

Man muß darauf achten, daß die Katze nicht durch zu lange Konzentration ermüdet wird, weil sie sonst das Kunststück haßt. Unterrichtet man in einer Atmosphäre schmeichelnder Bewunderung, die Katzen zu lieben scheinen, so entwickelt das Tier unter Umständen sogar einen leichten Stolz auf sein Können. Es sollte immer belohnt werden, wenn nicht jedesmal wie ein Seehund mit einem Bissen, so doch mit Lob, Kinnkraulen und Streicheln.

Auf diese Weise kann man einer Katze beibringen, sich auf Befehl zu setzen, sich hinzulegen und auf den Rücken zu rollen, Pfötchen zu geben, durch die Arme oder durch einen Reifen zu springen, von einem Stuhl zum andern zu springen, oder andere Kunststücke, die eine Katze ohne Mißbehagen auszuführen vermag.

Die Perserkatze meiner Freundin war so gelehrig, daß sie nach achtjähriger Pause, während der ihre Herrin abwesend war, nach der Rückkehr meiner Freundin sofort das ganze Repertoire durchnahm. Später hatte meine Freundin eine Wildkatze, die einen Ball holen und noch einige andere Kunststücke lernte.

Psychisch abnorme Katzen

Wenn es eines Beweises bedarf, daß Katzen denken können, so ist es die Tatsache, daß manche Katzen es nicht können.

Ich kannte eine Frau, die ein ganzes Rudel schwachsinniger Katzen hatte, die alle gleich schön und gleich dumm waren. Solche Katzen könnten sich in der Freiheit nicht behaupten. In der Zucht kommen sie jedoch nicht selten vor. Zu den Streichen der Natur gehört es, ab und zu eine so schöne Spielart hervorzubringen, daß der Mensch der Versuchung, sie weiterzuzüchten, nicht zu widerstehen vermag, obwohl der geschulte Züchter genau weiß, daß er sie wegen ihrer Dummheit ausmerzen sollte.

Bei den Katzen kommt Schwachsinn seltener vor als bei anderen Tieren, und wenn die Katzenzüchter sich entschließen wollten, bei der Zucht nicht nur auf Schönheit, sondern ebenso auf psychische Fähigkeiten und Charakter abzustellen, dann wären alle reinrassigen Katzen bald lauter Genies, was übrigens beim Verkauf sicher ins Gewicht fallen würde.

Die gescheiteste Katze, die ich jemals besaß, setzte ein Junges in die Welt, das zu dumm war, um beim Regen ins Haus zu kommen, zu stumpfsinnig, eine Maus zu fangen, ja, auch nur mit den Mäusen zu spielen, die seine Mutter ihm brachte. Obwohl diese Jungkatze – Phoebe hieß sie – nicht taub war, lernte sie nie auf ihren Namen hören. Ich glaube, die Mutter wußte, daß Phoebe schwachsinnig war; denn sie pflegte und behandelte sie wie ein Baby, bis ein Hund der zweijährigen wehrlosen Phoebe den Garaus machte.

Meiner Meinung nach tut man der schwachsinnigen Katze nur einen Gefallen, wenn man sie vom Tierarzt schmerzlos töten läßt. Manchmal hängen die Menschen ihr Herz aber gerade an ein solch beschränktes Tier, und in diesem Falle soll man es natürlich behalten; aber dann ist es notwendig – das möchte ich ausdrücklich betonen –, die Katze zu sterilisieren, damit die Zucht nicht weiterhin verschlechtert wird.

Katzen mit psychischen Störungen – meist nennt man sie einfach «hysterisch» – sind an sich selten; doch sie kommen vor. Gelegentlich wird ein Kätzchen so geboren und bleibt auch so. Solche abnorm sich verhaltende Katzen sind nicht unbedingt dumm; gewöhnlich ist eher das Gegenteil der Fall. Sie sind nur irgendwie «übergeschnappt», d.h. sie benehmen sich nicht so wie eine normale Katze. Zu den tüchtigsten mir bekannten Rattenfängern gehörte ein großer schwarzer Kater, der die ganze Straße mehrere Monate lang terrorisierte. Er war ein sinnloser Raufbold und tötete sogar Kätzchen. Jede anständige Katze, die still auf ihrem eigenen Zaun in der Sonne saß, konnte von ihm ohne den geringsten Anlaß angegriffen werden. Als er es sich angewöhnte, in fremde Häuser einzudringen und auch Menschen anzugreifen, benachrichtigte man den Tierschutzverein, und er wurde fortgeholt. Ich hörte nur noch von drei ähnlichen Fällen. Derartige Katzen sind nicht zu heilen, und meiner Ansicht nach sollten sie schmerzlos getötet werden.

Hingegen können gesunde Katzen, die nur irgendein psychisches Trauma erlitten haben, mit der Zeit wieder geheilt werden.

Der würdige Unband war ein ganzes Jahr lang «hysterisch». Bis zum Alter von sechs Monaten war Unband ein normales, munteres, intelligentes Kätzchen. Dann ließ ich ihn kastrieren. Die an sich ganz einfache Operation wurde von einem erfahrenen, freundlichen Tierarzt vorgenommen, und dennoch war Unband, als er aus dem Tierspital heimkam, psychisch vollständig verstört.

Ungefähr ein Jahr lang fürchtete er sich vor allem und jedem. Wenn er seinen Schatten an der Wand sah, lief er davon und versteckte sich. Er hatte Angst vor Händen und Gesichtern, und besonderes Entsetzen flößten ihm die Füße der Menschen ein. Die Hälfte dieses Jahres verbrachte er damit, sein erschrockenes Gesichtchen in Mas Fell zu vergraben, um so die gräßliche Welt auszuschließen. Er lebte in einer Wohnung, beschützt und geliebt, und es wurde nicht besser mit ihm. Er fürchtete sich sogar vor mir – und ich hatte ihn doch aus einem hohlen Baume genommen, bevor seine Augen offen waren. Dann zog ich mit den Katzen aufs Land, genau ein Jahr nach dem Ausbruch von Unbands Angstneurose.

Ma war begeistert. Sie erkletterte die Bäume, jagte Frösche und tobte vergnügt umher. Unband stand in der Türe, sah ihr zu und wimmerte sich das Herz aus dem Leibe. Wenn sie ihn hinauszulokken versuchte, wimmerte er noch mehr. Immer wieder trug ich ihn in den Garten hinaus, wo er dann wimmernd und zitternd stand, zu angstvoll, um zu bleiben, und zu angstvoll, um die weiten, weiten drei Meter zum Hause zurückzulaufen.

Das ging so fort, bis eines Tages ein Hund durch den Garten rannte, Unband im Nacken packte und den Jammernden zum Sumpf schleppte. Ma und ich suchten ihn überall, ohne ihn zu finden. Viele Stunden später schlich Unband ins Haus und versteckte sich.

Am folgenden Morgen ging er zum erstenmal aus eigenem Antrieb hinaus, ließ sich mitten auf der Straße nieder und forderte die Hunde heraus. Der erste Hund, der herbeikam, erhielt eine Tracht Prügel, die er wohl bis zum heutigen Tage nicht vergessen hat. Und Unband war nicht mehr «hysterisch».

Das sonderbare an Unbands Genesung ist, daß diejenigen Wesenseigenschaften, die ihm während seiner Neurose fehlten, jetzt sogar überbetont vorhanden sind. Seit er aufgehört hat, sich zu fürchten, fürchtet er sich vor nichts mehr. Die Welt, die ihn einst so ängstigte, ist jetzt ein von Abenteuern erfüllter Glückssack. Dinge, die ihn nichts angehen, erregen in ihm eine Neugier, wie ich sie noch nie bei einer Katze erlebt habe.

Die Sprache der Katzen

Die Katzen können uns ihre Wünsche besser verständlich machen als wir ihnen die unseren. Sie erschweren sich das Leben nicht mit Worten, sondern verstehen sich auf die Kunst der Pantomime, so daß jeder, der Augen hat, ihre Mitteilungen zu erfassen vermag. Mit einem Zucken der Schnurrhaare drücken sie unverhohlene Verachtung aus. In der leisen Bewegung des Schwanzes liegt eine Welt von Zuneigung. Eine Katze, die kampfbereit den Rücken krümmt, bietet den wütendsten Anblick, den es gibt. Man beobachte nur einen Tag lang eine Katze, und dann wird einem klar, wie unbeholfen und unnötig unser endloses Gerede ist.

Außer für Liebe, Zorn und Aufzucht der Jungen verwenden die Katzen selten Laute zur gegenseitigen Verständigung. Ich hörte eine Katze nie «Miau» zu einer andern sagen, und ich glaube fast, sie haben das Miauen nur erfunden, um sich mit uns zu verständigen.

Das Mitteilungsbedürfnis der einzelnen Katzen ist ebenso verschieden wie alle ihre übrigen Eigenschaften. Charlie äußert sich zum Beispiel nur, wenn das Mittel der Pantomime versagt. In seinen Gebärden, die einen Anflug von Poesie haben, ist er zurückhaltend; dafür sind sie wunderbar beredsam. Unband ist die gesprächigste Katze, die ich kenne, und dramatisiert alles. Ma schneidet Gesichter wie die Heldin im Stummfilm. Wenn das Gesichterschneiden nichts nützt, schreit sie so laut wie ein Amerikaner, der mit einem Ausländer spricht.

Charlie ist der geschickteste Mime von allen, und darum bedarf er nur weniger Worte. Er sagt: «Mi», wenn er hinaus will, «Mi», wenn er ins Haus will, und «Mi» wenn er Hunger hat. Kätzchen gegenüber läßt er ein sonderbares kleines Zwitschergekicher laut werden. Sogar beim Kampf ist seine Stimme so leise, daß es klingt, als ob er mit seinen Äußerungen gar nichts meine, wodurch er den lautmäuligen Katern überlegen ist, die immer ganz bestürzt sind, wenn er ihnen dann wie der Blitz nachjagt.

Mas Wortschatz ist einfach und klar, als habe sie es mit Leuten zu tun, die der Sprache nicht ganz mächtig sind. Ihre ganze Haltung scheint anzudeuten, daß die Menschen nicht allzu hell sind und deshalb mit den einfachsten Ausdrücken angeredet werden müssen.

Wenn sie hungrig ist, sagt sie: «Mau!» Ist sie böse, so sagt sie: «Wau!» Ein sehr sanftes «Wau» bedeutet, daß ihre Nase läuft und abgewischt werden muß, oder daß ihr der Kopf weh tut und gestreichelt werden soll. Wenn sie hinaus will, sagt sie: «Miau». Wenn sie ins Haus will, sagt sie höflich: «Miau», nur einmal; danach fängt sie an zu lärmen. Wenn ich heimkomme, begrüßt sie mich mit einem weichen «Miu». Das «Miu» wird noch weicher, wenn ich stehenbleibe und ihr den Kopf streichle. Ist sie überaus glücklich, und möchte sie ihre Zufriedenheit mit mir teilen, so wälzt sie sich und schnurrt entzückt. Als sie Junge hatte, wurde aus dem Schnurren immer ein Wiegenlied. Als sie noch auf die Jagd ging, kündigte sie ihre Beute stets mit einem besonderen frohlockenden Schrei an, wie ich dergleichen noch nie gehört habe. Für ihre Äußerungen in Liebe und Kampf gibt es keine Beschreibung; in dieser Beziehung steht sie unerreicht da.

Unband hat einen großen Wortschatz und äußert sich die ganze Zeit, da er in seiner Jugend erfahren hat, daß die Menschen unaufmerksam sind und nur langsam erfassen.

Wenn Unband hungrig ist, sagt er mit klagendem Stimmchen: «Piewiep». Hilft das nichts, so läuft er mir zwischen die Füße und bringt mich zum Straucheln. «Miau», sagt er, wenn er hinaus und ins Haus will. Wenn er länger draußen bleiben muß, als ihm richtig erscheint, bekommt sein «Miau» einen so verzweifelten Ton, daß die Leute fragen, was denn der armen Katze fehle. Sein Willkommensgruß ist ein leises «Purrau», das er für besondere Freunde aufspart.

Wenn Unband Lust dazu hat, führen wir lange Unterhaltungen über die Beschaffenheit der Welt. Ich teile ihm mit, was ich von der Menschheit halte, und er sagt: «Purr». Frage ich ihn nach seiner Ansicht, so antwortet er: «Auuu-rrrup». Das geht manchmal stundenlang so weiter; alles bleibt im Ungewissen und ist doch auf unerklärliche Weise befriedigend.

Unband kann Recht von Unrecht unterscheiden; doch da er eine Katze ist, tut er, was ihm beliebt, und so muß ich ihn manchmal schelten. Wenn ich ihn schelte, springt er auf einen Stuhl oder Tisch, schaut mich an und schnattert wie ein gereizter Affe. Dann geht er hin und verübt dieselbe Untat noch einmal.

Sowohl Unband als auch Ben ahmen Vögel nach. Unband hat in bezug auf die Geheiligtheit unserer gefiederten Freunde Lehren erhalten, so daß er keine Vögel fängt. Diese Zurückhaltung bewirkt aber keineswegs, daß er sie liebt. Eine Spottdrossel, die in unserem Garten lebte, reizte Unband bis aufs Blut, indem sie ihm auf einen Katzensprung nahe kam, dann auf einen Baum flog und miaute oder meinen Pfiff nachmachte. Daraufhin duckte Unband sich, spitzte den Mund und zirpte wie ein Vögelchen. Und dann piepsten sie einander an.

Ben, den man nicht gelehrt hat, daß Vögel tabu sind, bringt einen ähnlichen Laut hervor, anscheinend in der Hoffnung, einen Vogel so nahe herbeizulocken, daß er ihn fangen kann. Ich habe auch von andern Katzen gehört, die das tun.

Einmal bellte Unband. Da schlenderte ein bissiger Hund zu Unbands Hauseingang und bellte ihn durch seine eigene schützende Türe an. Unband krümmte sich zu einem Ungeheuer an Wut und fauchte. Der Hund bellte weiter. Unband spie wie eine Lokomotive, die Dampf abläßt. Der Hund bellte weiter. Mit äußerst gesträubten Haaren machte Unband auf steifen Beinen einen Schritt vorwärts und sagte: «Ah-ah-ah-ah!» mit tiefer, zorniger Stimme, die unmißverständlich ein Gebell nachahmte. Der Hund zögerte und wich einen Schritt zurück. Unband bellte noch einmal. Der Hund verließ den Hauseingang und kam nicht wieder. Uns alle, die wir das hörten. packt immer noch Bestürzung, wenn wir daran zurückdenken.

Gedächtnis und Vorahnung

Katzen haben, wenn sie wollen, ein ausgezeichnetes Gedächtnis. Noch nach Jahren erinnern sie sich ihrer Freunde. Sie erinnern sich geliebter Stätten und vergessen ebensowenig Kunststücke, die sie einmal gelernt haben.

Was sie aber vergessen wollen, das vergessen sie. Seit über sieben Jahren versuche ich Unband daran zu erinnern, daß er bestraft wurde, als er das letztemal auf einen Tisch sprang, und wir stehen beide noch auf der gleichen Stelle wie vor sieben Jahren.

Hingegen hat Unband die lange Reise, die er einmal gemacht hat, nicht im geringsten vergessen. Beim Anblick des Korbes, in dem er damals befördert wurde, nimmt er Reißaus und versteckt sich, obwohl er ihn seit fünf Jahren nicht mehr benutzt hat. Dabei handelt es sich entschieden um eine unlustvolle Erinnerung, nicht um eine Abneigung gegen das Eingesperrtsein; denn Unband liebt es sehr, in Schachteln, Schränke und andere Schlupfwinkel zu kriechen.

Katzen ahnen Ereignisse voraus, die sie betreffen. Alle mir bekannten Katzen, die mit berufstätigen Menschen zusammenleben, warten zur Stunde der Heimkehr auf ihre Leute, wohingegen sie den übrigen Tag verdösen. Ma, Unband und Charlie wissen im voraus, wann die Stunde des Zubettgehens schlägt, und machen es sich eine halbe Stunde vor dem Lichterlöschen auf ihrem Schlafplatz bequem. Nur darf man nicht erwarten, daß die Katzen dem Niklaus einen Brief schreiben und sich an die Geburtstage der Menschen erinnern.

Gemeinschaftsarbeit

In bezug auf Zusammenarbeit könnten wir von den Katzen etwas lernen. Von allen Geschöpfen, die ich kenne, sind die Katzen am willigsten, zusammenzuarbeiten, einerlei, ob es sich darum handelt, mit ihresgleichen, mit Menschen oder mit ihnen sympathischen Tieren gemeinsame Sache zu machen - vorausgesetzt, daß die Zusammenarbeit auf gemeinschaftlicher Grundlage beruht.

Ich kannte eine schwarzweiße Katze, die mit einem schwarzweißen Foxterrier zusammenlebte. Beide Tiere hatten zu gleicher Zeit Junge. Wenn eins von ihnen der Mühe und Plage der Mutterschaft überdrüssig war, trug es seine Sprößlinge zum andern und ging sich eine Stunde lang, einen Tag oder eine Nacht amüsieren, wohl wissend, daß die Jungen in guter Hut waren.

Eine Katze, die mir gehörte, warf immer im Auto; sobald die Jungen zur Welt gekommen waren, brachte sie sie zu ihrem Lieblingshund, und gemeinsam zogen sie die Kätzchen dann in der Hundehütte auf.

Alle Katzen, mit denen ich auf dem Lande zusammenlebte, begleiteten mich in vollster Selbstverständlichkeit auf meinen Spaziergängen. Ab und zu schlugen sie sich in die Büsche, auf der Spur einer Feldmaus, eines Kaninchens oder eines Eichhörnchens; aber sie hielten sich nicht mit Jagen auf - vermutlich wollten sie sich nur die betreffende Stelle merken -, sondern setzten den Spaziergang gleich wieder fort.

Als Unband von dem Hund zum Sumpf verschleppt wurde, rief ich Ma herbei, um mir bei der Suche nach ihm helfen zu lassen. Sie kam auf der Stelle und ging mir auf dem Wege voraus, den der Hund eingeschlagen hatte. Wir suchten gemeinsam als Gleichgestellte, bis wir die Spur in dem Sumpfgebiet verloren.

Ma, Unband und Charlie können jeden Gegner in die Flucht jagen. Wenn ein großer feindlicher Hund erscheint (mit kleinen Hunden geben sie sich nicht weiter ab), kreisen sie ihn ein, und wohin das arme Tier sich auch wendet, da ist eine Katze. Unweigerlich zieht der Hund kampflos ab.

Ich beobachtete einmal, wie sie den Herrscher der Gegend verjagten, einen großmächtigen Kater, der in unsern Garten eingedrungen war. Als ich hinausschaute, befand er sich mitten im Garten und wünschte sich woandershin. Vor ihm fauchte und spuckte Ma auf ihre wütendste Weise (Ma hat heute nicht mehr genügend Zähne- und Krallenkraft, um ein Kätzchen einzuschüchtern; aber sie ist immer noch löwenmutig). Unband rückte fauchend vom Haus aus langsam vor. Charlie thronte auf dem Zaun und tat nichts. Der Kater machte einen Buckel und sträubte abwehrend die Haare, wobei er sich mit der geflissentlichen Überlegung einer Katze in Nöten umblickte. Sehr langsam trat er einen schleppenden Rückzug seitwärts an, schleichenden Schritt um schleichenden Schritt.

Sie ließen ihn etwa zwei Meter weit gehen, und dann sauste Ma auf ihn zu. Er strebte den Zaun empor, und da saß Charlie, weder fauchend noch knurrend, auch nicht blinzelnd, sondern ihn einfach anstarrend. Unband sprang zum Seitenzaun. Ma hielt weiterhin die Mitte. Der Kater legte die Ohren zurück und kletterte den Zaun hinauf; Charlie rührte sich nicht. Immer mehr rückte der Kater vor und duckte sich, als ob er über Charlie hinwegspringen und sich auf diesem Wege davonmachen wollte. Er richtete sich auf und - klatsch, klatsch, klatsch! versetzte ihm Charlie tüchtige Ohrfeigen. Unband schloß immer mehr auf, während Ma die Mitte unseres Gartens hielt. Der Kater machte, daß er davonkam.

Humor

Alle höherstehenden Geschöpfe, der Mensch eingeschlossen, haben einen gewissen Sinn für Humor. Der Humor der Tiere tritt gewöhnlich nicht sehr zutage und kann deshalb von den Menschen leicht übersehen werden.

Der Humor der Katzen ist meistens derb; aber eine Katze wird nie zum Hanswurst. Sie zieht gern die andern auf. Wenn eine Katze sich zur Schau stellt, will sie bewundert, aber nicht ausgelacht werden. Ma trägt im Hause mit Vorliebe Schleifen, je größer, desto besser, und sie stolziert grotesk in einem blumengeschmückten Puppenhut umher - solange sie nicht ausgelacht wird. Beim ersten Gekicher reißt sie ihren Zierat ab und entfernt sich mit demselben Rückwärtsschritt des einen Hinterbeines, mit dem sie einen unwürdigen Klaps beantwortet.

Ihr Humor tut sich darin kund, daß sie unter einem Tisch oder Stuhl lauert, bis eine arglose Katze vorbeikommt, worauf sie ihr einen herzhaften Schlag aufs Hinterteil versetzt und untertaucht. Die andere Katze ist immer beleidigt und verprügelt Ma gewöhnlich. Die Prügel machen ihr nichts aus - sie hat ja ihren Spaß gehabt.

Unband und Charlie treiben dasselbe Spiel, und ihre größte Wonne ist es, Menschen zu erschrecken und sich dann davonzumachen; aber darin sind mehr sportliche und spielerische Elemente enthalten als Humor. Charlie spielt überhaupt mehr als alle andern Katzen; doch sah ich ihn eigentlich nie etwas tun, das uneingeschränkt ins Gebiet des Humors gehört. Sein Spiel ist zart und lieb, mit einem Anflug von Phantasie.

Bens Leute hielten einen Frosch namens Oscar. Ben pflegte ihn nachts aus seinem Glas zu entwenden, und wenn der feuchte Oscar dann in den Betten herumsprang, schien Ben sich königlich zu belustigen. Seine Leute hatten keine große Freude an diesem Scherz und setzten den Frosch schließlich aus. Andererseits kommt es oft vor, daß wir das Treiben der Tiere komisch finden, wenn sie selbst es durchaus ernst meinen. Wenn Ben eine Maus samt Falle anschleppt, tut er meiner Meinung nach sein Bestes.

Ein Schabernack

Ich weiß nicht, ob Unband seine toten Schlangen ins Haus bringt und sie ordentlich auf dem Teppich aufrollt, weil er tote Schlangen lustig findet, oder weil er prahlen will. Mich amüsieren tote Schlangen nur in der Rückschau, und manche Scherze Unbands sind noch weniger genußreich. Eines Morgens fand ich beim Erwachen mein schönstes Nachthemd auf dem Boden liegen. Darunter häufte sich ein großer Berg zerrissenen Papiers. Unter den Schnipseln lag auf einem ganzen Papierbogen eine große tote Ratte. Unband saß daneben und sah zu, wie ich die Ratte ausgrub; er drückte dabei den ganzen Stolz eines erfolgreichen Schabernacktreibers aus, der er wohl war.

Hilfsbereitschaft

Wir preisen die Hilfsbereitschaft und wenden sie praktisch an, wenn es zweckdienlich ist. Diejenigen Menschen, die andern mehr Gutes tun, als sie von ihnen erwarten können, sind in den Augen einiger Heilige und in den Augen der übrigen Dummköpfe. Irgendwie werden sie nicht recht ernst genommen. Selbstsucht und Gleichgültigkeit scheinen das Normale zu sein, Heilige und Verbrecher sind Ausnahmen. Es ist nur gut, daß die Katzen davon nichts wissen – sonst würden sie wahrscheinlich ihre Siebensachen packen und uns verlassen; denn die Katze ist viel selbstloser und hilfsbereiter als wir.

Unzählbar sind die Katzen, die mutterlose Kätzchen, Welpen, Eichhörnchen, Kaninchen, ja sogar Ratten adoptiert haben. Zynische Menschen behaupten, daß die Katze diese fremden Kinder nur annimmt, um ihre überschüssige Milch loszuwerden. Ohne mich darauf weiter einzulassen, möchte ich nur darauf hinweisen, daß es fast ebenso viele Katzen gibt, die Küken, junge Entchen und andere junge Vögel adoptieren, die behagliche Wärme brauchen. Und Vögel trinken keine Milch.

Ich kannte einen grünen Papagei und eine Katze, die zusammenlebten und große Freunde waren. Als der Papagei in einem Augenblick der Überschwenglichkeit eine Leitungsschnur durchkaute und durch den elektrischen Schlag beinahe getötet wurde, zog die Katze ihn fort und leckte ihm den Rücken, was die einzig richtige Maßnahme war, obwohl die Katze das natürlich nicht wissen konnte. Zuerst dachten ihre Leute, die Katze hätte den Papagei überfallen, und versuchten die beiden Tiere zu trennen. Die Katze aber ließ sich nicht vertreiben, und da wurde ihnen klar, daß sie ihrem Freund helfen wollte.

Charlie ist bei uns der hilfreichste. Einmal kam er sehr aufgeregt zu mir, bepfotete mich und wies mit dem Kopf immerzu nach dem Fenster. Ich folgte seiner Aufforderung, und da fand ich im Winkel des Fensterbretts eine kranke Taube. Charlie zirpte mitfühlend und begann der Taube das Gefieder zu lecken. Damals vergiftete ein unbekannter Irrer gerade die Tauben in der Gegend; deshalb nahm ich Charlie herein, um ihn keiner Gefahr auszusetzen, und benachrichtigte den Tierschutzverein. Inzwischen war die Taube weggeflogen. Es war übrigens klar, daß Charlie nicht die geringste Absicht gehabt hatte, die Taube zu verspeisen.

Charlie sorgt immer für seine Freunde. Während ich an dem vorliegenden Buche arbeitete, kam er zu mir und legte mir die Pfote auf den Arm; er sprang mir auf den Schoß, setzte sich auf die Schreibmaschine und stieß mir den Kopf ins Gesicht. Charlie stört mich nie, wenn ich arbeite; also fragte ich: «Was ist denn los, Charlie?» Er sprang hinunter und lief zum rückwärtigen Fenster, sprang aufs Sims und rief ängstlich. Ich schaute hinaus. Draußen saß Unband mit gesenktem Kopf. Ich dachte, er hätte von nebenan eine Ratte heimgebracht und beobachtete sie nun. Ich sagte: «Sei nicht neidisch, Charlie. Hol dir selbst eine Ratte.» Charlie sauste in den Garten hinaus, wo er Unband den Kopf zu lecken begann; zwischendurch rief er mich immerzu. Ich sprach Unband an; doch da er sich nicht rührte, eilte ich hinaus. Dem armen Unband hatte man das Gesicht eingeschlagen, und er war vor Blut ganz geblendet. Ja, irgendein Unhold hatte ihm mit der Kohlenschaufel ins Gesicht gehauen. Wenn Charlie mich nicht geholt hätte, wäre Unband vielleicht erstickt; denn seine Nase war eingedrückt. Jetzt geht es Unband wieder gut; allerdings hat er keine Vorderzähne mehr, und er scheint einen kleinen Schaden an der Nase davongetragen zu haben. An sich ist er dadurch noch schöner geworden; denn seine Nase ist jetzt kürzer und doppelt so breit, was bei Katzen ja als Schönheitspunkt bewertet wird, aber ich hätte ihn lieber unverändert.

In der Zeitschrift «Die Hauskatze» las ich die wahre Geschichte von einer jungen Katze, die in einer Falle ein Bein verlor; während die Verletzung ausheilte, brachte ihr eine mitfühlende ältere Katze

Vögel und Mäuse. Die Schriftstellerin Agnes Repplier kannte eine Katze, die ihrer Herrin täglich Wildbret holte. Es gibt arme Leute, die sich diesen Helfertrieb der Katze zunutze machen und ihren Tieren beibringen, ihnen Kaninchen und Eichhörnchen zu bringen. Über diese Art des Wilderns kann man sich natürlich entsetzen; aber die Tatsache bleibt, daß der Gebende - die Katze - in diesem Falle ein hochherziger Freund ist.

Seit Ma keine Jungen mehr zu erziehen hat, bringt sie mir jeden Fang, und wenn ich in niedergedrückter Stimmung bin, tröstet sie mich. Dann klettert sie mir auf den Schoß, rollt sich zusammen und schnurrt. Als ich einmal sehr traurig war, leckte sie mir beinahe die Haut vom Nacken, um mich zu trösten.

Sie tröstet auch Unband und Charlie, wenn die beiden Schmerzen leiden, und im vorigen Jahr wurde sie abwechselnd von ihnen gepflegt. Da war Ma sehr krank; sie litt an quälenden Kopfschmerzen, die sich anscheinend nur besserten, wenn eine andere Katze ihr den Kopf leckte. Tag und Nacht leckten Unband und Charlie über eine Woche der kranken Katze schichtweise den Kopf. Ich glaube, sie retteten ihr das Leben.

Wenn ich krank bin, überschütten die Katzen mich mit Aufmerksamkeiten. Unband sitzt auf meiner Brust und schnurrt laut. Ma leckt mir die Haut ab. Charlie bedeckt mich mit alten Knochen und Hundekuchen. Ich will nicht behaupten, daß das gesundheitsfördernd ist; aber man verläßt fluchtartig das Bett, und das hat auch sein Gutes.

Sogar ganze Katzenrudel können zusammenhalten. Ich kann mir keine schlimmeren Katzen vorstellen als die streunenden Katzen in dem New Yorker Viertel Greenwich Village, das sich von den Elfenbeintürmen des Washington Square und der Fünften Avenue bis zu den Flußdocks im Norden erstreckt. Diese Katzen aber benahmen sich nachsichtig und rücksichtsvoll, wenn der Katzenvater - so hatte ich den Mann genannt - seine Runde machte.

In den zwanziger Jahren zog der Katzenvater allabendlich mit einem Eimer in jeder Hand los. Er ging von einem Restaurant zum andern und sammelte Fleischabfälle für die obdachlosen Katzen, wobei er seinen Weg so einrichtete, daß er bei der Charles Street und der Siebenten Avenue anlangte, wenn die Eimer voll waren. Die Katzen waren immer vor ihm dort. Sie kamen von überallher, munter springend, humpelnd, schwankend und schleppend - unförmige trächtige Katzen, miauende Kätzchen und kampferprobte Kater, fünfzig bis fünfundsiebzig jeden Abend - alle die Katzen von Greenwich Village, um die sich niemand kümmerte außer dem Katzenvater. Nebeneinander saßen sie auf den Treppen, auf der Straße, vor dem Gasometer, gespannt, stumm, abwartend.

Wenn der Katzenvater auftauchte, zuckten ihre Ohren und Bartschnurren. Sonst rührten sie sich nicht. Er ging die Reihe entlang, teilte da einen Hühnerflügel aus, dort ein Restchen Rindfleisch, der nächsten Katze ein paar Fischköpfe, einer jeden etwas gebend. Sie warteten, bis sie an die Reihe kamen, bebend vor Gier, manchmal sogar ein wenig speichelnd, und jede Katze nahm ihren Anteil ohne Klage oder Vergleich entgegen, fraß und ging fort bis zum nächsten Abend.

Viele Male sah ich dem Katzenvater bei der Verteilung zu, und nie beobachtete ich einen Kampf oder eine Eifersüchtelei. Nie stahl eine hungrige Katze der andern etwas weg. Ich fragte mich oft, ob eine Menschenschar, ebenso von Hunger gepeinigt wie diese Katzen, sich wohl annähernd so anständig und ritterlich benehmen würde.

Vierzehntes Kapitel

Ein Ende und ein Anfang

Seit dieses Buch geschrieben wurde, habe ich eine Freundin verloren und eine neue gewonnen.

Die Freundin, die ich verloren habe, ist Ma. Sie starb am zweiten Tage nach Frühlingsanfang, weil sie so alt geworden war, wie sie überhaupt nur werden konnte. Zuerst war ihr der Zaun zu hoch. Dann wurde das Fensterbrett für sie unerreichbar. Als sie keinen Stuhl mehr zu erklettern vermochte, trat Unband ihr sein Schloß unter dem Lampentisch ab – er und Charlie waren sehr lieb zu ihr. Zwei Wochen bewohnte sie Unbands Schloß; sie fraß sehr wenig, döste Tag und Nacht. Ich überlegte, ob ich sie zum Tierarzt bringen sollte; aber sie schnurrte jedesmal, wenn ich sie berührte, und der Gedanke, Mas Schnurren nicht mehr zu hören, war mir unerträglich. Als ich am letzten Nachmittag heimkehrte, kam Ma mir entgegen. Sie machte ein paar Schritte, fiel hin und konnte nicht mehr aufstehen. Sie war fürchterlich erschrocken, und ich glaube, sie wußte, daß ihr Ende gekommen war. Ich streichelte ihr den Rücken und bat den lieben Gott, ohne dessen Willen kein Sperling vom Dache fällt, mir meine alte Katze zu lassen. Ich sagte Ma, es könnte ihr nichts Böses geschehen, obwohl sie hilflos wäre, weil ich ja für sie sorgen würde, und nach einer Weile schlief sie ein und träumte vielleicht, sie sei wieder jung, erklettere die höchsten Zäune und die größten Bäume, jage Frösche und fange Mäuse und bringe molligen Kätzchen das Spielen bei. Sie beruhigte sich, und die Furcht schien von ihr gewichen zu sein; dann starb sie. Zum erstenmal wurde mir klar, daß der Tod für die Alten eine große Erlösung ist.

Ma ist begraben unter dem wilden Apfelbaum in Bens Garten – diesen Baum hat sie besonders gern erklettert.

Sie fehlt mir; aber ich fühle nicht die grimmige Verzweiflung, die uns beim Verlust eines jungen Freundes überkommt. Ma führte ein schönes Leben bei mir, und jeder Tag war ein Geschenk; denn wenn sie mich nicht mit ihren Kätzchen gefunden hätte, wäre sie wohl schon damals gestorben.

Ich werde immer dankbar sein, daß Ma mich gefunden hat. Sie hat mich viel gelehrt in bezug auf die Tugend, die wir so bequem menschliche Güte nennen. Ich denke an sie mehr mit Schmunzeln als mit Seufzen zurück - an ihren Eigensinn und ihre durchaus menschliche Fähigkeit, böse auf mich zu werden, an ihren köstlichen Humor und ihre kühne Unbekümmertheit. Nie hätte ich gedacht, daß Ma eines friedlichen Todes sterben würde. Sie war ein Wildling, ein temperamentvolles Triebwesen und eine geschickte Diebin; aber sie war gemäß ihren Anschauungen ehrlich und anständig, war nie gemein. Sie war mir ein guter Kamerad, und es bedeutete ein reines Vergnügen, mit ihr in Beziehung zu treten. Ich wünschte nur, ich hätte sie ihr ganzes Leben lang gekannt - sie muß ein wonniges Kätzchen gewesen sein!

Vielleicht wird Miss Priss Junge bekommen, die wie Ma aussehen, obwohl natürlich keine Katze jemals Mas Platz einnehmen könnte. Miss Priss ist die Katze meines Mannes. Es genügte ihm nicht, mich zu heiraten und drei Stiefkatzen zu bekommen; er mußte eine eigene Katze finden. Miss Priss schlug Purzelbäume auf unserem Zaun, und wenn man mich fragt, muß ich gestehen, daß sie sich kein Miau darum geschert hätte, wenn sie nie gefunden worden wäre. Aber mein Mann hatte dieses Buch gelesen, und so wußte er, daß es ausgezeichnet ist, eine Katze zu finden; deshalb fand er Miss Priss.

Miss Priss ist schildpatt und weiß wie Ma, und damit hört die Ähnlichkeit auf. Miss Priss ist auch schwarz und kastanienbraun, mit Gold durchwebt, und hat nebelhafte Abzeichen, die ihr auf einer Katzenschau nichts einbringen würden, obwohl Gesicht und Beine tadellos sind. Ein Elternteil muß eine Perserkatze gewesen sein; denn sie ist ganz flaumig, und ihr Schwanz ist so dick wie eine Fuchsstandarte. Sie ist breit gebaut, kurznasig, elegant und stolz - ihrer Meinung nach ist sie die Königin der Katzen.

Jetzt ist Miss Priss schon erwachsen, und ihre ersten Kätzchen sind unterwegs. Es wird Freude machen, wieder einmal Kätzchen aufzuziehen.

Register

Frankfurter Allgemeine
ZEITUNG FÜR DEUTSCHLAND
Das klassische
Beispiel einer
national
verbreiteten
Tageszeitung.